Salafismus

Rauf Ceylan · Michael Kiefer

Salafismus

Fundamentalistische Strömungen und Radikalisierungsprävention

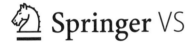

Prof. Dr. rer. soc. Rauf Ceylan
Dr. phil. Michael Kiefer
Universität Osnabrück, Deutschland

ISBN 978-3-658-00090-5   ISBN 978-3-658-00091-2 (eBook)
DOI 10.1007/978-3-658-00091-2

Die Deutsche Nationalbibliothek verzeichnet diese Publikation in der Deutschen Nationalbibliografie; detaillierte bibliografische Daten sind im Internet über http://dnb.d-nb.de abrufbar.

Springer VS
© Springer Fachmedien Wiesbaden 2013
Das Werk einschließlich aller seiner Teile ist urheberrechtlich geschützt. Jede Verwertung, die nicht ausdrücklich vom Urheberrechtsgesetz zugelassen ist, bedarf der vorherigen Zustimmung des Verlags. Das gilt insbesondere für Vervielfältigungen, Bearbeitungen, Übersetzungen, Mikroverfilmungen und die Einspeicherung und Verarbeitung in elektronischen Systemen.

Die Wiedergabe von Gebrauchsnamen, Handelsnamen, Warenbezeichnungen usw. in diesem Werk berechtigt auch ohne besondere Kennzeichnung nicht zu der Annahme, dass solche Namen im Sinne der Warenzeichen- und Markenschutz-Gesetzgebung als frei zu betrachten wären und daher von jedermann benutzt werden dürften.

Lektorat: Dr. Cori Mackrodt, Stefanie Loyal

Gedruckt auf säurefreiem und chlorfrei gebleichtem Papier

Springer VS ist eine Marke von Springer DE. Springer DE ist Teil der Fachverlagsgruppe Springer Science+Business Media.
www.springer-vs.de

Inhaltsverzeichnis

Einleitung 9

1 Ansätze religiös-politischer Orientierungen in der islamischen Geschichte 13
   1.1 Spirituelle Revolutionen in der Axialzeit: Die Grundlagen moderner Zivilisationen 16
      1.1.1 Gesellschaftliche Ordnung auf der Basis von Transzendenz und sozialer Gerechtigkeit 16
      1.1.2 Israelische Propheten: Sozial-religiöse Kritik und ethischer Monotheismus 18
   1.2 Der ismaelitische Prophet: Abrahams Ur-Monotheismus und die Sozialrevolution in Mekka 20
      1.2.1 Muhammad und das Erbe der israelitischen Propheten 20
      1.2.2 Abrahams Tempel und die Botschaft der Axialzeit in Mekka 21
      1.2.3 Dschahilliya: Vorislamische Zeit der Unwissenheit 24
      1.2.4 Muhammads Ruf nach sozialer Gerechtigkeit und mekkanische Gegenwehr 26
   1.3 Migration und „freie Prophetie": Die Gründung des muslimischen Stadtstaates 27
      1.3.1 Der muslimische Exodus 27
      1.3.2 Theologische Profilierung, neue soziale Ordnung und die Idee der Umma 28
   1.4 La hukma illa lillah: Die Zeit der „rechtgeleiteten" Kalifen und die erste Begegnung mit muslimischen Extremisten 34
      1.4.1 Der Tod Muhammads, die Expansionswellen und die Frage der weltlichen Nachfolge 34
      1.4.2 Politische Machtübergabe und religiös-politisch motivierter Mord 35

         1.4.3   Der Bürgerkrieg und die Entstehung von religiösen
                 Extremisten..37
         1.4.4   Muslimisches Schisma...39
  1.5   Die Konstruktion des „Goldenen Zeitalters" im kulturellen
         Gedächtnis der Muslime und die geistigen Väter des
         Neo-Salafismus..41
         1.5.1   Die Geschichte der Sieger und die Idealisierung
                 der frühislamischen Gemeinde...............................41
         1.5.2   Die Zeit der Dynastien und das Ende des
                 „Goldenen Zeitalters"..44
         1.5.3   Ibn Taymiyya und die „Dschihad-Fatwa"..............47
         1.5.4   Muhammad ibn Abd al-Wahhab: mit Feuer und
                 Schwert gegen Bid'a..50

2 **Aufklärung, Säkularisierung, Kolonialisierung:
   Herausforderungen der Moderne und muslimische
   Reaktionen im 19. und 20. Jahrhundert**..53
  2.1   „Entzauberung der Welt" und christlich-fundamentalistische
         Begleiterscheinungen..54
         2.1.1   Aufklärung und Zurückdrängung der kirchlichen Macht.....54
         2.1.2   Kirchliche Widerstände und Arrangements mit der
                 Moderne...56
  2.2   „Herodianismus" versus „Zelotismus": Muslimische
         Neuverortung in der Kolonialzeit zwischen Tradition
         und Moderne...57
         2.2.1   Modernisierung von „oben nach unten"..................57
         2.2.2   Säkularisierung als ideologischer Fortschrittsglaube...........59
         2.2.3   Modernistische Salafiyya – Rationalismus und
                 islamische Renaissance...60
  2.3   „Din wa Dawla" (Religion und Staat): Religiös-politische
         Ideologien in der postkolonialen Phase.................................63
         2.3.1   Politische Experimente in der islamischen Welt.................63
         2.3.2   Sayyid Qutb und Sayyid Abul Ala Maududi:
                 Die Macht der Sprache..66

3 Neo-Salafisten in Deutschland – der Zelotismus erreicht die Diaspora 71

- 3.1 Erfahrungen mit religiös-politischem Fundamentalismus in Deutschland 71
  - 3.1.1 Migration und fundamentalistische Gruppen 71
  - 3.1.2 Muslimische Jugendliche, Religiosität und Fundamentalismusdebatten 73
- 3.2 Neo-Salafismus – eine junge Erweckungsbewegung 75
  - 3.2.1 Neo-Salafismus als kulturelle Gegen-Enklave zum „Mainstream-Islam" 75
  - 3.2.2 Definition und Selbstverständnis 77
  - 3.2.3 (Mangelnde) Daten und Fakten zur Struktur des Neo-Salafismus 80
- 3.3 Religiöse Ideologie, politische Ziele und Missionierungsstrategien 82
  - 3.3.1 Typologisierung der neo-salafistischen Bewegung 82
  - 3.3.2 Homogenität trotz Heterogenität 88
- 3.4 Neo-salafistische Milieuzugehörigkeit und religionspädagogische Herausforderungen 92
  - 3.4.1 Attraktivität von Identifikationsangeboten und Missionierung 92
  - 3.4.2 Die Rolle der Gemeinden und Imame 94
  - 3.4.3 Schule und islamischer Religionsunterricht 95

4 Radikalisierungsprävention – eine schwierige Aufgabe 99

- 4.1 Was ist Prävention? 99
  - 4.1.1 Der Begriff der Prävention 100
- 4.2 Grundlegende Probleme der Prävention 101
- 4.3 Präventionsebenen – Formen der Prävention 109
  - 4.3.1 Die Trias der Radikalisierungsprävention 111
- 4.4 Erfahrungen mit der Radikalisierungsprävention 115
  - 4.4.1 Fallbeispiele 117
  - 4.4.2 Zwischenresümee – Radikalisierungsprävention in Europa 123
- 4.5 Radikalisierungsprävention in der Praxis – ausgewählte Beispiele aus den Handlungsfeldern Gemeinde, Jugendhilfe, Politische Bildung und Schule 127
  - 4.5.1 Radikalisierungsprävention in muslimischen Gemeinden 128

	4.5.2	Radikalisierungsprävention in der Jugendhilfe und politischen Bildung	131
	4.5.3	Radikalisierungsprävention in der Schule	151
	4.5.4	Zwischenfazit	160

5 Handlungsempfehlungen ... 161
5.1	Forschungsdesiderate		161
	5.1.1	Prävention gegen was?	161
	5.1.2	Was ist Radikalisierung?	162
	5.1.3	Prävention	164
	5.1.4	Resümee	164
5.2	Staat und Prävention		165
	5.2.1	Die Bedeutung der Präventionsarbeit	165
	5.2.2	Die Rolle staatlicher Akteure	166
	5.2.3	Die Zusammenarbeit von Staat und zivilgesellschaftlichen Akteuren	167
5.3	Handlungsfelder		168
	5.3.1	Gemeinden	168
	5.3.2	Kinder- und Jugendhilfe	168
	5.3.3	Politische Bildung	169
	5.3.4	Schule	169
	5.3.5	Universität	170

Literatur ... 173

Einleitung

Die Diskussionen über den Islam in Deutschland werden seit dem 11. September 2001 in einem erheblichen Ausmaß von integrations- und sicherheitspolitischen Themen begleitet. Insbesondere eine Gruppierung hat in den vergangenen zwei Jahren zur Intensivierung dieser Debatte beigetragen: die Neo-Salafisten. Anders als die etablierten islamischen Organisationen, die mehrheitlich alle typischen Merkmale von Migrantenorganisationen (wie etwa Herkunftslandorientierung oder ethnisch-homogene Strukturen) aufweisen, zeichnet sich diese dynamische Bewegung durch ihre multiethnische Konstellation sowie bei ihren Missionierungsaktivitäten durch ihren stärkeren Deutschlandbezug aus. Besonders auf junge Menschen aller Herkünfte und Religionen übt sie eine große Faszination aus, weil diese Strömung es anscheinend versteht, den Jugendlichen Identifikationskonzepte anzubieten, welche weder die hiesige Gesellschaft noch die muslimischen Gemeinden im Sozialisations- und Integrationsprozess zu schaffen vermögen. Mit deutschsprachigen Predigern und der Attraktivität der Vereinfachung ihrer radikal-religiösen Botschaft treten sie in die Lebenswelt junger Menschen ein. Migrantenjugendliche aus muslimischen wie nicht-muslimischen Familien, aber auch Autochthone schließen sich ihnen an.

Obwohl es sich in quantitativer Hinsicht innerhalb der 4,2 Millionen in Deutschland lebenden Muslime um eine Randgruppierung handelt, haben ihre Anhänger in den letzten Jahren in Deutschland und anderen westeuropäischen Staaten die Aufmerksamkeit der Medien und der Politik auf sich gezogen. Durch medienwirksame Selbstinszenierungen, Demonstrationen und öffentliche Mission, wie etwa groß angelegte Kampagnen (z.B. Koranverteilungsaktionen), gelingt es ihnen immer wieder, die tagespolitischen Entwicklungen zu beeinflussen und die Medienberichterstattungen zu dominieren. Ebenso werden Bildungsinstitutionen, (sozial)pädagogische Einrichtungen sowie muslimische Gemeinden mit dieser fundamentalistischen Herausforderung konfrontiert.[1] Ne-

---

1 Wir sind uns der Tatsache sehr wohl bewusst, dass der Fundamentalismus kein Phänomen darstellt, das exklusiv bei muslimischen Gläubigen vorgefunden werden kann. Olivier Roy hat in

ben der Familie und dem Freundeskreis sind sie die ersten Instanzen, die die Radikalisierung junger Menschen erfahren. Die plötzliche Wendung zu einem sehr rigiden religiösen Lebensstil, die Veränderung des Äußerlichen, die Verlautbarung religiös-politischer Parolen sowie radikaler Kritik am – nach ihrer Ansicht – areligiösen Lebensstil von Familienmitgliedern und Freunden sind nur einige Indizien für diesen mentalen Transformationsprozess. Die Lehrkräfte in den Schulen, die Pädagogen in den Jugendeinrichtungen und das Betreuungspersonal der Moscheegemeinden sind dabei in zweifacher Hinsicht überfordert. Zum einen haben sie Schwierigkeiten, das Phänomen Neo-Salafismus zu verstehen und dieses in den muslimisch-theologischen Gesamtkontext einzuordnen. Es fehlen ihnen weitgehend systematische Informationen über die Entstehung und Ideologie, die unterschiedlichen Strömungen, die Missionierungsstrategien sowie die historische Einordnung dieser Bewegung innerhalb der islamischen Ideengeschichte. Zum anderen sind hinsichtlich einer möglichen Vorbeugung von Radikalisierungsprozessen erhebliche Defizite festzustellen. Trotz der religionspädagogischen und integrationspolitischen Relevanz fehlen im Vergleich zu anderen europäischen Ländern Konzepte und Erfahrungen mit Präventionsmaßnahmen gegen die stetig wachsenden neo-salafistischen Bestrebungen. Vor diesem Hintergrund verfolgt der vorliegende Band das Ziel, einen leicht verständlichen, kompakten Überblick über die historischen Wurzeln und die politisch-theologischen Ideologien dieser fundamentalistischen Bewegungen zu geben. Denn erst durch die Einbettung dieses Phänomens in historische, theologische sowie soziopolitische Kontexte, ist es mit all seinen Facetten besser zu verstehen. Das Ziel ist also, diese Bewegung aus dem Gesamtzusammenhang heraus zu begreifen, um aktuelle Konstellationen im neo-salafistischen Milieu besser einzuschätzen und einordnen zu können. Als zweiter Themenschwerpunkt werden spezifische Präventionsmaßnahmen für den islamischen Religionsunterricht, für die Jugend- und Gemeindearbeit vorgestellt und kritisch eingeordnet sowie auf die Defizite in den unterschiedlichen Handlungsfeldern einer notwendigen Präventionsarbeit hingewiesen.

Im ersten Teil der Abhandlung werden mit der Darstellung der Entstehung des Islams sowie der Skizzierung seiner Historie zunächst die Wurzeln radikaler Strömungen im Islam dargelegt. Zwar ist der Fundamentalismus wirkungsgeschichtlich ein Produkt der Moderne, doch in der islamischen Historie tauchten

---

seiner Studie Heilige Einfalt den Nachweis geführt, dass seit geraumer Zeit in allen Weltreligionen eine erhebliche Zunahme fundamentalistischer Strömungen zu verzeichnen ist. Roy sieht die fundamentalistischen Bewegungen als „entwurzelte Religionen", die kompromisslos eine „Religion ohne Theologie" und somit ohne Kultur postulieren. Die Entkoppelung von Kultur und Religion, die Roy auf den Prozess der Säkularisierung zurückführt, wird von dem Religionssoziologen als Gefahr für gegenwärtige Staaten und Gesellschaften identifiziert (vgl. Roy 2010).

immer wieder Individuen und Gruppen mit starkem Sendungsbewusstsein auf, bei denen bereits Ansätze religiös-politischer Umdeutungen zu erkennen waren. Hierbei handelt es sich zwar nicht um systematisch ausgearbeitete religiös-politische Konzeptionen, doch ihr rigides und intolerantes Gedankengut lieferte die ideologischen Grundlagen für spätere fundamentalistische Bewegungen.

Der zweite Teil behandelt die koloniale und postkoloniale Phase. Die Erfahrungen mit der Kolonialisierung und die Konfrontation mit der westlichen Moderne – die seitens der Kolonialisierten als ein Importprodukt der Kolonialherren aufgefasst wurde – führten in den islamisch geprägten Gesellschaften zu polarisierten Reaktionen: vom radikalen Bruch mit der eigenen Kultur bis hin zu fundamentalistischen Gegenreaktionen. In der zweiten Hälfte des 19. Jahrhunderts traten erstmals muslimische Reformer auf, die zwar religiös-politische Ideen verfolgten, doch insgesamt tendenziell die Kompatibilität von Islam und Moderne propagierten, um mit dem Hinweis auf das „Goldene Zeitalter" des Islams auf das fortschrittliche Potenzial in der frühislamischen Phase hinzuweisen. Entwicklungen solcherart setzten sich in unterschiedlichen Formen im Zuge der Entstehung muslimischer Nationalstaaten im 20. Jahrhundert fort. Es war die Zeit der politischen Experimente von streng laizistischen bis hin zu sozialistischen Systemen. Außenpolitische Entwicklungen wie innenpolitische Spannungen infolge von Misswirtschaft, absoluter Armut sowie Demokratiedefiziten bildeten in der zweiten Hälfte des 20. Jahrhunderts jedoch den Nährboden für religiöspolitische Gruppen, die viel stärker auf den islamischen Staat als Lösung für alle Probleme hinarbeiteten. In dieser Atmosphäre der Politisierung traten die wichtigsten Chef-Ideologen der postkolonialen Phase auf, die sich – stark beeinflusst von antiimperialistischen Diskussionen – in ihren Werken mit den angeblich in Vergessenheit geratenen koranischen Terminologien auseinandersetzten. Theologische Schlüsselbegriffe des Korans wurden politisch so umdefiniert, dass der gesamte heilige Text für eine Staatstheorie instrumentalisiert werden konnte.

Im dritten Kapitel wird schließlich auf die Neo-Salafiyya-Bewegung in Deutschland eingegangen. Hier wird nicht nur ein Überblick über das Milieu gegeben, sondern in der Auseinandersetzung mit den unterschiedlichen Strömungen – puristisch, politisch sowie dschihadistisch – und ihrer spezifischen Charakteristika Bezüge zu den geistigen Vätern der jeweiligen Ideologien hergestellt. Insbesondere der Einfluss Sayyid Abul-Ala Maududis mit seinen Umdefinitionen der zentralen koranischen Begriffe Ilah, Rabb, Ibadat und Din (Gott/Gottheit, Herr, Gottesdienst und Religion) wird aufgegriffen.

Der vierte Teil setzt sich mit Strategien der Radikalisierungsprävention gegen den Neo-Salafismus auseinander. Neben Definitionen, grundlegenden Fragen sowie Formen der Präventionen werden ausgewählte Konzepte und Erfahrungen aus europäischen Ländern vorgestellt. Auf dieser Grundlage werden Ansätze von Präventionsstrategien in den Feldern Schule, Gemeinde sowie Jugendhilfe beschrieben. Einen besonderen Schwerpunkt stellt dabei der islamische Religionsunterricht als neues (Experimentier-)Feld der Radikalisierungsprävention dar. Dieser soll in den nächsten Jahren bundesweit flächendeckend eingeführt werden. Mit dem Ausblick im letzten Teil der Arbeit werden schließlich konkrete Handlungsempfehlungen für den deutschen Kontext formuliert.

1 Ansätze religiös-politischer Orientierungen in der islamischen Geschichte

Wie auch in den anderen Weltreligionen sind in der 1400-jährigen Geschichte des Islams unterschiedlichste theologische Strömungen mit zum Teil diametralen Religionsauffassungen entstanden. Interne Entwicklungen und Dynamiken wie die Frage der religiösen Führung oder die Frage der Interpretation von islamischen Primärquellen haben zu theologischen Binnendifferenzierungen mit bis in die Gegenwart hineinreichenden Konsequenzen beigetragen. Im religiösen wie auch im politischen Kontext gab es immer eine Art von positiver Opposition bzw. Ambiguitätstoleranz. Letztere implizieren die Akzeptanz und Tolerierung anderer muslimischer Gruppierungen und Rechtsschulen bzw. Gelehrtenmeinungen – trotz der Existenz konträrer theologischer und politischer Meinungen.[2] Dagegen zeichnet sich die negative Opposition durch ihre Intoleranz und ihren Anspruch auf das Interpretationsmonopol in religiösen Fragen aus. Insbesondere in Zeiten politischer und sozialer Umbrüche ist diese negative Opposition durch theologische Ausgrenzungssemantiken gegenüber der muslimischen Gemeinschaft aufgetreten. Immer mit dem Anspruch einen authentischen Islam zu vertreten, entwickelten ihre Anhänger radikale Positionen und initiierten häufig innermuslimische Konflikte. Wie Olivier Roy treffend formuliert, zeichnet sich der Kerngedanke dieser negativen Opposition durch eine hohe zeitliche Persistenz aus:

„Die Ablehnung sektiererischer Gruppen und der verschiedenen Rechts-, theologischen und philosophischen Schulen zugunsten einer strikten Rückkehr zum Koran und zur Sunna ist eine ständige Charakteristik des islamischen Fundamentalismus" (Roy 2006, S. 231).

---

2   Bei der Toleranz und Akzeptanz anderer theologischer Meinungen wird oft auf die Aussage Muhammads verwiesen, dass Meinungsverschiedenheiten innerhalb der muslimischen Gemeinde eine Barmherzigkeit seien. Solange muslimische Gelehrte sich mit ihren unterschiedlichen Interpretationen innerhalb der Glaubensgrundlagen bewegten, waren sie anerkannt.

Diese negative Opposition tritt heute mit einem modernen Totalitätsanspruch in Form von religiös-politischen Bewegungen in Erscheinung. Dabei ist ihre Ideologie immer mit der rückwärtsgewandten Sehnsucht nach der „goldenen" Vergangenheit verbunden, in der der Islam in seiner „reinsten" Form individuell/ kollektiv gelebt, theologisch „richtig" verstanden und gesellschaftlich-politisch institutionalisiert worden sei. Diese romantisch gestimmte Bewegung sieht daher in der Wiederherstellung dieses „Ur-Zustandes" das Maß aller Dinge. Die Funktion der Etablierung eines politisch-gesellschaftlichen Systems wird nicht nur in der Ausführung des Willens Gottes gesehen, sondern auch als Schutzmaßnahme, um „unislamische" Einflüsse auf die individuelle Gestaltung des religiösen Lebens zu eliminieren und somit das ewige Leben im Jenseits nicht zu gefährden. Jede fundamentalistische Bewegung – unabhängig von ihrer Methodik und Strategie – ist ambitioniert, in einer solchen idealen Gesellschaft, das langfristige spirituelle Ziel – die Prüfung im Diesseits – erfolgreich abzuschließen. Dabei hat sich eine selbst ernannte Avantgarde stets dazu berufen gefühlt, die Gläubigen auf dem Weg zur Realisierung dieser Gesellschaft anzuführen.

Es liegt auf der Hand, dass es sich hierbei nur um ein totalitäres soziales und politisches System handeln kann, in der der Bürger entmündigt wird und der Staat über seine Frömmigkeit zu wachen hat. Nicht nur die Öffentlichkeit, sondern vielmehr auch das Privatleben in den eigenen vier Wänden ist vor dem Zugriff des Staates nicht mehr sicher. Davon zeugen heute etwa die Religionspolizei in Saudi-Arabien oder die Sittenwächter im Iran. Murad Hofmann weist in der Diskussion über Religionsfreiheit und den Bereich des Innenlebens des Glaubens („forum internum") kritisch auf das Zuwiderhandeln in einigen sogenannten „islamischen" Ländern gegen das fundamentale Toleranzgebot des Islams (Koran, 2/256) hin. In diesen Ländern werde die Fassade einer öffentlichen und individuellen Religiosität durch soziale und staatliche Kontrolle erzwungen:

> „Trifft es nicht zu, daß öffentliches Essen, Trinken oder Rauchen im Ramadan in Marokko unter Gefängnisstrafe steht? Kontrolliert die Religionspolizei nicht mit Telefonanrufen zur Gebetszeit, ob gebetet wird? Erzwingen algerische Muslime nicht das Nichtausschenken von Alkohol oder das Kopftuchtragen bisweilen mit bloßer Gewalt?" (Hofmann 1999, S. 99).

Mit einer religiösen Führungsperson an der Spitze maßt dieser Staat sich an, stellvertretend für Gott zu handeln. Dass dabei der Sinn der Religion selbst, und zwar die individuelle Verantwortung, die Freiheit zu glauben oder nicht zu glauben sowie die primär spirituell-ethische Dimension untergraben werden, scheint dabei nicht weiter zu interessieren. Vor dem Hintergrund dieser offensichtlichen Unmündigkeit der Gläubigen, der Akzeptanz des Interpretationsmonopols religiöser Quellen durch eine Minderheit bei gleichzeitiger Delegation weitgehender Rechte an diese und der Konstruktion von angeblichen, authentischen Fundamenten versteht Thomas Meyer unter Fundamentalismus:

> „[den] selbstverschuldete[n] Rückfall aus den Zumutungen des Selberdenkens, der Eigenverantwortung, der Begründungspflicht und der Offenheit aller Geltungsansprüche, Herrschaftslegitimationen und Lebensformen in die Sicherheit selbstfabrizierter Fundamente. Vor ihnen soll alles Fragen Halt machen, damit sie absoluten Halt geben können" (Meyer 1989, S. 18).

Anders als Konservative und Orthodoxe, welche die real existierenden und über die Jahrhunderte entstandenen Traditionen ihrer Ahnen fortsetzen, sind alle fundamentalistischen Gruppen dadurch charakterisiert, dass sie intolerant und kompromisslos die vermeintlich „authentische" Religion („den Urzustand") wiederherstellen wollen, den Menschen nicht als ein autonomes Subjekt betrachten, sich durch ihr aggressives Missionierungsverhalten auszeichnen, ein sehr polarisierendes und intolerantes Weltbild propagieren, die heiligen Quellen wortwörtlich und ohne hermeneutische Analysen rezipieren, das Interpretationsmonopol für sich beanspruchen und sich gegenüber externen religiösen Kritiken immun zeigen. Dies lässt sich beispielsweise bei den fundamentalistischen christlichen Gruppen beobachten, die sich mit der Moderne bis in die Gegenwart hinein nicht arrangieren woll(t)en. Durch die neuen geistigen und technischen Revolutionen fühlten sich die Religionsgemeinschaften in ihrer Existenz bedroht und waren daher bestrebt, die „Fundamente" ihrer Religion zu schützen. Wie bereits konstatiert, ist der Fundamentalismus in seiner ganzen Vielfalt zwar wirkungsgeschichtlich auch ein Produkt der Moderne, allerdings kann man in der religionshistorischen Analyse des Islams Ansätze für diese geistige Strömung bereits in der frühislamischen Phase sowie in Zeiten von politischen und sozialen Krisen finden. Immer ging es um die Frage der Etablierung einer gottgewollten Gesellschaft als Lösung für die herrschenden Missstände, wobei der Gedanke der sozialen Gerechtigkeit ein zentrales Postulat war. Bis heute legen fundamentalistische Bewegungen eine besondere Akzentuierung auf die Idee einer sozial gerechten Gesellschaft nach göttlichem Willen bzw. mit transzendentem Bezug. Gerade hierin liegt ihr Mobilisierungspotenzial in von Armut betroffenen Gebieten und sie können gerade auch bei Menschen mit Ausgrenzungserfahrungen auf Resonanz stoßen. Die Wurzel dieser Vision der sozialen Gerechtigkeit ist dabei in der vorislamischen Zeit zu finden.

1.1 Spirituelle Revolutionen in der Axialzeit: Die Grundlagen moderner Zivilisationen

1.1.1 Gesellschaftliche Ordnung auf der Basis von Transzendenz und sozialer Gerechtigkeit

Aus der geschichtsphilosophischen Perspektive Karl Jaspers entwickelten sich die Grundlagen für die menschliche Zivilisation im Wesentlichen in der axialen Epoche (800 – 200 v. Chr.). Die unabhängig voneinander und parallel initiierten Errungenschaften in den verschiedenen Kulturräumen hätten dazu geführt, dass die Fundamente für die moderne Gesellschaft etabliert worden seien. In dieser Epoche seien nicht nur die „Grundkategorien" für das heutige Denken gelegt worden, sondern zugleich die Voraussetzungen für die Weltreligionen. In diesem Zuge sei es zum Bruch mit den alten mythischen Weltbildern und zur Entwicklung eines Transzendenzbewusstseins gekommen (vgl. Jaspers 1949, S. 20). In seiner Edition „The Origins and Diversity of Axial Age Civilisations" greift Shmuel N. Eisenstadt (1986) diesen alles niederwälzenden Transformationsprozess auf und weist darauf hin, dass diese revolutionäre Entwicklung in mehreren Kulturräumen wie im altertümlichem Israel, im alten Griechenland, im zarathustrischen Persien, im frühen Kaiserreich China sowie in hinduistischen und buddhistischen Kulturen stattfand; im islamischen Kulturraum gleichermaßen, allerdings erst nach der eigentlichen Achsenzeit (vgl. Eisenstadt 1986, S. 1). Eisenstadt führt hierzu aus:

> „These conceptions were developed and articulated by a relatively new social element. A new type of intellectual elite became aware of the necessity to actively construct the world according to some transcendental vision. The successful institutionalization of such conceptions and visions gave rise to extensive re-ordering of the internal contour of societies as well as their internal relations. This changed the dynamics of history and introduced the possibility of world history or histories"(ebd.).

In seiner Studie zum Gewaltpotenzial in den Weltreligionen Judentum, Christentum und Islam weist Georg Baudler nach, dass der geistige Aufbruch in dieser Epoche durch die Entstehung neuer religiöser Gemeinschaften auch zunehmend Voraussetzungen dafür schaffte, um die seit der Entstehung von Religionen existierende Tradition des Gewaltkultus – wie etwa durch archaische Opferrituale sowie den stark mit gewaltverherrlichenden Ursprungsmythen geschmückten Entstehungsgeschichten von Völkern – zu überwinden. Die „Vergöttlichung der Gewalt" führt Baudler in seiner historisch-philosophischen Analyse auf die ältesten Gottessymbole der Menschheit, den Raubtieren als „Todbringer" und

„Lebensspender", zurück, wobei er sie als mögliche Quelle für die „Entstehung des menschlichen Transzendenzbewusstseins" diskutiert. Durch das Vorbild des Raubtieres sowie den späteren „Akt der Vergöttlichung" änderte sich nach Baudler der „Seinstatus" des Menschen in der vorachsenzeitlich-archaischen Gesellschaft, in der sich ein Bewusstsein für die Machterfahrung über Gewalt, Leben und Tod entwickelte. Diese „Vergöttlichung durch Aneignung des Raubtierstatus" sowie das „[Sich-]Einverbleiben des Göttlichen" hätten nicht nur Gewaltrituale angeregt, sondern die „archaische Gewaltvergöttlichung" hätte sich in den „gesellschaftlichen Strukturen und Verhaltensweisen", wie etwa Blutrache, Kriege, Menschenopfer bzw. Versklavungen, niedergeschlagen, die über Tausende von Jahren das sozial-religiöse Leben der Menschheit begleiten sollten. Baudler zufolge wurden mit dem Beginn der Achsenzeit jedoch historische „Befreiungsimpulse" ausgesetzt und ein religiös-sozialer Transformationsprozess – von der „Vergöttlichung der Gewalt" hin zur Entwicklung einer „gewaltfreien Gottessymbolik" – initiiert (vgl. Baudler 2005). Ziel dieser Neu-Ordnung als Ergebnis einer humanistisch-ethischen Suche sei u.a. die Realisierung einer gerechteren Gesellschaft nach Maßgabe einer transzendenten Vision gewesen sei. Dabei spielte die Ethik eine wichtige Rolle, wie beispielsweise im chinesischen Denken in der Achsenzeit (vgl. Roetz 1992) bzw. wie dieses durch die konfuzianisch geprägte Staats- und Gesellschaftstheorie deutlich wurde, die Kaiser Han Wudi (156 – 87 v. Chr.) unter seiner Herrschaft zur Staatsphilosophie erhob. Diese ideologische Staatsdoktrin hatte sogar zur Folge, dass eine konfuzianische Ausbildung der Beamten eine Voraussetzung für die Besetzung von Spitzenämtern darstellte. Die Vollendung der Ethik sollte sich somit auf staatlicher, gesellschaftlicher und individueller Ebene widerspiegeln (vgl. Daiber 2010, S. 128).

Die in der Achsenzeit eingeleiteten Veränderungen sollten auch vor der Wirtschaft keinen Halt machen. Die kulturellen Entwicklungen in der vormodernen Zivilisation fußten vor allem auf dem landwirtschaftlichen Mehrwert. Die von den Eliten geschaffene Kultur und der Wohlstand in den Städten konnten nur durch den Ertrag der Bauern verwirklicht werden. So traten in der Achsenzeit neue Formen des Wirtschaftens auf:

„At any rate, as is well-known, toward the middle of the first millennium BC everywhere men grew prosperous and new social and economic ways proliferated, especially in matters mercantile; for instance, coinage, as a means of ready financial exchange under complex conditions, seems to have been developed roughly simultaneously, toward the seventh century, in Anatolia, in northern India, and in China. In the same widely distant parts of the Oikoumene appeared unexampled works of intellectual creativity which proved decisive for all subsequent high-cultural life. Cumulatively, all this amounted to great bursts of creative and many-sided cultural innovation, launching many new traditions of high culture: that is, to unparalleled cultural florescences" (Hodgson 1977, S. 111f.).

Es waren vor allem Menschen wie Laotse, Konfuzius, Buddha oder die israelitischen Propheten, die sich berufen fühlten, die damaligen Gesellschaften umzugestalten. Karl Jaspers führt dazu aus:

> „Zum erstenmal gab es Philosophen. Menschen wagten es, als Einzelne sich auf sich selbst zu stellen. Einsiedler und wandernde Denker in China, Asketen in Indien, Philosophen in Griechenland, Propheten in Israel gehören zusammen, so sehr sie in Glauben, Gehalten, innerer Verfassung voneinander unterschieden sind. Der Mensch vermochte es, sich der ganzen Welt innerlich gegenüberzustellen. Er entdeckte in sich den Ursprung, aus dem er über sich selbst und die Welt sich erhebt. Im spekulativen Gedanken schwingt er sich auf zu dem Sein selbst, das ohne Zweiheit, im Verschwinden von Subjekt und Objekt, im Zusammenfallen der Gegensätze ergriffen wird" (Jaspers 1949, S. 22).

1.1.2 Israelische Propheten: Sozial-religiöse Kritik und ethischer Monotheismus

In seiner religionsgeschichtlich-soziologischen Analyse über das Judentum zeigt Max Weber auf, wie das Wirken der israelischen Propheten mit ihren Erlösungskonzepten in dieser Zeitspanne zum Durchbruch führte und zu einem „systematisch-rationalisierten Weltbild" beitrug. Unter dem Begriff „Prophet" versteht Weber dabei:

> „Wir wollen hier unter einem ‚Propheten' verstehen einen rein persönlichen Charakter, der kraft seiner Mission eine religiöse Lehre oder einen göttlichen Befehl verkündet. Wir wollen dabei hier keinen grundsätzlichen Unterschied darnach machen: ob der Prophet eine (wirklich oder vermeintlich) alte Offenbarung neu verkündet oder gänzlich neue Offenbarungen zu bringen beansprucht, ob er also als ‚Religionserneuerer' oder als ‚Religionsstifter' auftritt. Beides kann ineinander übergehen, und insbesondere ist nicht die Absicht des Propheten selbst maßgebend dafür, ob aus seiner Verkündung eine neue Gemeinschaft entsteht; dazu können auch die Lehren unprophetischer Reformatoren den Anlaß geben. Auch ob mehr die Anhängerschaft an die Person wie bei Zarathustra, Jesus, Muhammed, oder mehr an die Lehre als solche – wie bei Buddha und der israelitischen Prophetie – hervortritt, soll uns in diesem Zusammenhang nichts angehen. Entscheidend für uns ist die persönliche Berufung. Das scheidet ihn vom Priester. Zunächst und vor allem, weil dieser im Dienst einer heiligen Tradition, der Prophet dagegen [aufgrund] persönlicher Offenbarung oder kraft [seines] Charisma Autorität beansprucht" (Weber 2008, S. 346).

Die israelitische Prophetie trug nach Weber zur Entstehung eines ethischen Monotheismus bei, der im babylonischen Exil seine Vollendung fand. Propheten übten eine radikale Kritik an gesellschaftlichen Bedingungen, lösten sozial-religiöse Protestbewegungen aus, initiierten aufgrund ihrer Magiefeindlichkeit Rationalisierungsprozesse und nehmen daher ebenso eine universalgeschichtliche Bedeutung ein. Rationalisierung und Ethisierung waren die Produkte, die mit der Mission der vorexilischen Propheten ab dem 9. vorchristlichen Jahrhundert entstanden. Aufgrund ihres offensiven Wirkens werden Propheten wie Jeremia von Weber auch als „politische Demagogen" bezeichnet, da sie öffentlich und offensiv Kritik an den gesellschaftlichen Zuständen ausübten. Das Bibelzitat: „Gehet durch die Gassen zu Jerusalem und schauet und erfahret und suchet auf ihrer Straße, ob ihr jemand findet, der recht tue und nach dem Glauben frage, so will ich dir gnädig sein" (Jeremia 5:1) zeige, dass Propheten wie Jeremia die Mission einer öffentliche Prophetie praktizierten. Das wichtigste Instrument war dabei die Sprache. Wie Weber weiterhin aufzeigt, ist das offene Handeln von Propheten in anderen Großreichen wie Ägypten aufgrund massiver Repressalien und eines eingeschränkten Aktionsradius nicht möglich gewesen. In Israel bzw. im Stadtstaat Jerusalem dagegen konnte sich durch das Zusammenspiel externer (Gefahren von außen) und interner Faktoren (Schwächung des Königs) die „freie Prophetie" entfalten (vgl. Weber 2006, S. 1101ff.). Die Propheten monierten öffentlich den Werteverfall in der Gesellschaft, vertraten sozialethische Ideen, prangerten falsche Propheten, Orakelpriester und Magier an und versuchten die Magie aus der Gesellschaft zu verdrängen. In ihrer Rhetorik und Tonart waren sie sehr scharf und entsprechend fielen auch die Reaktionen der Herrschenden bzw. der Gesellschaft aus:

> „Alles ist auf aktuelle demagogische Wirkung, in aller Regel von Mund zu Mund, berechnet. Die Gegner der Propheten werden bei Micha redend eingeführt. Sie werden ganz persönlich bekämpft und an den Pranger gestellt, und wir hören sehr oft von tätlichen Konflikten. Alle Maßlosigkeit und die rasendste Leidenschaft der Parteikämpfe etwa in Athen oder Florenz wird erreicht und zuweilen überboten durch das, was wir in den Zornreden und Orakelflugblättern besonders des Jeremia an Flüchen, Drohungen, persönlichen Invektiven, Verzweiflung, Zorn und Rachedurst finden. [...] – Der Leidenschaft des Angriffs entsprach die Reaktion der Angegriffenen. Zahlreiche Verse, namentlich wieder des Jeremia, die gelegentlich wie Ausgeburten von Verfolgungswahn anmuten, schildern, wie die Feinde bald zischeln, bald lachen, bald drohen und höhnen. Und das entsprach den Tatsachen. Auf offener Straße treten die Gegner der Propheten entgegen, beschimpfen sie und schlagen sie ins Gesicht" (Weber 2006, S. 1104f.).

Trotz der vorhandenen Unterschiedene hatten alle Kulturen in der Achsenzeit also gemeinsam, dass voneinander unabhängig initiierte Prozesse zur stärkeren Betonung des Individuums, zur stärkeren individuellen Reflexion über Transzendenz, zur Klärung der Fragen der menschlichen Existenz sowie zur Herrschaftskritik und zur Vision einer besseren Gesellschaft beitrugen. Vor der Achsenzeit dagegen, war das Weltbild eher kosmisch geprägt und die enge Orientierung an der Natur hatte zur Herausbildung von Mythen und damit zu Ritualen geführt, welche die zeremoniell geordnete, spirituell-kollektive Erfahrbarkeit ermöglichten. Dieser Zustand in der Vorachsenzeit war im 7. Jahrhundert vermutlich vielerorts auf der Arabischen Halbinsel anzutreffen. Wie mit Eisenstadt oben angeführt, begann der revolutionäre Prozess in der spirituellen, ethischen, soziopolitischen sowie wissenschaftlichen Dimension für die islamische Zivilisation erst nach der eigentlichen Achsenzeit. Dabei fungierten die Stadt Mekka und kurze Zeit später Medina als Ausgangsorte für die universalgeschichtlichen Entwicklungen in diesem Kulturraum, konkret für die Verkündigung des Islam. Diese begann um das Jahr 610 mit der Sendung Muhammads, der sich als Erbe der israelitischen Propheten verstand.

1.2 Der ismaelitische Prophet: Abrahams Ur-Monotheismus und die Sozialrevolution in Mekka

1.2.1 Muhammad und das Erbe der israelitischen Propheten

Muhammad wird nach islamischem Verständnis in die Reihe der anderen israelitischen Propheten gestellt. Nach islamischem Verständnis wird die Gruppe der Propheten in zwei Kategorien eingeteilt: Zum einen in Rasul, d.h. diejenigen, die mit einer neuen Botschaft bzw. Schrift auftraten, wie Moses, Jesus und Muhammad; zum anderen in Nabi, also diejenigen, die lediglich frühere Offenbarungen bestätigten bzw. sie wieder ins Gedächtnis der Menschheit riefen. Ein Rasul kann zugleich Nabi sein, während das umgekehrt nicht möglich ist. Laut dem Koran und den außerkoranischen Quellen ist Muhammad der letzte Gesandte Gottes in der Kette – „das Siegel der Propheten"[3]. Ein Ausspruch Muhammads hierzu lautet:

> „Mein Verhältnis zu der langen Kette der Propheten kann durch das Sinnbild eines Palastes verstanden werden: Der Palast war wunderschön gebaut; alles war vollkommen daran, nur der Platz für einen Ziegelstein war noch frei. Ich habe diesen Platz ausgefüllt, und nun ist der Palast vervollständigt" (zit. nach Amayreh 2004, S. 7).

Nach der Definition von Max Weber ist Muhammad ein Prophet ethischen Typus, also eine Person, die im Auftrag einer Gottheit handelt und sich als ihr Instrument versteht, ihre Worte zu verkünden und die Gehorsamkeit gegenüber dieser höheren Norm vorzuleben, weil sie es als eine ethische Pflicht versteht. Anders dagegen verhält es sich mit Propheten wie Buddha, dessen Lehre nicht die Folge der Aufforderung durch einen Gott ist, sondern die sich an die „Heilsbedürftigen" wendet, um ihnen ihre eigenen spirituellen Erfahrungen zur Erlösung zu vermitteln (vgl. Weber 2008, S. 346). Doch unabhängig von dieser Differenzierung kann Weber Gemeinsamkeiten hinsichtlich der beiden Typen feststellen:

> „Mag aber die Prophetie mehr ethischen oder mehr exemplarischen Charakter haben, immer bedeutet – das ist das Gemeinsame – die prophetische Offenbarung, zunächst für den Propheten selbst, dann für seine Helfer: einen einheitlichen Aspekt des Lebens, gewonnen durch eine bewußt einheitliche sinnhafte Stellungnahme zu ihm. Leben und Welt, die sozialen wie die

---

3 „Muhammed ist nicht der Vater eines eurer Männer, sondern der Gesandte Gottes und das Siegel der Propheten; und Gott ist Allwissend" (Koran, 33/40).

kosmischen Geschehnisse, haben für den Propheten einen bestimmten systematisch einheitlichen ‚Sinn', und das Verhalten der Menschen muß, um ihnen Heil zu bringen, daran orientiert und durch die Beziehung auf ihn einheitlich sinnvoll gestaltet werden" (Weber 2008, S. 354).

Diesen einheitlichen Aspekt des Lebens hat der Prophet Muhammad durch das Konzept des Tauhid kundgetan. Nach den Angaben der klassischen islamischen Literatur ist mit Tauhid einzig die Einheit Gottes gemeint, die der Menschheit seit dem ersten Menschen Adam durch auserwählte Gesandte verkündet wurde. Aus islamischer Perspektive ist der Islam (arab. „Hingabe", „Unterwerfung unter den Willen Gottes") keine neue Religion, und der Begriff „Muslim" (arab. „der sich Gott ergibt/hingibt") ist nicht nur auf die Anhänger Muhammads zu beschränken. Alle Gesandten und deren Gemeinden waren somit Gottergebene (Muslime). Vor diesem Hintergrund vertrat der Prophet Muhammad nicht den Anspruch, mit dem Tauhid eine neue Lehre, sondern – wie die biblischen Propheten und Gesandten vor ihm – den reinen Monotheismus zu verkünden:

> „Dieses vermeintlich schlichte Bekenntnis bildet nicht nur die Basis aller anderen Glaubensartikel im Islam, es ist in gewisser Weise die Summe der islamischen Theologie. Denn die schahada bedeutet die Anerkennung einer außerordentlich komplexen theologischen Lehre, des tauhid. Die Lehre des tauhid ist für die islamische Theologie von so zentraler Bedeutung, dass die ‚Wissenschaft des kalam' ('ilm al-kalam) gleichbedeutend ist mit der ‚Wissenschaft des tauhid' ('ilm al-tauhid). Doch tauhid, ‚für einzig erklären', beinhaltet mehr als den Monotheismus. Es gibt nur einen Gott, aber das ist nur der Anfang. Tauhid bedeutet: Gott ist Einsheit. Gott ist Einheit: absolut unteilbar, gänzlich einzigartig und undefinierbar. Weder in seiner Essenz noch in seinen Attributen ähnelt Gott irgendetwas anderem" (Aslan 2006, S. 171).

1.2.2 Abrahams Tempel und die Botschaft der Axialzeit in Mekka

Die Verbundenheit zu Abraham war im Bewusstsein mancher damaliger Araber und in den vorislamischen Überlieferungen auf der Halbinsel durch eine orale Tradition lebendig gehalten worden (vgl. hierzu Peters 1994, S. 6f.). Daher war der Gedanke der historischen Kontinuität in der Tradition Abrahams für Muhammad von Anbeginn seiner Sendung zentral. Er berief sich auf seine biologische und geistige Abkommenschaft vom biblischen Patriarchen, der in lang zurückliegender Zeit seinen Erstgeborenen Ismael und seine Nebenfrau Hagar in der Wüste, konkret im Tal von Mekka, zurückgelassen hatte. In der Bibel wird im Buch Genesis (Kap. 21, Vers 9-21) die Geschichte ähnlich erzählt wie in den arabischen Überlieferungen mit dem Unterschied, dass nicht explizit Mekka, sondern die Wüste von Beerscheba genannt wird. Nach Muhammad Asad handelt es sich jedoch um den Hedschas. Nach muslimischen Quellen spielte die an diesem Ort existierende Wasserquelle als Pull-Faktor eine bedeutende Rolle. Sie veranlasste, dass sich dort weitere Beduinenstämme niederließen, was letztlich dazu führte, dass sich dort der Kern der späteren Handelsstadt Mekka bildete. Ismael heiratete schließlich eine Frau aus einem südarabischen Stamm (Qahtani) und wurde durch diese Heirat zum Vorfahren der Must'ariba-Stämme, der arabisierten Stämme (vgl. Asad 2009, S. 56). Im Zuge ihrer zahlreichen Besuche errichteten Abraham und sein Sohn Ismael schließlich den Tempel Kaaba in Mekka als Symbol des absoluten Monotheismus, legten die Rituale fest und riefen die Pilgerfahrt zu diesem Ort aus (vgl. Lings 2006, S. 2f.). In diesem Zusammenhang weist Charles Le Gai Eaton aus islamischer Perspektive auf die Notwendigkeit der Kontinuität am Beispiel der Errichtung dieses Tempels hin:

> „Was am deutlichsten aus dieser Tradition, diesem Bericht über die Gründung Ka'ba in Mekka und dem Kommen Muhammads hervorgeht, ist das Gefühl der Kontinuität, die alle heilige Geschichte miteinander verbindet und die jede Manifestation im Islam charakterisiert. Es könnte ja auch nicht anders sein. Die Religion der Einheit und der Vereinigung muß notwendigerweise auch die Religion der Kontinuität sein, die keinen Bruch mit der Vergangenheit zulässt und sich weigert zuzugestehen, daß die Zeit die miteinander verknüpften Elemente der immerwährenden Wahrheit zertrennen könne. Wäre die Botschaft des Korans etwas völlig ‚Neues' gewesen, dann hätte sie das Webmuster durchbrochen, den Faden der Kontinuität zerschnitten und Zweifel an der göttlichen Weisheit erweckt, die ihrer Natur nach unwandelbar ist. Der Koran selbst bestätigt das unzweideutig: ‚Nicht wird etwas anderes zu dir gesprochen ward' (Sura 41, 43). [...] Aus muslimischer Sicht ist, was von Jesus, aber auch von Muhammad verlangt wurde, nicht so sehr ein Akt universaler Erlösung, sondern lediglich die Wiederholung – in einer diesen späteren Zeiten angemessenen Form – der uralten Botschaft, die Adam gegeben wurde; und deshalb ist die Sünde des Menschen in erster Linie eine Sünde der Vergesslichkeit" (Eaton 2000, S. 67f.).

Aus religionswissenschaftlicher Perspektive vertritt der Koran die Dekadenztheorie, der zufolge in der Menschheitsgeschichte von Anbeginn der Ur-Monotheismus existierte und im Laufe der Menschheitsgeschichte der Polytheismus entstand (vgl. Schmidt 1926). In diesem Zusammenhang weist Rudi Paret darauf hin, dass der koranische Terminus Hanif ein Indiz dafür ist, dass bereits vor Muhammads Verkündung im alten Arabien die Vorstellung von Allah als den einen Gott für eine Gruppe von Menschen vermutlich nicht unbekannt war. Nach islamisch-historischen Überlieferungen handelte sich bei Hanifen (auch: al-Hanafiyya) um Monotheisten, die in vorislamischer Zeit keiner Religion wie Judentum oder Christentum angehörten, sich jedoch dem Ein-Gott-Glauben verpflichteten. Daher setzte Muhammad dieses Bewusstsein bei den Bewohnern Mekkas voraus (vgl. Paret 2008, 19f.) Um die These des Ur-Monotheimus zu stützen, wird im Koran drauf hingewiesen, dass die Fitra, die natürliche Veranlagung des Menschen, den einen Gott mit bloßer Verstandeskraft zu erkennen, mit dieser Transzendenz korrespondiert. Exemplifiziert wird dies im Koran mit der Geschichte des jungen Abraham, der – unter dem Einfluss der sumerischen Religion sozialisiert – mit seiner Ratio eigenständig zum Monotheismus findet. In der 6. Sure wird dieser stufenweise geistige Erkenntnisprozess geschildert:

„Und also gaben wir Abraham (seine erste) Einsicht in (Gottes) mächtige Herrschaft über die Himmel und die Erde – und (dies) zu dem Zweck, daß er einer von den werden möge, die innerlich gewiß sind.

Dann, als die Nacht ihn mit ihrer Finsternis überschattete, erblickte er einen Stern; (und) er rief aus: ‚Das ist mein Erhalter!' – aber als er unterging, sagte er: ‚Ich liebe nicht die Dinge, die untergehen.'

Dann, als er den Mond aufgehen sah, sagte er: ‚Dies ist mein Erhalter!' – aber als er unterging, sagte er: ‚Fürwahr, wenn mein Erhalter mich nicht rechtleitet, werde ich ganz gewiß einer von den Leuten werden, die irregehen!'

Dann, als er die Sonne aufgehen sah, sagte er: ‚Dies ist mein Erhalter! Dies ist das größte (von allen)!' – aber als (auch) sie unterging, rief er aus: ‚O mein Volk! Siehe, fern sei es von mir, etwas anderem neben Gott, wie ihr es tut, Göttlichkeit zuzuschreiben.'

‚Siehe, Ihm, der die Himmel und die Erde ins Dasein brachte, habe ich mein Gesicht zugewandt, indem ich mich von allem, was falsch ist, abwandte; und ich bin nicht einer jener, die etwas anderem neben Ihm Göttlichkeit zuschreiben'" (Koran, 6/75-79).

Anhand der Aussagen des Korans in der mekkanischen Periode wird bereits deutlich, dass typische Merkmale der Achsenzeit wiederzufinden sind: Trennung von Mythen und Hinwendung zu einer transzendenten Macht, Trennung von Diesseits und Jenseits (auch wenn sie zusammenhängen) sowie die Verantwortung des Individuums und nicht des Kollektivs (jeder ist für sein Handeln selbst verantwortlich). Zudem wird die Magiefeindlichkeit der israelitischen Propheten weiterhin tradiert und ein wichtiger Beitrag zur Rationalisierung geleistet. Im Kontext der absoluten Monotheismus-Lehre beinhaltete Muhammads Mission während seines 13-jährigen Wirkens in Mekka folgende zentrale Bekundungen:

„– Es gibt einen einzigen Gott; dieser ist immanent und transzendent. (Diese Lehre, tauhid genannt, ist die theologische Kernaussage des Islam.)
– Gott ist gütig (eine den Arabern fremde Vorstellung).
– Gott hat weder Söhne noch Töchter; wohl aber gibt es Engel und Geister (Dschinn).
– Es gibt ein Leben nach dem Tod, im Himmel (Dschanna) oder in der Hölle (Dschahannam). (Auch dies war für Araber eine neue Vorstellung.)
– Über das Schicksal des Menschen im Jenseits entscheidet allein sein Verhalten während seines Erdenlebens. (Araber neigten zur Schicksalsergebenheit.)
– Jeder ist nur für sich selbst verantwortlich. (In Arabien haftete jeder für seinen Stamm)
– Sinn der menschlichen Existenz ist die Erkenntnis Gottes und sein Lob.
– Muhammad ist nur Prophet und als Prophet nur ein Warner.

– Er stellt lediglich den unverfälschten Monotheismus Abrahams wieder her, gründet also keine neue Religion" (Hofmann 2002, S. 17f.).

1.2.3 Dschahilliya: Vorislamische Zeit der Unwissenheit

Ähnlich wie für die anderen Propheten der Axialzeit war die Sprache in der Kultur im Hedschas das zentrale Medium. Wie Navid Kermani zeigt, beisitzt der Koran – der übersetzt „der Rezitierende" heißt – eine große poetische Kraft und übte eine große Wirkung auf die Mekkaner aus. Ästhetische und religiös-spirituelle Erfahrungen gingen Hand in Hand (vgl. Kermani 2000). Zugleich initiierte der Koran einen religiösen und sozialkritischen Diskurs, der im Laufe seiner 23-jährigen Verkündigung die Deutungs-/Erfahrungsmuster sowie Selbstverständlichkeiten der Mekkaner herausforderte und die alten Traditionen und Bräuche infrage stellte. Die mekkanische Oligarchie bekämpfte hingegen diese neue Religion nicht nur aus religiös-kulturellen, sondern auch aus wirtschaftlichen Gründen. Denn im Umfeld der Kaaba hatte sich ein Kult der Vielgötterei etabliert, der jährlich Stämme von der ganzen Arabischen Halbinsel anlockte.

In ihrem Buch „Meccan Trade and the Rise" of Islam zeigt Patricia Crone, dass sich nahezu alle Erklärungen zur Entwicklung Mekkas zum Wirtschaftszentrum auf der Arabischen Halbinsel auf die These stützen, dass die Stadt als heilige Stadt und die Tradition des Verbotes, dort Blut zu vergießen – daher auch der Name Al-Haram („die Verbotene") –, auf ihre Zentralität zurückzuführen ist. Denn die Sicherheit für die Karawanen mit ihrem Handelsgut sowie Opfergaben waren für Pilger aus entfernten Gebieten wichtige Faktoren, die jährlichen Rituale in Mekka zu besuchen (vgl. Crone 2004, S. 8ff.). Für die Mekkaner stellten die religiösen Zeremonien eine wichtige Einkommensquelle dar. Wie so typisch für viele Städte mit heiligen Tempeln oder Reliquien(schreinen) florierte dort der Handel.[4] Zahlreiche Pilger kamen jährlich nach Mekka, um die etwa 360 Götzen zu verehren, Opfergaben zu hinterlassen und natürlich auch um Handel zu treiben (vgl. Bey 1991, S. 49ff.). Die mekkanischen Herrscher profitierten von der Kommerzialisierung der Religion, und die Monotheismus-Lehre Muhammads war somit nicht nur eine religiös-kulturelle, sondern eine wirtschaftliche Bedrohung. Ähnlich wie die Kritik von Jesus am kommerziellen Kult des jüdischen Tempels in Jerusalem, sah Muhammad seine Sendung vor allem darin, die ursprüngliche Funktion der Kaaba als Tempel des Ur-Monotheimus wiederherzustellen.

---

4 Bis heute stellen die Pilgerfahrt und der Religionstourismus mit Millionen von Menschen aus aller Welt eine beachtliche Einnahmequelle für Saudi-Arabien dar. Allein in der Hochsaison, in der Zeit der großen Pilgerfahrt, kommen bis zu 3 Millionen Gläubige für etwa vier Wochen zusammen.

Diese enge Verflechtung zwischen Wirtschaft, Politik und religiösem Kult im damaligen Mekka bildet die Basis für gegenwärtige religiös-politische Bewegungen mit ihrer Gesellschaftskritik, um aus der „dunklen Epoche" der vorislamischen Zeit Mekkas Parallelen zu gegenwärtigen Staaten und Regierungen abzuleiten. Aus den genannten Merkmalen werden – je nach Orientierung und Ideologie der Strömungen – Systeme, Rituale, Symbole abgeleitet, die auf aktuelle Entwicklungen im Kapitalismus, Sozialismus und sogar in der Demokratie übertragen werden. Die vorislamische Zeit wird in der islamischen Literatur als Dschahilliyya („Zeit der Unwissenheit") bezeichnet und stellt in den Augen vieler Muslime das zur idealen islamischen Gesellschaft diametral entgegengesetzte Bild dar. In der Literatur werden ausführlich die vorherrschenden Normen, die polytheistischen bzw. henotheistischen Kulte und Bräuche beschrieben. Zentrale Charakteristika dieser vorislamischen Gesellschaft sind nach traditionellen Überlieferungen wie folgt aufzulisten:

- Henotheismus/Polytheismus: das Vergessensein des einen Gottes und die Beigesellung zahlreicher Gottheiten, die jeweils von den verschiedenen Stämmen verehrt wurden,
- Glücksspiel: das weitverbreitete Spielverhalten der Mekkaner, das fatale Folgen für die Betroffenen und Familienangehörigen hatte,
- Kreditsystem: eine etablierte Tradition des Geldverleihens, das mit Wucherzinsen und exzessiver Ausbeutung der Schuldner verbunden war,
- Prostitution und Unzucht: die sexuelle Ausbeutung von Frauen sowie das unmoralische Sexualverhalten wie etwa Partnertausch,
- Tötung neugeborener Mädchen: Der weibliche Nachwuchs wurde aufgrund ökonomischer Faktoren unmittelbar nach der Geburt lebendig begraben,
- Stammes-Nationalismus: Die ganze Loyalität galt dem Stamm, was im heutigen Verständnis als eine Art „Nationalismus" verstanden werden kann,
- Sklaverei: die Unterwerfung zahlreicher Menschen, die auf dem Sklavenmarkt erworben und unmenschlich behandelt wurden,
- Das Recht des Stärkeren: Vergehen von wohlhabenden Personen und Familien wurden nicht geahndet,
- Keine Fürsorge für Arme: Eine Mehrheit von Bedürftigen stand einer Minderheit von Wohlhabenden gegenüber, die sich nicht paritätisch verhielten (vgl. Ates 1996; Armstrong 1993, S. 66ff.).

1.2.4 Muhammads Ruf nach sozialer Gerechtigkeit und mekkanische Gegenwehr

Die koranische Kritik und die außerkoranischen Überlieferungen machen im Gegensatz zu gegenwärtigen religiös-politischen Fundamentalisten deutlich, dass primär auf die soziale Ungerechtigkeit hingewiesen wird und politische Systeme bzw. Herrschaftsformen weder empfohlen noch kritisiert werden. Die Akzentuierung der sozialen Gerechtigkeit ist u.a. auch ein Grund dafür, dass die Botschaft eine besondere Faszination auf jüngere Menschen sowie die unteren sozialen Schichten bzw. Sklaven ausübte. Wie Reza Aslan darstellt, war das Postulat der sozialen Gerechtigkeit sowie der sozialen Reformen „eine radikale Botschaft" für die Mekkaner, die bis dato eine ähnliche Lehre nicht kannten. Das subversive Potenzial, das die Mekkaner später fürchten sollten, entwickelte sich neben den religiösen und sozialen Reformen zunehmend zu einer wirtschaftlichen Bedrohung (vgl. Aslan 2006, S. 61ff.). Denn anders als die Hanifen, die ja vor der Verkündung des Islams vereinzelt in Mekka lebten, sollte Muhammad an den Grundfesten der mekkanischen Gesellschaft rütteln. Aslan führt dazu aus:

> „So sehr die hanifitischen Prediger den Polytheismus und die Gier ihrer mekkanischen Landsleute attackierten, hielten sie jedoch an ihrer Verehrung der Ka'ba und an der Wertschätzung derjenigen in der Gemeinschaft fest, die Hüter der Schlüssel waren. Das wäre auch eine Erklärung dafür, daß die Hanifen in Mekka mehr oder weniger toleriert wurden und sich nie in großer Zahl Muhammads Bewegung anschlossen. Doch als Geschäfts- und Kaufmann hatte Muhammad etwas begriffen, was den Hanifen versagt blieb: daß nämlich die einzige Möglichkeit, in Mekka eine radikale soziale und wirtschaftliche Reform in Gang zu setzen, die Zerschlagung jenes religiös-wirtschaftlichen Systems war, auf dem die Stadt aufgebaut war; und daß nur ein Weg zu diesem Ziel führte: der Angriff auf die Ka'ba, den Ursprung und Quell des Reichtums und Ansehens der Quraisch" (ebd., S. 64).

Die öffentliche Prophetie Muhammads und seine Kritik an den Kulten und sozialen Umständen wurde von den Herrschenden zunehmend als eine sozialrevolutionäre Gefahr empfunden, und die Muslime – vor allem diejenigen, die nicht aus mächtigen Familien/Stämmen kamen bzw. die ungeschützten Sklaven – sollten deshalb unter den Repressalien und tätlichen Angriffen der Mekkaner leiden. Neben physischer und psychischer Gewalt gab es im Zuge der mekkanischen Inquisition auch wirtschaftliche Boykotte, sodass den Muslimen die Lebensgrundlage sukzessiv entzogen wurde. Im Kontext gegenwärtiger Terrordebatten ist zu konstatieren, dass es trotz der Unterdrückung und Verfolgung vonseiten der Muslime zu keiner Gegenwehr, geschweige denn zu organisierten bzw. vereinzelten Gewalttakten kam. In der (inkonsistenten) theologischen Literatur fundamentalistischer bzw. dschihadistischer Strömungen wird dieses Phänomen geradezu systematisch ausgeblendet. Die frühislamische Gemeinschaft übte sich vielmehr in Geduld und versuchte Glaubensfreiheit durch Migration, die somit eine existenzielle Bedeutung gewann, zu erlangen. Die „freie Prophetie" Muhammads (Weber 2006) sollte sich erst dort entfalten.

1.3 Migration und „freie Prophetie": Die Gründung des muslimischen Stadtstaates

1.3.1 Der muslimische Exodus

Migrationsprozesse und Religionen stehen religionshistorisch betrachtet in einem engen Verhältnis zueinander. Migrationsbewegungen führten dazu, dass sich Religionen nicht auf ihren Entstehungskontext begrenzten. Infolge neuer wirtschaftlicher, sozialer und kultureller Rahmenbedingungen standen sie zudem vor der Herausforderung, sich neu zu verorten bzw. Transformationsprozesse einzuleiten (vgl. Tiefensee/Kraft 2011). Ebenso hatten Wanderungen eine existenzielle Dimension, wie etwa der Exodus, der im gleichnamigen Kapitel der Thora die Befreiung des israelischen Volkes aus Ägypten erzählt und den Bund mit Gott am Berg Sinai ermöglichte. Seit Jahrhunderten gedenken die Juden weltweit dieser Befreiung mit einem ihrer wichtigsten Feste, dem Pessach-Fest. In der narrativen Theologie des Judentums nimmt diese Erzählung einen zentralen Platz ein (vgl. Ben-Chorin 1985). In die Geschichte des Islams dagegen haben zwei Migrationsbewegungen Eingang gefunden, die je unterschiedliche Bedeutungen und Tragweiten hatten. Die kleine Auswanderung für eine kleine Gruppe von Muslimen fand auf Anraten Muhammads im Jahre 615 nach Abessinien statt, um den massiven Repressalien zu entkommen. Sie ersuchten bei König Negus Asyl und dieses wurde ihnen gewährt.

Von welthistorisch, theologisch und politisch größerer Bedeutung war dagegen die nahezu komplette Auswanderung der muslimischen Gemeinde im Jahre 622 in die etwa 400 Kilometer nördlich gelegene Oasenstadt Medina. Denn die Verfolgungen hatten nunmehr ein Stadium erreicht, das die weitere Existenz der muslimischen Gemeinde in Mekka nicht mehr erlaubte. Da das Schicksal der Weltreligion Islam historisch mit dieser vor 1.400 Jahren realisierten Auswanderung – arabisch Hidschra – zusammenhängt, stellt sie für die islamische Zeitrechnung die Stunde Null dar. Neben diesen Push- spielten als Pull-Faktoren für diese Wanderung u.a. eine Rolle, dass

- eine Delegation aus Medina bereits in Mekka zum Islam konvertierte;
- Muhammad vor der Auswanderung muslimische Lehrer nach Medina entsendete, um ihnen – auf Nachfrage der Medinenser – den Islam zu vermitteln;
- ein Abkommen mit den Medinensern den Schutz der Muslime garantierte;
- die Muslime davon ausgehen konnten, dass die Befriedigung ihrer materiellen und immateriellen Bedürfnisse gewährleistet war (vgl. Watt 1974, S. 89ff.).

1.3.2 Theologische Profilierung, neue soziale Ordnung und die Idee der Umma

Die von der Agrikultur geprägte Stadt Medina, deren ursprünglicher Name Yathrib lautet, sollte die Grundlage für die oben genannte „Realisierung einer gerechteren Gesellschaft nach Maßgabe einer transzendenten Vision" bilden, die in der Axialzeit ein wichtiges Ziel israelitischer Propheten und anderer Religionsstifter darstellte. Marshall Hodgson konstatiert in diesem Zusammenhang:

> „To Muhammad, the move to Medina was not merely an escape from an untenable immediate position in Mecca. It was an opportunity to build a new order of social life such as the development of his faith had more and more obviously demanded. The cult of Allah as Creator demanded, in the first instance, a personal devotion to moral purity; but personal purity implied a just social behaviour: generosity to the weak and curbing the licence of the strong" (Hodgson 1977, S. 172f.).

Insgesamt sind die Errungenschaften dieser Zeit hinsichtlich der theologischen und politisch-kulturellen Entwicklungen des Islams entscheidend. In der Retrospektive versuchen fundamentalistische Strömungen, für die Konstruktion und Legitimation ihrer Ideologie Lehren aus dieser Zeit zu ziehen. Aus der Analyse der acht- bis zehnjährigen Entwicklungen in Medina wird – unabhängig von den unterschiedlichen ideologischen Strömungen im fundamentalistischen Milieu – abgeleitet, dass es die Pflicht des Muslims sei, angemessene politische und soziale Bedingungen für ein gottgefälliges Leben, für die freie Entfaltung der Fitra, zu schaffen. Der theozentrisch ausgerichtete Gedanke des Islams sei nach der Auswanderung der muslimischen Gemeinschaft in Medina realisiert worden und fungiere daher als überzeitliches Modell.

Während das Christentum erst nach jahrhundertelangen Verfolgungen schrittweise mit der historischen Wende durch die Mailänder Vereinbarung (313) durch Theodosius I. im Jahre 380 zur Staatsreligion und damit zur weltlichen Macht aufstieg (vgl. Küng 2008, S. 218ff.), begann die staatliche Organisation des Islams also bereits zu Lebzeiten Muhammads. Das ganzheitlich ausgerichtete Prinzip des Tauhid sollte sich auch auf staatlicher Ebene widerspiegeln und als Garant für die Glaubensfreiheit und Entfaltung der jungen muslimischen Gemeinschaft fungieren.⁵ Vor diesem Hintergrund sollen im Folgenden die essenziellen theologischen und politischen Entwicklungen in Medina erörtert werden, die bis heute zu unterschiedlichen theologischen Positionen und zeitgenössischen Verständnissen führen:

a) Die koranische Botschaft

Aufgrund der neuen Herausforderungen, mit denen die muslimische Gemeinde in Medina konfrontiert war, werden mit der Beibehaltung der mekkanischen Themenschwerpunkte des Korans, neue Inhalte und Fragen behandelt bzw. stärker akzentuiert, wie etwa das Erbe Abrahams, die Wiederherstellung der Kaaba als Tempel des Ur-Monotheismus, die Kritik an den Kindern Israels, historische Erzählungen über zerfallene Völker als Lehrgeschichte sowie die Geschichte über israelische Propheten und Gesetz-/Rechtsgebung in Fragen der Ethik, des Straf- sowie Erbrechts (vgl. Robinson 2003, S. 69ff. und 196ff.). Damit wird nicht nur die Kontinuität der göttlichen Botschaft bekräftigt, sondern der Bruch insbesondere mit den Juden illustriert und das Profil der jungen Gemeinschaft geschärft.

b) Der Vertrag von Medina

Aufgrund der multireligiösen Konstellation in Medina legte Muhammad die „Verfassung von Medina" fest, die lediglich das gesellschaftliche Zusammenleben in der Stadt ordnen sollte und die daher nicht als die Einführung eines theokratischen Systems zu verstehen ist, wie es von Fundamentalisten behauptet wird. Rüdiger Lohlker weist darauf hin, dass dieses Abkommen als Gründungsurkunde der Muslime in die Geschichte und in das Bewusstsein der Muslime eingegangen ist. Das zweigliedrige Dokument ist unterteilt in Sicherheitsabkommen und komplementäre Reglementierungen (vgl. Lohlker 2008, S. 45). Lohlker führt weiterhin an, dass diese Urkunde

„[...] zugleich die Fortsetzung altarabischer Praktiken der Konföderationsbildung [ist], die eine gewisse Zeit sogar neben dem Koran stehen konnte. Wir können in ihr ein Fortwirken der arabischen Tradition sehen, die durch die Einführung des Hochgottes Allah in seiner neuen

---

5   Zwar wurde die positive Glaubensfreiheit weitgehend garantiert, die negative Glaubensfreiheit– d.h. das Recht, die Glaubensgemeinschaft zu verlassen – jedoch nicht. Apostasie wurde in vielen Reichen als Hochverrat betrachtet. Mit dieser Praxis hatte man eigentlich gegen das koranische Prinzip La iqraha fiddin verstoßen: „Es gibt keinen Zwang im Glauben" (Koran, 2/256). Gegenwärtige fundamentalistische Gruppierungen vertreten nach wie vor den Vorwurf des Hochverrats beim Austritt aus dem Glauben und betrachten die Verhängung der Todesstrafe dafür als eine legitime Sanktion.

Gestalt und seines Propheten als letzte Instanz, auf die man sich bezieht, weiter getrieben wird. Sie ist also auch Zeugnis für den altarabischen Kern der muslimischen Gemeinschaftsbildung und Heilsbotschaft. Sie ist aber auch, und dies scheint interessant, durch ihr Anerkennen des Brauches der einzelnen Stämme und durch die gleichberechtigte Einbindung nicht muslimischer Einwohner von Medina in das Paktsymbol ein Symbol dafür, dass die früh muslimische Gemeinschaft andere Gemeinschaften (u.a. die jüdische) als gleichberechtigt akzeptieren konnte. Zwar ist die Rolle des Propheten Muhammad in der so begründeten Konföderation herausgehoben, aber ein absoluter Anspruch theokratischer Herrschaft wird nicht formuliert" (ebd., S. 45f.).

Revolutionär war vor allem die Bekundung, dass die Umma als Glaubensgemeinschaft die Stammesloyalität ablöste. Muslime aus Mekka und Medina zählten zur Ummat al-Muminun („Gemeinschaft der Gläubigen"). Rückblickend leiten demokratisch orientierte Muslime aus dieser Konstitution sogar die normative Grundlage für eine pluralistische Gesellschaft ab. Im Vergleich zu modernen Staatstheorien wie denen von Thomas Hobbes, Jean-Jacques Rousseau oder John Rawls erkennen sie in der Verfassung von Medina zudem sogar eine progressivere Staatskonzeption. Dazu zählen sie vor allem den Schutz von Minderheiten und die Gewährung von Religionsfreiheit. Lohlker bezeichnet diese Art von apologetischer Analyse seitens muslimischer Intellektueller kritisch als „umgedrehten Orientalismus":

„Nicht der Orient ist unterlegen, so die europäische koloniale und postkoloniale Sicht, nein, der Orient ist per se überlegen, kannte alles, was der ‚Westen' kannte, bereits vorher (Lohlker 2008, S. 45)."

Diese Art von Interpretation wird – wie im Folgenden noch dargestellt werden wird – von der modernistisch orientierten Salafiyya in der zweiten Hälfte des 19. Jahrhunderts aufgegriffen, um in Auseinandersetzung mit den wissenschaftlichen und politischen Revolutionen in Europa, die koranischen Grundlagen für sozialgerechte Staatstheorien sowie ein wissenschaftskompatibles Religionsverständnis aufzuzeigen.

c) Die Errichtung von Gotteshäusern und der Beginn eines Gemeindelebens

Während die Muslime in Mekka über keine öffentlichen Räumlichkeiten verfügten und ihren Glauben in den Häusern praktizierten, entstand in Medina durch die Gründung einer Zentralmoschee ein religiöses Gemeindeleben. Das errichtete Gotteshaus entwickelte sich rasch zum soziokulturellen Zentrum und übte bereits in den Anfangsjahren vielfältige Funktionen aus. Neben den täglichen Gottesdiensten, Predigten und religiösen Unterweisungen wurden dort die Belange der muslimischen Gemeindemitglieder diskutiert und strategische Entscheidungen getroffen. Zeitgenössische Muslime erkennen in der Moderne ein Ideal der Moschee von Medina samt ihrer Multifunktionalität. Diese Vielseitigkeit sei jedoch im Laufe der islamischen Geschichte verloren gegangen und ihr Ort auf einen rein sakralen beschränkt worden (vgl. Sardar 1979, S. 197). Mit der Errichtung der Prophetenmoschee in Medina wurde zudem der Freitag als Feiertag – analog zum Sonntag im Christentum, aber mit dem Unterschied, kein Ruhetag zu sein – eingeführt, an dem der gemeinsame Gottesdienst mit obligatorischer Kanzelrede verrichtet wurde.

Nach dem sozialfunktionalen Ansatz von Bronislaw Kasper Malinowski haben Rituale die Funktion, die sozialen Systeme zu ordnen, bei Konflikten den sozialen Frieden wiederherzustellen sowie den Gruppenethos zu beschützen (vgl. Hödl 2003, S. 670). In diesem Sinne sollten die täglichen Gemeinschaftsgebete, der Freitags-Gottesdienst und alle Rituale während des ganzen Monats Ramadan diese Funktion der Konsolidierung der jungen Gemeinde in Medina erfüllen. Damit war es im Vergleich zu den Verhältnissen in Mekka auch viel einfacher, neue Muslime durch diese Rituale in ein soziales System zu integrieren.

d) Die endgültige Festlegung der Gebetsrichtung

In den Weltreligionen besitzen Gebetsrichtungen neben ihren historischen und symbolischen zugleich gemeinschaftsstiftende und Profil gebende Funktionen. Für die junge muslimische Gemeinde sollten circa 16 Monate nach ihrer Auswanderung nach Medina mit einem Koranvers Abrahams Kaaba als Gebetsrichtung endgültig festgelegt werden. In Mekka stellten sich die Muslime beim Gebet vor die südliche Wand der Kaaba in Richtung Norden auf, wodurch sie auch gen Jerusalem gerichtet waren. In den Koranversen 142-150 der Sure 2 wird diese Festlegung damit begründet, dass diese Gebetsrichtung im Grunde keine Veränderung, sondern die Wiederherstellung der Kontinuität darstellt. Zudem wird die Gebetsrichtung gen Abrahams Tempel als „Zeichen der Unterscheidung" verstanden, um sich von anderen Glaubensgemeinschaften abzusetzen, die dem Ur-Monotheismus aus islamischer Perspektive nicht mehr folgen (vgl. Asad 2009, S. 60f.).

e) Medina wird Stadtstaat

Die Stadt Medina entwickelte sich zunehmend zu einem muslimischen Stadtstaat, da die vier Grundfunktionen nach Talcott Parson für das Bestehen menschlicher Gesellschaften etabliert wurden: Wirtschaft, Kultur, Solidarität und Politik. Um die Grundbedürfnisse zu befriedigen sowie den Lebensunterhalt zu bestreiten, wurde von den Muslimen das wirtschaftliche Leben in Form von Produktion, Handel, Tauschgeschäften sowie sonstigen Dienstleistungen forciert. Das kulturelle Handeln, von dem eine sozialintegrative und sinnstiftende Funktion für die individuellen, zwischenmenschlichen sowie kollektiven Handlungen und Orientierungen ausgeht, wurde auf der Grundlage gemeinsamer Normen und Werte gewährleistet, die wiederum auf der neuen Religion des Islams basierten. Solidarität sowie solidarisches Handeln als eine weitere zentrale Bedingung für die Identifikation mit der neuen Gesellschaft sowie für den sozialen Zusammenhalt und für die Erfüllung gesellschaftlicher (Rollen-)Erwartungen wurden über die muslimischen Familien bzw. neuen Eheschließungen in Medina realisiert. Diese bereiteten ihre Kinder – als Angehörige einer ersten Generation, die anders als in Mekka in eine muslimische Gemeinschaft hineingeboren wurden – auf die muslimische Gesellschaft in Medina vor. Schließlich spielte das konstitutive Element, das politische Handeln, eine Rolle, durch welches die Regelungen des Zusammenlebens garantiert wurden. Die gesellschaftlich legitimierte politische Macht – als zentrales Medium der Politik zur Umsetzung und Kontrolle der normativen Regeln – und die öffentlich anerkannten Sanktionsrechte lagen bei dem Propheten Muhammad sowie den angesehensten Gefährten Medinas (vgl. zu den Grundfunktionen Meyer 2010, S. 40ff.).

Der Religionssoziologe José Casanova weist in diesem Zusammenhang daraufhin, dass alle monotheistischen Religionen mit dem Anspruch einer „absoluten göttlichen Transzendenz als allgemeingültiges Prinzip" dem Spannungsverhältnis zwischen Relativismus und Fundamentalismus ausgesetzt seien (2009, S. ...):

> „Als Hochreligion wurden die göttlichen Offenbarungen im Islam wie Judentum und Christentum auch, sprachlich und diskursiv in patriarchalischen und androzentrischen Kulturen und Gesellschaften eingebettet" (Casanova 2009, S. 71).

Die sprachliche und diskursive Einbettung der islamischen Botschaft in Medina orientierte sich an spezifischen Rahmenbedingungen wie Traditionen und Bräuchen, soziologischen Tatsachen sowie geografischen Bedingungen. Daneben kamen als Herausforderungen hinzu, dass die muslimische Gemeinde expandierte und Konversionen zunahmen. Vor diesem Hintergrund kamen im Alltag immer mehr Fragen des gesellschaftlichen Zusammenlebens auf, welche die Wirtschaft, das Familien-, Erb- und Strafrecht betrafen. Von den etwa 6.236 Koranversen, behandeln nur wenige Verse diese Themen. Für die vorliegende Arbeit ist es besonders relevant, dass fundamentalistische Gruppierungen der Gegenwart, auf der Basis dieser Koranverse versuchen, eine Staatstheorie zu konstruieren. Dass unter den religiös-politischen Gruppierungen kein Konsens über die Ausgestaltung einer islamischen Staatstheorie besteht, ist insofern nicht verwunderlich. Darüber hinaus wird die patriarchalische, androzentrisch ausgerichtete Gesellschaft in der privaten und gesellschaftlichen Verteilung der Geschlechterrollen als Ideal betrachtet.

f) Kriege

„Es ist einleuchtend, dass die Bilderwelt des Korans hauptsächlich von Kämpfen angeregt ist, denn der Islam entstand in der Atmosphäre des Kampfes. [...] Der Islam hat den Kampf nicht erfunden; die Welt ist ein ständiges Ungleichgewicht, denn leben ist kämpfen" (Schuon 1991, S. 65), schreibt Frithjof Schuon in seinem Werk „Den Islam verstehen" und weist als Mystiker primär auf den inneren, seelischen Kampf des Gläubigen hin. Dieser sei bedacht, immer das seelische Gleichgewicht gegenüber den „Verführungen der Seele" aufrechtzuerhalten (vgl. ebd., S. 66). Allerdings kann man dieses Zitat auch auf die äußeren Umstände der frühislamischen Gemeinde übertragen, denn der Islam entstand in der Tat in einer Atmosphäre ständiger Bedrohung seiner Existenz und daher des Krieges. Mit der Auswanderung nach Medina war für die Mekkaner das Bedrohungsszenario keineswegs beendet, denn die Attraktivität der neuen religiösen Bewegung und ihre schnelle Ausbreitung wurden durch die neuen Möglichkeiten in der Migration erst forciert. Daher führten die Mekkaner mehrere Kriege gegen die Muslime, die im Umland von Medina stattfanden. Verschiedene Koranverse beziehen sich auf diese historischen Auseinandersetzungen.

Wie im modernen Kriegsrecht der Verteidigungskrieg als rechtmäßig und der Angriffskrieg als völkerrechtswidrig eingestuft wird (vgl. Doehring 2004, S. 245ff.), wird im Koran die defensive Kriegsführung – sozusagen als Ultima Ratio – legitimiert, um sich gegen die Mekkaner zu verteidigen (vgl. Asad 2009, S. 74f.). Somit vertritt der Koran also nicht das Recht zum Krieg (ius ad bellum), sondern das Recht im Krieg (ius in bello). An dieser Stelle ist noch einmal auf die Studie von Georg Baudler hinzuweisen. Der geistige Aufbruch der Achsenzeit sollte – wie oben bereits erwähnt – erst viel später und ohne die Möglichkeit der Anknüpfung an bereits existierende Strukturen einer Hochkultur – wie etwa in anderen vorachsenzeitlich-archaischen Geografien – sich auf der arabischen Halbinsel entzünden. Die Überwindung der „archaischen Vergöttlichung von Gewalt" sowie die Transformation des Kriegsverständnisses (archaische Rachementalität, Blutfehden, Angriffskriege, Heldenkult etc.) sollte durch den Islam mit dem Begriff des Dschihad („Anstrengung, Bemühung") eingeleitet werden. Damit wird eine „Profanisierung" und „Ent-Heiligung" des Krieges bewirkt. Wenn vor diesem Hintergrund gewaltorientierte Neo-Salafisten zum Krieg gegen die

Ungläubigen aufrufen und wieder einen „archaische[n] Helden- und Kriegerpathos" propagieren, handeln sie also eigentlich gegen die vom „Koran initiierte Profanisierung des Krieges" (vgl. Baudler 2005, S. 161ff.). Allerdings zeigen historische und aktuelle Erfahrungen, dass bestimmte Gruppen dieses „Kriegsrecht" als „heiliges Unternehmen" in Anspruch nehmen, wie das Beispiel von gewaltbereiten Fundamentalisten zeigt. Indem Koranverse ihrem Kontext enthoben und bestimmte Terminologien umdefiniert werden, wird also auch ein Angriffskrieg für religiös rechtmäßig erklärt. Paul Schwarzenau weist in diesem Kontext zu Recht darauf hin, dass die Rezeption des Korantextes ohne Anleitung kontraproduktive Effekt haben kann. Denn:

> „Der Koran macht es dem, der sich ihm nähern will, nicht gerade leicht, einen Zugang zu seinem Gehalt zu finden. Auf den ersten Blick scheint der Leser einer ungeordneten Masse von Sentenzen, Bildern und Erzählungen gegenüberzutreten, die eher ein Konglomerat als ein richtiges Buch ergeben. Darstellungen von hoher poetischer Kraft und Schönheit wechseln mit juristischen Themen, die ein Gefühl der Öde erregen können; dazu kommen Wiederholungen über das ganze Buch hin und abgerissene Geschichten, die einem nie in ihrer vollständigen Gestalt beggenen, sondern wie zitiert erscheinen, als wüßte der Leser bereits im voraus, worum es sich handelt" (Schwarzenau 1990, S. 13).

Die frühislamische Gemeinde kannte den Offenbarungsgrund dieser Verse im Vorhinein und konnte die Verse folglich in den religiösen und historischen Gesamtkontext einordnen. Darüber hinaus bestand in der übersichtlichen Einwohnerschaft von Medina zwischen den Gefährten und Muhammad die Möglichkeit der Face-to-Face-Kommunikation, wodurch bei Bedarf die Gelegenheit zum direkten Nachfragen bestand. Daher haben sich zu späteren Zeiten in der Koranwissenschaft Ansätze wie die Asbab al-Nuzul entwickelt, um die historischen Anlässe und Umstände der Offenbarungen zu ermitteln (vgl. Krawulsky 2006). Ideologen einer militanten Interpretation instrumentalisieren diese Verse allerdings unter Ausblendung ihres Entstehungskontextes als ein rechtmäßiges Mittel zur Bekämpfung von selbsternannten Gegnern.

1.4 La hukma illa lillah: Die Zeit der „rechtgeleiteten" Kalifen und die erste Begegnung mit muslimischen Extremisten

1.4.1 Der Tod Muhammads, die Expansionswellen und die Frage der weltlichen Nachfolge

Innerhalb von acht Jahren konnte in Medina der Stadtstaat errichtet und nach einer Reihe von militärischen Auseinandersetzungen schließlich Mekka im Jahre 630 friedlich eingenommen werden. Nach der Eroberung wurde der Götzenkult im Umkreis der Kaaba beendet und Muhammad hatte damit sein Ziel der Wiederherstellung der Funktion von Abrahams Tempel erreicht. Ebenso wurde eine Generalamnestie seitens Muhammad ausgerufen und eine Straffreiheit für die mckkanische Bevölkerung garantiert. Als Muhammad im Jahre 632 schließlich starb war die Arabische Halbinsel bereits zum größtenteils islamisch geworden. Er hinterließ außerdem die Grundlagen für ein Gemeinschaftsmodell, das für nachfolgende Generationen über Jahrhunderte hinweg als Vorbild für die Etablierung einer sozialgerechten Gesellschaft nach transzendenter Vision darstellen sollte. Zudem wurden in Medina ferner die organisatorischen Grundlagen für die Urbanisierungsprozesse gelegt, die im Zuge der Expansionswellen sich stärker zeigen sollten. Heinz Halm schreibt dazu:

> „Ein wesentlicher Zug des neuen Gemeinwesens war sein urbaner Charakter. Die ökonomische Grundlage bildeten die Städte der Hedschaz, die dank ihrer Fernhandel treibenden Elite rasch zu wirtschaftlicher Blüte gelangten. Mohammed, seine Gefährten und seine Nachfolger waren Städter; der Islam ist eine Religion der Städte, nicht der Wüste, wie ein romantisches Klischee es will. Allerdings war die Kontrolle der Nomaden durch die städtischen Eliten eine Voraussetzung für die Expansion des neuen Staates" (Halm 2011, S. 22).

In diesem Gemeinwesen war Muhammad nicht nur ein religiöser Führer, sondern auch Staatsmann. Gerade diese Doppel-Rolle sollte unmittelbar nach seinem Tod in seiner Gemeinschaft für Kontroversen sorgen. Denn Muhammad hatte zwar, von einem theologischen Standpunkt aus betrachtet, seine Mission als letzter Gesandter erfüllt und seine Prophetie war damit beendet, doch hinterließ er hinsichtlich seiner politischen Rolle ein Vakuum. Relativ früh kristallisierten sich bezüglich der Frage der weltlichen Nachfolge zwei Positionen heraus: Die eine Position (Sunniten) vertrat die Ansicht, der Kompetenteste solle diese Rolle übernehmen. Die andere dagegen (Schiiten) beharrte darauf, dass der Nachfolger – neben der Voraussetzung von persönlichen Fähigkeiten – aus der Familie Muhammads stammen müsse. Diese polarisierenden Standpunkte waren die Ursache für die spätere Spaltung der muslimischen Gemeinde mit weitreichenden theologischen und politischen Folgen.

1.4.2   *Politische Machtübergabe und religiös-politisch motivierter Mord*

Wie für ältere soziale Einheiten bzw. Stämme typisch sollten in dieser Atmosphäre der politischen Debatten, die Stammesältesten bzw. in diesem Kontext die engsten Vertrauten und Weggefährten Muhammads durch einen Konsens die Nachfolge bestimmen. Ein Wahlgremium wählte per Akklamation Abu Bakr (573 – 634) – einen engen Freund Muhammads – zum ersten Kalifen. Das arabische Wort „Kalif" bedeutet so viel wie „Nachfolger". Darunter ist primär der Titel für die geistige und politische Nachfolge des Propheten zu verstehen. Hinsichtlich der konkreten Funktion und Ausgestaltung gingen die Meinungen in der islamischen Geschichte weit auseinander. Insbesondere mit dem Beginn der islamischen Dynastien sollte dieses Amt immer mehr absolutistische Züge mit weitreichenden religiösen Befugnissen annehmen.

Auf den Kalifen Abu Bakr folgte – wieder mit denselben Disputen über das adäquate Profil – der zweite Kalif Umar ibn al-Khattab (592 – 644) und später der dritte Kalif Uthman bin Affan (574 – 656). In den etwa 24 Jahren der Regierungszeit der ersten drei Kalifen gab es weitreichende historische, theologische und weltpolitische Entwicklungen. In diese Zeit fällt u.a. die Sammlung und Vervielfältigung des Korans, die Konsolidierung des Islams auf der Arabischen Halbinsel und die Expansionswellen bis nach Palästina, Mesopotamien (Irak), Persien, Ägypten sowie Syrien. Während der Amtszeit des dritten Kalifen Uthman bin Affan nahmen die innenpolitischen Unruhen jedoch zu, da man ihm u.a. Nepotismus vorwarf. Zahlreiche Verwandte Uthmans wurden im Zuge des stetig ausgebauten Regierungs- und Verwaltungssystems befördert und nahmen höhere Positionen, wie die eines Statthalters, ein. Dies führte in der Bevölkerung zu Unmut und letztlich zur Rebellion gegenüber dem Kalifen, die schließlich in der Ermordung Uthmans endete.

Zwar gab es bei den Wahlen der ersten drei Kalifen immer Kontroversen, doch hatte sich mit der Ermordung Uthmans eine starke Opposition herausgebildet, und die letzte Eskalationsstufe der Dispute über die politische Machtübergabe war erreicht. Auf Uthman folgte der Vetter Muhammads und somit der Spitzenkandidat derjenigen, die auf die Abstammung des Kalifen aus der Familie des Propheten beharrten: Ali ibn Abu Talib (559[6] – 661). Die kumulierten Unzufriedenheiten in der Zeit des dritten Kalifen Uthman bin Affan u.a. über das etablierte Finanz-/Steuersystem in den Garnisonsstädten sowie der Vorwurf der Vetternwirtschaft und schließlich die Ermordung Uthmans bildeten eine politisch schwierige Ausgangslage für den vierten Kalifen. In seiner etwa fünfjährigen Amtszeit stand dieser daher vor den Herausforderungen, einerseits die innenpolitischen Spannungen aufzulösen und andererseits den politischen Mord an dem vierten Kalifen zu ahnden. Die Verwandten Uthmans mit Muawiya als Führungsfigur an der Spitze der Opposition, der als Statthalter in Syrien eine führende Position innehatte, warfen Ali wegen der unzureichenden strafrechtlichen Verfolgung der Mörder Fahrlässigkeit und sogar eine gewisse Mitschuld vor. Daher erkannten Muawiya und seine Gefolgschaft die Wahl Ali ibn Abu Talibs nicht an (vgl. Hilmi 2005, S. 341ff.).

---

6   Über das Geburtsdatum vieler muslimisch-historischer Persönlichkeiten wie von Umar ibn al-Khattab, Uthman bin Affan und Ali ibn Abu Talib existieren unterschiedliche Angaben.

Die Frage der politischen Machtübergabe ist eine zentrale Herausforderung in einem politischen System. Eine konfliktfreie Übergabe der politischen Macht auf Grundlage einer breiten Zustimmung und der Akzeptanz der Opposition – wenn sie im politischen System vertreten ist – ist ein Indikator für demokratisch verfasste Gesellschaften. Ungeregelte Machtübergaben, die nicht mit einer größeren Zustimmung der Bevölkerung einhergehen, sind hingegen eher Indizien für autokratische Systeme. Die Wahl der ersten vier Kalifen fand, trotz der Kontroversen, auf der Basis eines anerkannten, geregelten Systems statt. Stellvertretend für das muslimische Volk wählte das Wahlgremium die politischen Führer, sodass dieses System weitgehend von der muslimischen Gemeinde getragen wurde. Konterkariert wurde das System von Muawiya, der sich selbst zur Macht verhelfen wollte. Mit ihm kam es zum Bruch mit dieser Wahltradition, und die Epoche der Dynastien wurde eingeleitet.

1.4.3 Der Bürgerkrieg und die Entstehung von religiösen Extremisten

Muawiya organisierte eine Armee gegen den Kalifen Ali und es kam zu zwei großen Schlachten ohne einen endgültigen Sieger auf beiden Seiten. Im Laufe der zweiten kriegerischen Auseinandersetzung wurde Ali das Angebot unterbreitet, ein Schiedsgericht einzusetzen, um die Nachfolge für das höchste religiöse und politische Amt zu klären und damit friedlich zu besiegeln. Obwohl er militärisch im Vorteil war, ging der amtierende Kalif auf diesen Vorschlag ein, um weiteres Blutvergießen zu verhindern. Innerhalb des Lagers Alis gab es jedoch eine Gruppe, die gegen seine Entscheidung Widerstand leistete. Sie riefen die Parole „La hukma illa lillah" („keine Richter bzw. Herrscher außer Gott") und bezichtigten Ali damit „blasphemisch" bzw. „ketzerisch" gehandelt zu haben. Anstatt den Koran zur Lösung des Problems zu konsultieren, habe er eine „menschliche Lösung" in Form des Schiedsgerichts präferiert. Indem also das „Menschenwort" über das „Gotteswort" gestellt wurde, habe Ali seinen Glauben zur Disposition gestellt. Aus dieser radikalen Opposition sollte die Gruppe der Kharidschiten (arab. Khawarij) hervorgehen und in der Atmosphäre politisch aufgeheizter Kontroversen die Situation eskalieren (vgl. Hilmi 2005, S. 273f.).

Diese fanatische und gewaltorientierte Gruppierung, die sich überwiegend aus Beduinen zusammensetzte, forderte die islamische Gemeinschaft in den nächsten Jahrzehnten durch Terrorakte nicht nur militärisch heraus, sondern auch mit ihrer religiösen Orientierung. Sie erkannten weder Ali noch Muawiya als rechtmäßige Träger des Amtes des Kalifen an, zogen sich daher nach Nahrawan (Irak) zurück und operierten von dort aus gegen die muslimische Gemeinschaft.

Denn sowohl Ali als auch Muawiya samt Gefolgschaft wurden der Apostasie beschuldigt und somit zu Nicht-Muslimen (arab. Kafir) erklärt worden. Da dieses einem Hochverrat gleichkam, verübten sie auf beide Führer einen Anschlag, bei dem Ali sein Leben verlor. Infolge dieser Selbstausgrenzung und der Isolation durch die Mehrheit der Muslime wurden die Kharidschiten zunehmend radikaler. Sie blieben eine marginale Randgruppe, deren Nachkommen noch heute in einigen islamischen Gebieten vorzufinden sind – wenngleich in transformierten Formen.[7] Ihnen fehlte die soziale Basis und aufgrund der Ermordung Alis sollte dies so bleiben. Selbst innerhalb der meisten fundamentalistischen Strömungen genießen die Kharidschiten – aufgrund der Ermordung Alis – bis heute einen schlechten Ruf. Allerdings sind in den Denkstrukturen der Kharidschiten bereits Analogien zu fundamentalistischen und dschihadistischen Ideologien der Neuzeit festzustellen. Die Kharidschiten verfügten zwar nicht über ein systematisches Konzept einer religiös-politischen Ideologie, wie in der Gegenwart die Fundamentalisten, doch zentrale Merkmale haben sie gemeinsam:

- puristische Orientierung: Die Kharidschiten waren für ihre sehr strenge rituelle Praxis bekannt.
- Nostalgie: Der Anknüpfungspunkt ihres Purismus ist die Lebzeit des Propheten.
- Politisierung des Korans: Eine politische Entscheidung wird theologisch begründet und das heilige Buch der Muslime als quasi alles erklärende Verfassung in den Mittelpunkt gestellt.
- Interpretationsmonopol in religiösen Fragen: Die Kharidschiten beanspruchen für sich das alleinige Recht der authentischen Interpretation der religiösen Quellen. Meinungspluralismus wird nicht zugelassen.
- „Alles-oder-Nichts-Strategie": Trotz zu konstatierender Mehrheitsverhältnisse hinsichtlich einer pragmatischen, diplomatischen Lösung des Konflikts verschließen sie sich gegenüber rationalen und dem Gemeinwohl dienenden Entscheidungen.
- „Schwarz-Weiß"-Denken: Wer nicht für die Kharidschiten Position ergreift, wird automatisch zu ihrem Gegner.
- Exkommunikation und Apostasie: Sie nahmen sich das Recht, gegnerische Muslime zu Ketzern zu erklären. Diese als „Takfir" bezeichnete Doktrin unterstellte die Apostasie, die wiederum die Tötung einer Person legitimierte.
- Rolle des Richters und Henkers: Sie urteilten nicht nur, sondern nahmen die „Gerechtigkeit Gottes" durch Selbstjustiz selbst in die Hand.

---

7   Im Laufe der Zeit gab es Spaltungsprozesse und es entstanden Splittergruppen wie die Azraqiten, Bayhaziten und Ibaditen.

1.4.4 Muslimisches Schisma

Mit den Kharidischiten wurde der Spaltungsprozess innerhalb der muslimischen Gemeinschaft intensiviert. Die loyalen Anhänger Alis (arab. Schiat Ali: die Partei Alis), die in ihm schon immer den rechtmäßigen ersten Kalifen sahen, nahmen nach seiner Ermordung zunehmend die Form einer eigenen Konfession an. Im Zuge der politischen Kontroversen bildeten sich theologische Demarkationslinien, sodass die Konfession der Schiiten mit entsprechender Glaubensgrundlage und Dogmatik entstand. Dieser stand die weitaus größere Gruppe der Sunniten gegenüber, die an der chronologisch legitimierten Abfolge der Kalifen festhielt. Aus dieser politischen Meinungsverschiedenheit entstanden im Laufe der Zeit konträre theologische Auslegungen, die zusammengefasst aus folgenden Gründen resultierten:

- Die Akzeptanz außerkoranischer Überlieferungen – in erster Linie die Hadithe (Aussprüche des Propheten zur Interpretation des Korans) – seitens der Prophetengefährten sowie der nachfolgenden Generationen hing bei den Schiiten von der Loyalität gegenüber Ali ab. Wurde also ein Text zur religiösen Interpretation von einem Sahabi (Gefährten/Begleiter Muhammads) tradiert, der eben nicht das Kalifat von Ali von Anbeginn dieser Frage unterstützte bzw. sogar später aktiv bekämpfte, so wurde die Quelle nicht akzeptiert. Die Sunniten dagegen verehrten ausnahmslos alle Gefährten, was ihnen die Kritik der Immunisierung und Idealisierung der Gefährten sowie ein harmonisiertes Geschichtsverständnis seitens der Schiiten einbrachte.
- Diese Selektion der Texte hatte im Laufe der Jahre Auswirkungen auf die Interpretation des Korans, die traditionellen islamischen Wissenschaften und die Glaubenspraxis. Durch die Zuhilfenahme der Hadithe, die ja bei den Schiiten nach oben genanntem Kriterium akzeptiert wurden, wurde der Koran gemäß den eigenen theologischen Positionen interpretiert und Hinweise auf das rechtmäßige Kalifat Alis und die herausragende Rolle der Prophetenfamilie wurden selbst abgeleitet.
- Aufgrund der besonderen Bedeutung der Prophetenfamilie und des Anspruchs, dass die rechtmäßigen Nachfolger des Propheten von dieser Genealogie abstammen müssen, entwickelte sich bei den Schiiten die Lehre der Zwölf Imame. Angefangen mit Ali als den ersten Imam, seinen beiden Söhnen sowie weiteren direkten Nachfahren, wurde diese Kette – die als göttlich legitimiert betrachtet wurde – bis zum zwölften, dem „verborgenen" Imam (Muhammad Al-Mahdi, geb. 869), geführt. Dieser soll in sehr jungen

Jahren verschwunden sein, um dann – aus einer metaphysischen Dimension heraus betrachtet – als Mahdi (Erlöser) zurückzukehren.
- Der Imam als politischer und geistiger Führer spielt im Schiitentum insgesamt eine zentralere Rolle. Die Lehren und Aussprüche der Imame sind als religiöse Quellen kanonisiert. Jeder dieser Imame soll seine Nachfolger unter einer göttlichen Eingebung (Nass) designiert haben. Die esoterischen Bedeutungen und Interpretationen der religiösen Quellen wurden von Imam zu Imam weitertradiert.
- Mit der Sehnsucht der Schiiten nach einer sozial gerechteren Gesellschaftsordnung entwickelte sich um die Person des Mahdi eine endzeitlich-eschatologische Doktrin. Nach dem Dogma der al-Ghayba (Okkultation) ist er der legitime politische und geistige Führer aller Muslime und wird kurz vor der großen Apokalypse aus der Verborgenheit zurückkehren. Ähnlich wie der jüdische bzw. christliche Messias wird er die natürliche Ordnung wiederherstellen. Wie theologisch und politisch aktuell diese Doktrin ist, zeigen die Fixierungen in der iranischen Verfassung von 1979, in der der verborgene Mahdi als Staatsoberhaupt aufgeführt wird. Bis zu seiner Wiederkehr herrscht der schiitische Klerus stellvertretend. Seit der Revolution ist der Imam als der oberste Rechtsgelehrte zugleich der höchste Repräsentant des Staates. Das Staatskonzept des Revolutionsführers Imam Chomeini (von 1979 – 1989 Staatsoberhaupt Irans) sieht die Führungsrolle des schiitischen Klerus für weltliche und religiöse Fragen vor. An die Staatsspitze wird ein Großayatollah als geistiger und politischer Führer gewählt. Der Klerus im Land hat dabei die Aufgabe, sich auf Grundlage der Interpretation der heiligen Texte mit Rechtsfragen auseinanderzusetzen. Nach der schiitischen Lehre zeichnen sich die Imame durch ihre Eigenschaft aus, unfehlbar und sündenfrei zu sein. Nur die spirituelle Elite der Schiiten kenne noch die esoterische Bedeutung des Korans, die weit über die wörtliche Bedeutung der Schrift hinausgehe und vom durchschnittlichen Gläubigen nicht zu verstehen sei.
- Der Glaube an die Zwölf Imame zählt bei den Schiiten zu den Glaubensgrundlagen (vgl. hierzu Halm 2005).

Das politische Verhältnis der sunnitischen zur schiitischen Welt war permanent angespannt und ist bis heute im Irak, Libanon, in Syrien oder auf der Arabischen Halbinsel durch Konflikte geprägt. Im sunnitischen Islam zählen zu den stärksten Kritikern der Schiiten vor allem die fundamentalistischen Gruppierungen, die diese Konfession als eine unislamische Sekte auffassen. Insbesondere nehmen sie Anstoß an der schiitischen Kritik an den Gefährten, die eine zentrale Grundlage ihrer Ideologie konterkariert: die Idee des „Goldenen Zeitalters" mit den frommen Altvorderen, die als Vorbilder eine unangefochtene Rolle einnehmen.

1.5 Die Konstruktion des „Goldenen Zeitalters" im kulturellen Gedächtnis der Muslime und die geistigen Väter des Neo-Salafismus

1.5.1 Die Geschichte der Sieger und die Idealisierung der frühislamischen Gemeinde

In der Geschichtskonstruktion bzw. im Geschichtsverständnis von Sunniten und Schiiten bestehen markante Unterschiede. Für die Schiiten ist die islamische Geschichte nach dem Tode des Propheten Muhammad eine Passionsgeschichte. Der Kalif Ali wurde seines Titels beraubt und die Prophetenfamilie verfolgt und ermordet. Als Minderheit hatten die Schiiten zudem immer mit Unterdrückungen und dem Zwang zur Verschleierung ihrer Identität, unter der oft falsch verstandenen Taqiyya zu leben. Missverstanden deshalb, weil gegenwärtige islamophobe Gruppen in Deutschland den Begriff Taqiyya in ihrer Propaganda gegen den Islam missbrauchen, um den Muslimen die Verschleierung ihrer wahren Absichten, nämlich die „Islamisierung" Deutschlands, vorzuwerfen und somit einen chronischen Generalverdacht zur Legitimation ihrer eigenen Feindschaft schüren. Diese absichtliche Manipulation hat mit dem ursprünglichen Entstehungskontext der Taqiyya nichts gemein. Historisch geht die Praxis der Taqiyya auf den Gefährten Ammar ibn Yasir (570 – 657) zurück, der gemeinsam mit seinen muslimischen Eltern in der Wüste Mekkas gefoltert und zur Rückkehr zum Polytheismus gezwungen wurde. Unter Todesangst und um seine Eltern – die dennoch getötet wurden – zu schützen, sprach Ammar gegenüber den mekkanischen Göttern seine Verehrung aus und täuschte somit seine Peiniger. Während in der sunnitischen Konfession diese Taqiyya kaum Eingang fand, sollten die Schiiten diese Praxis gegenüber der sunnitischen Mehrheit aufgreifen, um die eigene Existenz in Gefahrensituationen zu schützen.

Als Minderheit lebten die Schiiten oft mit Existenzängsten und nach der Geschichtsphilosophie Walter Benjamins (1940) fordern sie noch heute, die Geschichte aus der Perspektive der Besiegten zu rezipieren. Sie werfen den Sunniten Geschichtsfälschung vor und setzen ihnen ihre Version der islamischen Geschichte entgegen. In Anlehnung an Michael Löwy schreibt Marian Nebelin hierzu:

> „Benjamins Messianischer Materialismus schreibt den Geschichtssubjekten in diesem Zusammenhang das Potenzial zu, den Besiegten auf memorialpolitischem Wege Gerechtigkeit ange-

deihen zu lassen. Damit greift Benjamins Geschichtsphilosophie über Gegenwart und Vergangenheit hinaus in die Zukunft" (Nebelin 2008, S. 30).

Die Geschichtsschreibung der Sunniten dagegen – die aus der Sicht der Schiiten von den Siegern geschrieben wurde – weist in sich Unterschiede auf. Während die Traditionalisten bzw. konservativen Gruppen unter den Sunniten ohne Verschleierung der internen Konflikte ein eher harmonisches Geschichtsverständnis zutage fördern, zeigt sich in den modernistischen wie auch fundamentalistischen Zugängen eine eher kritische Sichtweise. Konsens besteht bei den Sunniten indessen bezüglich der Konstruktion des „Goldenen Zeitalters". Bis in die Gegenwart hinein beziehen sich alle Strömungen (wenngleich mit unterschiedlichen Interpretationen) auf diesen Zeitabschnitt, um ihren Ideen eine gewisse Authentizität zu verleihen. Jan Assmann (1992) zeigt in diesem Zusammenhang, wie historische Überlieferungen in der Erinnerungskultur einer Religionsgemeinschaft – unabhängig von der Faktenlage – aufgenommen, tradiert und zur Identitätsbildung beitragen können. Assmann verwendet in diesem Kontext den Begriff „kulturelles Gedächtnis". Demnach ist die Vergangenheit vor allem eine Konstruktion nachfolgender Generationen. Das Verbundenheitsgefühl mit den vergangenen Generationen, die als „Vorfahren" im kollektiven Gedächtnis fortleben, wird im Laufe der Zeit durch „rituelle und textuelle Kohärenzen" gestärkt. Letztere gehen mit einem höheren Grad der Reflexivität der Kultur einher, vor allem in der Auseinandersetzung mit anderen Kulturen, wenn das Zusammengehörigkeitsgefühl herausgefordert und eine neue Form der Tradierung des kulturellen Wissens notwendig wird (vgl. Assmann 1991).

Im kulturellen Gedächtnis der Muslime spielen die Salaf („Altvorderen, Vorfahren"), d.h. die Generation des Propheten sowie die darauffolgenden zwei Generationen, eine zentrale Rolle. In der Regel wird diese Phase mit dem Tod des rigiden Rechtsgelehrten Ahmad ibn Hanbal (855) für abgeschlossen erklärt. Der Koran selbst gibt begrenzte biografische und historische Informationen über das Leben und Wirken des Propheten sowie seine Gefährten. Unter Rückbezug auf das kulturelle Gedächtnis haben sich Gelehrte daher vor allem auf außerkoranische Quellen gestützt und auf dieser Basis die Idealisierung der ersten Generationen weitertradiert. Die kulturelle Reflexivität nahm insbesondere mit der zunehmenden zeitlichen Distanz zu diesen Generationen sowie durch politische, militärische sowie soziale und kulturelle Herausforderungen zu. Dabei setzte sich die Formel „Je zeitlich näher an dieser Generation, desto frommer und authentischer" durch. Die zweite Quelle in der Erinnerungskultur der Muslime stellen die Hadithe (Aussprüche des Propheten Muhammads) dar, die Jahrzehnte nach dem Tod des Propheten Muhammad gesammelt und kanonisiert wurden. Die Hadithe behandeln zahlreiche Themen wie Gott, die Propheten, Diesseits/Jenseits, Gebet,

Körperpflege, Kleidungsvorschriften, Tierliebe, die Besonderheit der Gefährten des Propheten sowie der nachfolgenden Kalifen bzw. frommen Generation (vgl. Heine 2009, S. 39ff.; Khoury 2008, S. 15ff.) und lassen sich in unterschiedliche Kategorien einteilen. Wie später noch bei der Charakterisierung der Neo-Salafisten aufgezeigt werden wird, werden diese unterschiedlichen Dimensionen der Sunna (Prophetentradition) bei der Erweckungsbewegung miteinander vermengt, sodass Äußerlichkeiten wie das Tragen einer knöchellangen arabischen Tracht oder eines Vollbartes als Indizien für besondere Frömmigkeit und somit als normativ interpretiert werden können:

- Normative Dimensionen: Aussprüche und Anweisungen, welche die Religion bzw. Glaubenspraxis betreffen und verbindlich sind.
- Individuelle Dimensionen: beziehen sich auf persönliche Vorlieben Muhammads ohne religiöse Bedeutung und Bindung.
- Kulturelle Dimensionen: Gewohnheiten Muhammads, die ebenfalls keinen religiösen Charakter besitzen, vielmehr die arabische Kultur und Tradition des 7. Jahrhunderts widerspiegeln.

Eine weitere wesentliche Quelle, die zur Perpetuierung des „Goldenen Zeitalters" bis in die Gegenwart hinein beiträgt, ist die Sira (die Biografie über das Leben Muhammads), die Informationen über den Lebensweg des Propheten Muhammad von der Kindheit bis zu seinem Tod sowie Berichte über die historischen Figuren, wie etwa die engsten Gefährten, dokumentiert. Die älteste Biografie, die zugleich als Ausgangspunkt für weitere Biografen diente, ist diejenige des Historikers Muhammad ibn Ishaq (704 – 767). Seine Biografie ist im 8. Jahrhundert, also rund 100 Jahre nach dem Tode Muhammads entstanden und bildet bis heute – unabhängig von der Frage nach ihrer Authentizität – für westliche Orientalisten wie für muslimische Theologen gleichermaßen eine wichtige historische Quelle.

Die Kumulation von Literatur und Wissenschaften nahm infolge weiterer Entwicklungen in der Theologie zu und damit verfestigte sich auch zunehmend die Besonderheit der Salaf, die bei religiösen Disputen immer als Bezugspunkt fungierte. Es entstanden Rechtsschulen mit einem deutlichen Schwerpunkt auf die Orthopraxie, die einen außerordentlichen Einfluss auf die Volksfrömmigkeit der Muslime genommen haben und zu den wichtigsten Disziplinen der höheren Bildung wurden. Theologisch entwickelte sich die islamische Jurisprudenz mit eigenen Methodiken zur sekundären Rechtsfindung weiter, wobei die Methodologie zur Systematisierung der religiösen Pflichten, des Familien-, Erb-, Eigentums- und Vertragsrechts, des Straf- und Prozessrechts sowie des Verwaltungsrechts beitrug (vgl. Ramadan 2009). Beim Verfahren der selbstständigen Rechtsfindung

(Idschtihad) durch eigenständige Interpretation der islamischen Quellen wurden neben dem Koran und den Hadithen ebenso die Interpretation und der religiöse Lebensstil der Salaf herangezogen. Als sich im 14./15. Jahrhundert in der theologischen Gemeinschaft zunehmend das geistige Klima durchgesetzt hatte, dass alles Wissensnotwendige bereits aufbereitet und erschlossen wäre, setzte sich der Taqlid (Nachahmung) und damit die Autoritätsgläubigkeit durch. Hierbei wurde früheren muslimischen Kommentatoren und Rechtsgelehrten aufgrund ihrer zeitlichen Nähe zu den Quellen des Frühislams mehr Bedeutung als zeitgenössischen beigemessen. Die gesamte schriftliche Tradition der früheren Rechtsgelehrten bildet die Quelle für die Idealisierung der Salaf (vgl. Ceylan 2010, S. 113f.).

1.5.2 Die Zeit der Dynastien und das Ende des „Goldenen Zeitalters"

Wie in der Darstellung zu den grundlegenden Veränderungen in der Axialzeit aufgezeigt, weist Max Weber hinsichtlich der Mission und Botschaft prophetischer Bewegungen auf deren revolutionäres Potenzial hin, da sie die Gedanken- und Geisteswelt ihrer Zeit herausforderten. Der Prophetie schreibt Weber das Merkmal der Rationalität zu, da sie in Phasen des Nicht-Funktionierens traditionalistischer Lebensformen auftreten und eine Rationalität der Lebensführung durchsetzen. Das revolutionäre Potenzial beginnt erst mit zunehmender Organisation und Routine der Bewegung bzw. dem Fortschritt von Institutionalisierungen und den dazugehörigen Hierarchisierungen zu stagnieren. In diesem Zusammenhang hebt der Religionssoziologe José Casanova die sozialrevolutionären Entwicklungen im frühen Christentum und Islam am Beispiel der gesellschaftlichen Rolle der Frau hervor:

> „In der prophetisch-charismatischen Gründungszeit beider Religionen hatten einzelne Frauen besonders nahen Zugang zu Jesus und Mohammed und spielten wichtige aktive Rollen, die die patriarchalischen Beziehungen ihrer jeweiligen sozio-geschichtlichen Zusammenhänge zu durchbrechen schienen. Als aber die charismatischen Gründungsbewegungen in Routine verfielen und in bestehende weltliche Systeme eingebettet wurden, wurden die patriarchalischen Prinzipien als organisierende Prinzipien beider Religionen wieder klar dominant und eine geschlechtsabhängige Arbeitsteilung in ungleiche religiöse Rollen wurde institutionalisiert: das Priestertum im Fall der Katholischen Kirche und der Ulama im Falle des Islam. Die hierarchisch differenzierten und die religiösen Rollen mit hohem Status sind ausschließlich männlich" (Casanova 2009, S. 71).

Hans Küng nimmt in der Analyse der islamischen Geschichte eine Einteilung nach seinem Paradigmen-Ansatz vor. Auf der Grundlage des Zitats von Thomas S. Kuhn zum Paradigma, unter dem er „eine Gesamtkonstellation von Überzeugungen, Werten, Verfahrensweisen etc., die von den Mitgliedern einer gegebenen

Gemeinschaft geteilt werden" (Kuhn 2007, S. 189) versteht, periodisiert Küng die islamische Geschichte folgendermaßen:

- das ur-islamische Gemeinde-Paradigma: zeitlich gesehen das Wirken von Muhammad, den rechtgeleiteten Kalifen und den Gefährten;
- das arabische Reichs-Paradigma: die Zeit der Umayyaden in Damaskus zwischen 661 – 750 n.Chr.;
- das klassisch-islamische Weltreligions-Paradigma: die Zeit der abbasidischen Herrscher in Bagdad seit 750., das mit dem Mongolensturm im Jahre 1258 sein Niedergang erfuhr;
- das Paradigma der Ulama und Sufis: die Zeit nach dem Mongolensturm und der Entstehung drei paralleler islamischer Großreiche (der türkischen Osmanen, persischen Safawiden und der indischen Großmogule);
- das islamische Modernisierungs-Paradigma: eingeleitet in Indien, in Ägypten und im Osmanischen Reich durch die militärische und kulturelle Konfrontation mit der europäischen Moderne;
- das ökumenische Paradigma der Nach-Moderne: aktuelle Herausforderungen der Gegenwart und Zukunft wie etwa in der Frage des Verhältnisse von Staat und Religion (vgl. Küng 2007, S. 188ff.).

Mit dem Übergang zum arabischen Reichsparadigma begannen noch größere Umbrüche als in der urislamischen Gemeinde. Als Führungs- und Staatsprinzip setzte sich das Dynastieprinzip mit dem arabischen Reichsparadigma mit Muawiya als ersten Monarchen durch. Über Jahrhunderte führten fortan Kalifen und Usurpatoren – als geistliche und weltliche Oberhäupter – die islamischen Reiche an. Der Prophet Muhammad und ebenso die unmittelbaren Nachfolger legten stets Wert darauf, sich mit der Gemeinde demokratisch zu beraten. Das Amt des Kalifen dagegen entwickelte sich immer mehr zu einer absolutistischen Monarchie und schmückte sich mit dem Titel „Schatten Gottes". Hinzu kamen weitere Expansionswellen, die Konfrontation mit neuen Weltanschauungen und Zivilisationen sowie die Adaption lokaler Kulturen und politischer Verwaltungssysteme sowie die Zunahme der muslimischen Binnendifferenzierungen und Strömungen. Durch Letztere nahm die islamische Theologie, insbesondere die islamische Jurisprudenz mit all ihren Feindifferenzierungen eine noch komplexere Gestalt an.

Nach dem Hinscheiden der ersten vier Kalifen entstanden Dynastien und Großreiche, die ihre Herrschaft immer mit der Begründung legitimierten, dass sie das islamische Recht, die Scharia, anwandten. Mit Scharia wird in der islamischen Literatur die Gesamtheit der religiösen und rechtlichen Vorschriften bezeichnet, die sich zwar auf das Verhalten im Diesseits beziehen, jedoch vor allem auf das Heil im Jenseits ausgerichtet ist und als Konsequenz für das Verhalten im Hier und Jetzt zu verstehen sind. Damit wird also das Diesseits und Jenseits als ein organisch Ganzes verstanden (vgl. Asad 2009, S. 28). Dieses religiös abgeleitete Recht führte man historisch auf die früheste Zeit der Entwicklung des islamischen Rechts zurück, in die Zeit des Stadtstaates Medina also. Ihre Anwendung war insofern für die Muslime obligatorisch als:

> „[d]ie Bildung einer solchen Gesellschaft und das Leben darin [...] ihnen das Empfinden des Göttlichen ermöglichen [sollte], weil sie in Übereinstimmung mit Gottes Willen lebten. Der Muslim sollte die Geschichte erlösen, was bedeutete, dass Staatsangelegenheiten nicht vom Geistigen ablenkten, sondern zum Inhalt der Religion wurden" (Armstrong 2007, S. 68).

Die großen Erfolge des Reiches waren ein Beleg dafür, dass sich die Herrscher aufgrund ihrer Treue zum „göttlichen Gesetz" auf dem richtigen Weg befanden. Verkannt wird jedoch, dass das postulierte komplexe „islamische Recht" nicht ein Produkt des Frühislams ist, sondern sich erst im Laufe der Jahrhunderte formierte:

> „Bei vielen muslimischen Gelehrten in Vergangenheit und Gegenwart sind [...] geschlossene Vorstellungen von der Frühzeit erkennbar, vor allem im Hinblick auf die Grundlagenfragen der Rechtsquellenlehre. Man unterscheidet meist nicht mehr zwischen der Formationsperiode und dem im 9./10. Jahrhundert oder später erreichten Stand. Dies wird eindrucksvoll dadurch belegt, dass in der neuzeitlichen Literatur fast ausschließlich die seit dem späteren 8. Jahrhundert entstandenen großen Fiqh-Werke als Referenz benannt werden. Auch ist eine eindeutliche Tendenz erkennbar, vorhandene Praktiken möglichst auf die Entstehungszeit des Islam zurückzuführen, um damit größtmögliche Legitimation zu erreichen" (Rohe 2009, S. 23).

Wie oben dargestellt liegt für viele Muslime die Utopie nicht in der Zukunft, sondern in der Vergangenheit. Insbesondere in Zeiten von politischen und sozialen Umbrüchen konnte diese Erinnerungskultur in der islamischen Historie reaktiviert werden, wie es etwa bei den Übergängen zwischen zwei Paradigmen festzustellen ist. In diesem Zusammenhang sind in der islamischen Geschichte immer selbst ernannte Reformer mit dem Anspruch aufgetreten, die Reinheit der Religion wiederherzustellen und die „wahre" Scharia einzuführen. Im Kontext gegenwärtiger neo-salafistischer Bewegungen ist besonders der Einfluss von zwei historischen Persönlichkeiten aus unterschiedlichen historischen Zeiten hervorzuheben, deren Schriften und Ideen bis heute nachwirken: Taqi ad-Din Ahmad ibn Taymiyya (1263 – 1328) und Muhammad ibn Abd al-Wahhab (1703 – 1792), die beide mit dem Gedankengut Ahmad ibn Hanbals sozialisiert wurden. Der sich am Determinismus orientierende Gelehrte Ibn Hanbal gilt als der Gründungsvater der vierten Rechtsschule des sunnitischen Islams, der für ein wortwörtliches Verständnis des Korans und der Hadithe eintrat. Metaphorische Interpretationen sowie hermeneutische Analysen lehnte er strikt ab. Darüber hinaus betrachtete er den Dschihad für die Muslime als religiöse Pflicht (vgl. Lohlker 2008, S. 87). Eine kurze Skizzierung der Biografien sowie der zentralen Gedanken von Ibn Taymiyya und Abd al-Wahhab zu Themen wie der herausragenden Rolle der Salaf als religiöse Modellpersonen, des koranischen Gottesbildes, der Koranexegese, der politischen Führung, der Praktiken des Volksislams, der islamischen Mystik, der Schiiten sowie des Verhältnisses zu Nicht-Muslimen soll im Folgenden die geistige Affinität zu neo-salafistischen Bewegungen der Gegenwart verdeutlichen. Während ihrer Lebzeiten war ihr Einfluss zwar sehr begrenzt, doch sollten sie als Referenzen viel später eine wesentliche Bedeutung erlangen.

1.5.3 Ibn Taymiyya und die „Dschihad-Fatwa"

Ibn Taymiyya hatte in seinem Leben den Mongolensturm und den Niedergang der abbasidischen Dynastie im 13. Jahrhundert erlebt: traumatische Erfahrungen, die zur Ausgestaltung seiner rigorosen Theologie wesentlich beitrugen. Die Konstruktion seiner Theologie fand dabei in Abgrenzung zu den mongolischen Herrschern und volksislamischen Traditionen und Bräuchen, wie etwa Heiligenverehrungen, statt. Den mongolischen Herrschern (die mittlerweile zum Islam konvertiert waren) warf er vor, nicht die Scharia, sondern ihr eigenes, nicht-muslimisches Rechtssystem anzuwenden. Wie extreme Umbruchserfahrungen dazu führen können, dass Verluste bzw. Eroberungen theologisch-schriftlich verarbeitet werden und in diesem Kontext ein theologisches, geschichtsphilosophisches System entwickelt wird, kann in der europäisch-christlichen Historie am Beispiel des Werkes „De civitate dei" (meist übersetzt mit „Der Gottesstaat") von Augustinus veranschaulicht werden. Diese hatte bis in das Mittelalter hinein einen großen Einfluss auf die politische Ideengeschichte. In Augustinus' Opus magnum dreht sich die zentrale Frage um die „Stadt Gottes", wobei die Bedingungen einer gottgefälligen Gemeinschaft sowie staats- und geschichtsphilosophische Fragen wie das Verhältnis von Staat und Religion behandelt werden. Der Entstehungshintergrund dieses Werkes geht auf die Erfahrungen von Augustinus mit der Eroberung und Plünderung Roms durch die Westgoten zurück, welche die christliche Apologetik herausforderte gegenüber nicht-christlichen Vorwürfen zu zeigen, dass nicht die Christianisierung Roms und die Abwendung von den alten Göttern zur Katastrophe führten. Augustinus brach mit seinem missionarischen Werk mit dem althergebrachten römischen Glauben, dass der politische Erfolg Roms mit der Aufrechterhaltung heidnischer Kultur zusammenhinge. Dieser als „Rache der alten Götter" interpretierte Vorfall konnte nicht nur eine Sündenbockfunktion übernehmen, sondern verunsicherte auch zahlreiche Christen in ihrem Glauben. Um eine Antwort auf die Krisensituation zu finden, stellte Augustinus der traditionellen römischen Staats- und Geschichtsauffassung daher ein christliches Konzept entgegen, indem er innerhalb seines antagonistischen Weltbildes – „civitas dei" versus „civitas diaboli" – die Ursachen von Katastrophen u.a. in den menschlichen Sünden suchte (vgl. Horn 1997, S. 2ff.; Stammkötter 2001, S. 43ff.; Stobbe 2010, S. 198ff.). Die Lehren von Augustinus und Ibn Taymiyya sind keinesfalls vergleichbar, allerdings zeigen die beiden in ihnen verarbeiteten historischen Konstellationen, wie Theologie dafür genutzt werden kann, um kollektivtraumatische Erlebnisse zu verarbeiten und neue Deutungsmuster zu entwickeln. Bei Ibn Taymiyya führten diese Erfahrungen dazu, dass er den neuen, zum Islam übergetretenen Herrschern in einer Fatwa (Rechtsgutachten) bescheinigte, vom Glauben abgefallen zu sein. In der Folge rief er sie zum Dschihad gegen die Mongolen auf. Diese Fatwa dient noch heute für religiös-politische Bewegungen als ideologische Rechtfertigung für den Kampf gegen muslimische Regierungen, die wie die Mongolen damals nicht das islamische Recht anwendeten (vgl. Berger 2011, S. 108).

Im Verlauf der islamischen Geschichte wurden, wie wir noch sehen werden, viele koranische Termini von muslimischen Gelehrten unterschiedlich und kontextspezifisch interpretiert. Alle Gelehrten waren Menschen ihrer Zeit, wobei regionale bzw. geografische Unterschiede eine so zentrale Rolle bei Definitionen von koranischen Begriffen spielen konnten, dass selbst in der gleichen Epoche lebende Experten zu ganz unterschiedlichen Auslegungen gelangten. Dies gilt insbesondere für den Dschihad-Begriff, der im koranischen Kontext primär mit „sich bemühen, anstrengen (auf dem Weg Gottes)" zu übersetzen ist. Diejenigen historischen Persönlichkeiten des islamischen Rechts, die in Grenzgebieten zu verfeindeten Reichen lebten, haben beispielsweise von Dschihad ein kriegerisches Konzept abgeleitet, ihn verstanden als ein Angriffskrieg im Zuge einer expansionistischen Politik, wobei wirtschaftliche Faktoren eine Rolle spielen konnten. Die damaligen Gesellschaften basierten auf Agrarwirtschaften, entsprechend waren sie ökonomisch vom landwirtschaftlichen Mehrwert abhängig. In Syrien des 7./8. Jahrhunderts traten z.B. Autoren wie Ibn al-Mubarak auf, die den Dschihad als kriegerische Variante überliefern und ihn zu den Grundpfeilern des Islams dazugehörig und somit zu den Voraussetzungen der muslimischen Glaubenspraxis erklären. Andere Gelehrte, die in friedvolleren Kontexten und Regionen lebten, haben unter dem Begriff eher die Selbstdisziplinierung oder fromme Handlungen verstanden. So etwa die Gelehrten auf der Arabischen Halbinsel im 8. Jahrhundert, die Dschihad als „gutes bzw. löbliches Handeln" ohne Blutvergießen betrachteten (vgl. Lohlker 2009, S. 16f.). Dieses primär spirituelle Verständnis hat sich vor allem in der mystischen Version des Islams bzw. im Volksislam durchgesetzt. Insbesondere der herausragende Mystiker Dschalal ad-Din Rumi (Mawlana) hat sich in seinem poetisch verfassten Hauptwerk „Mathnawi" im Kapitel „The Greater Jihad" mit dem Dschihad als inneren Kampf auseinandergesetzt:

> „*When from the outward fight I turned around*
> *The War inside our soul was what I found:*
> *'The small jihad we have just left behind'*
> *For a jihad of a much greater kind: The strength from God is what I long to win*
> *Which can uproot Mount Qaf with just a pin,*
> *Don't overrate the lion which can kill!*
> *The one who breaks himself is greater still"* (Rumi 2004, S. 87).

Ebenso haben andere, auf die Volksfrömmigkeit sehr stark Einfluss nehmende historische und zeitgenössische muslimische Gelehrte dieses eher spirituelle Verständnis vertreten, um sich von radikal-sektiererischen Gruppen abzugrenzen. In den aktuellen Islamdiskursen in Europa ist zudem festzustellen, dass der Dschihad-Begriff eine inhaltliche – wiederum kontextuell bedingte – Erweiterung erlebt, wenn der Dschihad als soziales Engagement oder als Anstrengung für den Frieden etc. gedeutet wird. Neo-salafistische wie auch islamfeindliche (Rand-) Gruppen halten hingegen an der kriegerischen Bedeutung fest, um die Konfliktlinien zu den jeweils „Anderen" aufrechtzuerhalten. So ist beispielsweise bei der Lektüre der Publikationen von sogenannten „Islamkritikern" festzustellen, dass die tiefsitzenden historisch-theologisch verwurzelten Ängste im kulturellen Gedächtnis in Deutschland und in Europa durch permanente Reaktualisierungen der Stereotype über die „kriegerischen" Muslime genährt werden (vgl. Naumann 2010, S. 19ff.; Bahners, S. 262ff.). Der Antisemitismus-Forscher Wolfgang Benz hat herausgearbeitet, wie dieses gezielt manipulierte Islambild der „Islamkritiker" den Rassismus verstärkt und letztlich das demokratische System gefährdet (vgl. Benz 2012). Doch gerade diese antidemokratische Logik der Eskalation verfolgen beide Randgruppen, da sie jeweils auf Grundlage der Konstruktion des „Anderen" ihre Legitimität rechtfertigen. Für Neo-Salafisten bestätigen die islamfeindliche Propaganda von Randgruppen wie Pro-NRW ihre Ressentiments gegenüber den „islamhassenden Kreuzzüglern" wie andersherum das radikale Religionsverständnis der Neo-Salafisten das Bild des Islams als eine „gewaltorientierte, rückständige Religion". Insofern bedingen sich beide radikalen Strömungen gegenseitig und brauchen einander.

Im militärischen Kontext haben dagegen die meisten Gelehrten den defensiven Charakter des Dschihad hervorgehoben und darin keinen „sacrum bellum" gesehen. So weist Asad darauf hin, dass dieses defensive Verständnis ein durch den koranischen Text sehr früh etabliertes grundlegendes Prinzip der Selbstverteidigung sei. Untermauert werden kann diese These mit dem Verweis auf die 23-jährigen Entstehungsbedingungen des heiligen Textes. Die damalige muslimische Gemeinde wurde mit zahlreichen Angriffskriegen von Nicht-Muslimen konfrontiert, sodass sie sich zur Wehr setzen musste. Diese Erlebnisse spiegeln sich in zahlreichen Koranversen wider, wobei immer wieder der Dschihad Erwähnung findet. Legitimiert sei ein Krieg daher nur, wenn man ihn als Verteidigung gegen eine externe Aggression führe (vgl. Asad 2009, S. 74f.).

Zur Legitimation seiner Theologie verwies Ibn Taymiyya des Weiteren immer wieder auf die Zeit der Salaf und proklamierte in Bezug auf seine Rechtstheorie, alle juristischen Folgerungen direkt auf den Koran und die Hadithe zurückzuführen. Hinsichtlich der Koranexegese lehnte er zudem eine Interpretation nach metaphorischen Merkmalen ab, wie etwa bei der Frage von „Gottes Thron" oder „Gottes Hand" und übte polemische Kritik an seinen Gegnern, die eher ein symbolisches Verständnis propagierten. Dies brachte ihm seitens seiner Gegner wiederum den Vorwurf ein, ein eher anthropomorphes Gottesbild zu vertreten (vgl. Hoover 2007, S. 46ff.). Wie Lutz Berger darstellt, hatte Ibn Taymiyya selbst immer den Anspruch, eine ausgewogene Theologie der Mitte zu verfechten und weist wiederum auf die Salaf als Taymiyyas Orientierungsgröße hin:

> „Diese Religion der Mitte findet für Ibn Taimiya ihre reinste Verwirklichung in der Religiosität der islamischen Urgemeinde, so wie sie sich in Koran und hadit spiegelt. Das Leben und Denken der frommen Altvorderen (arab. as-salaf as-salih) soll der einzige Maßstab sein. Für die meisten seiner Zeitgenossen boten die Lehren der vier sunnitischen Rechtsschulen die verbindliche Auslegung des von den Vorvätern Ererbten an. In der Sicht Ibn Taimiyas haben sie die wahre Religion zuweilen eher verdunkelt als erhellt. Auch wenn er in der Praxis meist die Lehren der Hanbaliten vertrat, hat sich Ibn Taimiya, ausgehend von diesem Konzept, doch immer wieder im Einzelfall von ihren Vorstellungen frei gemacht. Ibn Taimiya gilt angesichts dieser Haltung als der Stammvater der Bewegungen, die heute Salafisten genannt werden" (Berger 2011, S. 109f.).

1.5.4 Muhammad ibn Abd al-Wahhab: mit Feuer und Schwert gegen Bid'a

Dieses starke Sendungsbewusstsein ist ebenfalls bei Abd al-Wahhab im 18. Jahrhundert wiederzufinden, der als radikaler Reformer mit dem Anspruch auftrat, in den heiligen Stätten auf der Arabischen Halbinsel sowie in der islamischen Welt den „religiösen Ur-Zustand" wiederherzustellen. Abd al-Wahhab vertrat ähnliche theologische Positionen wie Ibn Taymiyya, wie etwa in seiner Kritik einer metaphorischen Interpretation des Korans (insbesondere hinsichtlich göttlicher Attribute sowie der göttlichen Selbstdarstellung im heiligen Buch), der Ablehnung der juristischen Methodik des Idschmah-ul-Umma (Konsens unter den Gelehrten) sowie in seinem Takfir (das Recht, andere Muslime als Apostaten zu deklarieren). Getrieben war er vor allem von der Doktrin der Bid'a (ungültige Erneuerungen im Islam) und er ging mit verbaler Radikalität sowie physischer Gewalt gegen die traditionellen Bräuche und Kulte des Volksislams, wie etwa Heiligenverehrungen, vor (vgl. Eijk 2010, S. 141f.). Sein Studium der islamischen Quellen und seine Reisen durch die islamischen Städte haben Abd al-Wahhab die Überzeugung gewinnen lassen, dass ein Großteil der Gläubigen nicht mehr islamkonform lebte und daher nur noch nominell Muslime war. Er sah seine religiöse Mission daher darin, alle etablierten Sonderlehren und religiösen Bräuche, die seiner Meinung nach mit der „reinen" islamischen Lehre inkompatibel waren, durch den Dschihad zu bereinigen. Er stand ferner für eine buchstabengetreue Befolgung der islamischen Lehre, ohne den geistigen Gehalt der Lehre zu reflektieren und zu durchdringen. Gepaart wurde dieses statische Verständnis der Religion mit einer „Null-Toleranz-Politik", die neben seiner Lehre keine andere Lehre duldete und die Tötung der Apostaten legitimierte.

Die gegenwartsbezogene Bedeutung von Abd al-Wahhab liegt vor allem darin, dass er mit dem Vorfahren der heutigen saudischen Dynastie Muhammad ibn Saud (1710 – 1765) einen Pakt geschlossen hatte und beide gemeinsam agierten. Bei der Verbreitung seiner Lehre hatte Abd al-Wahhab damit – anders als Ibn Taymiyya – auch eine militärische Kraft im Rücken. Mit der selbsternannten Definitionsmacht und Deutungshoheit ging er schließlich mit seiner Anhängerschaft gewalttätig gegen alles „Unislamische" vor, insbesondere gegen Sufis und Schiiten. Sogar das Grab des Propheten Muhammad in Medina galt als eine Quelle der Bid'a und wurde daher zerstört (vgl. ebd., S. 142). Wie Muhammad Asad in den 1950er Jahren in seiner Autobiografie über die Erweckungsbewegung Abd al-Wahhabs kritisch resümiert, war der Ansatz einer Renaissance grundsätzlich zu begrüßen, allerdings nahm die Strömung eine sehr radikale, geistesfeindliche Haltung ein, insbesondere nach der politischen Machtergreifung auf der Arabischen Halbinsel:

> „Der geistige Sinn des Wahhabismus – das Streben nach innerer Erneuerung der islamischen Welt – zerbrach fast im gleichen Augenblick, da sein äußeres Ziel – gesellschaftliche und staatliche Macht – im Nedschd erreicht wurde. Sobald Ibn Abd al-Wahhabs Anhänger zur Macht gelangten, wurde seine Idee zur Mumie: denn Geist kann nicht Diener sein – und Macht will nicht Diener sein" (Asad 1992, S. 194).

Die Beständigkeit dieses Bündnisses zeigt sich heute in der Staatsreligion Saudi-Arabiens, das wahhabitisch geprägt ist und in den dortigen theologischen Fakultäten gelehrt wird. Sein Werk „Kitap at-Tawhid" gilt noch heute als Grundlagenwerk für Neo-Salafisten. In 67 Kapiteln spiegelt sich sein dualistisches Weltbild wider, wobei er sich neben Themen wie dem Tauhid und Schirk kritisch mit volksislamischen Ritualen und Zeremonien auseinandersetzt (vgl. Abd al-Wahhab 1998). Darüber hinaus wird der Wahhabismus durch die intensive Missionsarbeit der Saudis weltweit verbreitet, auch in Deutschland. Insbesondere konnte die wahhabitische Doktrin einen Einfluss auf religiös-politische Bewegungen wie die Muslimbrüderschaft in Ägypten oder die Islamic Association in Pakistan durch die im Jahr 1962 in Saudi-Arabien gegründete Nichtregierungsorganisation „Muslim World League" ausüben. Allerdings musste das saudische Königreich die Erfahrung machen, dass die Förderung der rigiden Auslegung der Religion wie ein Bumerang zurück zum Werfer kommen sollte (vgl. Reza 2006, S. 269). Wahhabitisch motivierte religiös-politische Gruppierungen wie die al-Qaida nahmen im 20. Jahrhundert zunehmend das mit Petrodollar finanzierte luxuriöse Leben der saudischen Herrscherfamilie und deren prowestliche, außenpolitische Haltung zum Anlass, diese als „Nicht-Muslime" zu bezeichnen und zu bekämpfen:

> „Die saudischen Prinzen, so al-Qaʿida, seien aufgrund ihres sündhaften Tuns ,Menschen der Hölle', Abtrünnige, die zur Strafe aus der heiligen Gemeinschaft Gottes ausgeschlossen werden müßten. Doch ihr Haß richtet sich nicht nur gegen die saudische Königsfamilie, sondern gegen alle Muslime, deren Auslegung der Schrift und Lebensführung dem wahhabitischen Modell widersprechen. Auch sie seien Ungläubige, die ,ausgelöscht' würden, wie es Usama bin Ladin, der Gründer von al-Qaʿida, versprochen hat" (ebd., S. 270)."

2 Aufklärung, Säkularisierung, Kolonialisierung: Herausforderungen der Moderne und muslimische Reaktionen im 19. und 20. Jahrhundert

Wie bisher dargestellt wurde, sind aus den politischen und sozialen Umbrüchen und den Paradigmenwechseln in der islamischen Geschichte immer muslimische Persönlichkeiten hervorgegangen, die mit dem Hinweis auf eine mythisch verklärte frühislamische Phase die Religion vom „Ballast" der „unislamischen Zutaten" reinigen und „Authentizitäts-Konzepte" als Lösung für gegenwärtige Krisen anbieten wollten. Im 19. und 20. Jahrhundert sollte die islamische Welt ihre bisher größten Herausforderungen erleben, sodass fundamentalistische Ideen eines Ibn Taymiyya und Abd al-Wahhab und anderer radikaler muslimischer Gelehrter reaktualisiert, in einen neuen politischen Kontext eingebettet und weiterentwickelt wurden. So wurden die religiösen Deutungssysteme, das Verhältnis von Staat und Religion, die Rolle der Religion in der Öffentlichkeit sowie nahezu alle Regelungsbereiche des islamischen Rechts wie das Personenstandsrecht, das Ehe- und Familienrecht, das Erb-, Straf- und Deliktsrecht sowie auch das Staats- und Verwaltungsrecht durch folgende europäische Modernisierungsprozesse infrage gestellt:

- Modernisierungsschub I: naturwissenschaftlich-philosophische Revolution
- Modernisierungsschub II: kulturell-theologische Revolution
- Modernisierungsschub III: politisch-demokratische Revolution
- Modernisierungsschub IV: technologisch-industrielle Revolution (vgl. Küng 2007, S. 524ff.)

Erschwerend kam hinzu, dass die Europäer mit ihrem wissenschaftlichen und technischen Fortschritt im Begriff waren, fast die gesamte islamische Welt zu kolonialisieren. Eine sachliche Auseinandersetzung mit diesen Modernisierungsschüben war unter den Bedingungen der europäischen Expansion und dem Gefühl der Ohnmacht gegenüber einer westlichen Übermacht schwierig und nicht ideologiefrei. So kam es dazu, dass die islamische Welt in einer sehr polarisierenden Weise auf diesen Zustand reagierte. Die daraus resultierenden Debatten über die Moderne als „europäisches Importprodukt" sind bis heute nicht endgültig abgeschlossen. Davon zeugen nicht nur die gegenwärtigen Entwicklungen in den sogenannten islamischen Transformationsländern mit ihrem schwierigen Ziel der Etablierung demokratischer Gesellschaften, sondern insgesamt auch die Frage der Säkularisierung sowie die Rolle der Religion in der Öffentlichkeit. Allerdings werden diese Debatten seit der Aufklärung in der Wiege der Moderne und in einem deutlich fortgeschritteneren Stadium geführt.

2.1 „Entzauberung der Welt" und christlich-fundamentalistische Begleiterscheinungen

2.1.1 *Aufklärung und Zurückdrängung der kirchlichen Macht*

Mit der europäischen Aufklärung sowie den in Gang gesetzten Säkularisierungsprozessen sind historisch einzigartige wissenschaftliche, gesellschaftliche und politische Entwicklungen angeregt worden, die an den Grundfesten des Christentums und den christlichen Kirchen rüttelten. Der Philosoph Immanuel Kant versteht in diesem Zusammenhang die Aufklärung als einen Akt der Selbstbefreiung des Menschen:

> „Aufklärung ist der Ausgang des Menschen aus seiner selbstverschuldeten Unmündigkeit" (Kant 1999, S. 20).

In Religionsfragen wies Kant auf die Erfordernis der Autonomie des Gläubigen durch die eigene Ratio hin:

> „Daß die Menschen, wie die Sachen jetzt stehen, im ganzen genommen, schon imstande wären oder darin auch nur gesetzt werden könnten, in Religionsdingen sich ihres eigenen Verstandes ohne Leitung eines andern sicher und gut zu bedienen, daran fehlt noch sehr viel (ebd., S. 26)."

Eng mit der Aufklärung verbunden ist der Prozess der Säkularisierung, der auch als Antwort auf den zu großen Einfluss der Kirchen auf das öffentliche Leben verstanden wurde – auch auf gesellschaftliche Teilsysteme wie die Politik und Wissenschaften. Dem Schlüsselbegriff „Säkularisierung" werden dabei bis heute unterschiedliche Bedeutungen wie „Verfall von Religion", „Entsakralisierung der Welt", „Abkehr der Gesellschaft von der Religion", „als Übertragung religiöser Inhalte in die weltliche Sphäre" bzw. „Übereinstimmung mit der Welt" zugeschrieben. Je nach Verständnis des Begriffs „Säkularisierung" wird entweder das zunehmende Verschwinden der Religion oder eine Dynamik in Form eines Wandels in der Sozialgestalt hervorgehoben. Eine weitere Definition unterstreicht die institutionelle Trennung von Religion und Politik (vgl. Hock 2008, S. 105).

Wie José Casanova veranschaulicht, wurde im Zuge einer institutionellen Separation in diesem Säkularisierungsprozess die politische Einflussnahme der Kirchen weitgehend zurückgedrängt, indem die Trennung des Religiösen vom Staatlichen als eine Conditio sine qua non und Grundvoraussetzung für die Etablierung einer gewaltteiligen und rechtsstaatlichen Demokratie postuliert. Religion sollte in den privaten Bereich zurückgedrängt werden, um zugleich eine liberale öffentliche Sphäre zu schaffen (vgl. Casanova 2009, S. 8ff.). In diesem Zusammenhang haben die europäischen Länder unterschiedliche Systeme hinsichtlich der Trennung von Staat und Religion etabliert, die einem strengen Laizismus, wie in Frankreich, bis zur rechtsstaatlichen Säkularität in Deutschland reichen. Allerdings ist bis heute die Rolle der Religion in der Öffentlichkeit Europas nicht endgültig geklärt. Die kontroversen Debatten über das Kruzifix in Klassenzimmern oder über den Gottes- bzw. Christentum-Bezug in der Europäischen Verfassung zeugen davon (vgl. Czermak 2008, S. 146ff.; Schmale 2010, S. 105ff.). Ebenso zeigt sich dies in der Kritik des Politikwissenschaftlers Thomas Meyer an der „Resakralisierung der liberalen Öffentlichkeit" durch die Anzeichen der „Anfänge eines Beinnahe-Monopols" des organisierten Christentums, das sich trotz des Verlustes religiöser Deutungssysteme in der Gesellschaft als Machtinstanz mit „modernen Inszenierungsstrategien des Religiotainment" zunehmend der Öffentlichkeit bemächtige und hinsichtlich der öffentlichen Moral eine Überlegenheit für sich beanspruche (vgl. Meyer 2005).

Hinsichtlich der politischen Theorien im christlichen Abendland hebt Thomas Meyer in Anlehnung an Irin Fetscher und Herfried Münkler hervor, dass sich in den Lehren der großen Kirchenväter – von Augustinus (354 – 430) bis zum Philosophen und Theologen Thomas von Aquin (1225 – 1274) – die Frage der staatlichen Organisation und Führung primär nach dem „göttlichen Heilsplan" orientierte und damit an der bestmöglichen menschlichen Existenz im Jenseits. Daher drehte sich die Frage in der politischen Ordnung darum, wie der Staat als Mittel zur Erreichung dieses „Endzwecks" gestaltet werden müsste (vgl. Meyer 2010, S. 19):

„In dem Dualismus zwischen den kirchlichen und den weltlichen Belangen, den Endzwecken und den irdischen Zwecken des menschlichen Lebens, wurde dem Staat die Rolle eines Gewährleisters zugemessen. Er sollte jene Ordnung sichern, die dem Einzelnen ein gottgefälliges Leben ermöglicht, und er sollte auch selbst im Einvernehmen mit der kirchlichen Macht auf eine solche Lebensführung hinwirken. Staat und Politik sollten demzufolge stets ihrer unüberwindbaren Grenzen eingedenk sein, dass sie zur Erfüllung des Sinns des menschlichen Lebens keinen direkten Bezug leisten können. Das politische Denken war somit ein unselbständiger Bestandteil der Theologie und wie diese letzten Endes an den Zielen des als objektive Wirklichkeit verstandenen göttlichen Heilsplans ausgerichtet" (ebd.).

Aus dem Zitat wird deutlich, dass die Logik der Politik bzw. des politischen Handels ähnlich theologisch gedeutet und auf eine „andere Wirklichkeit" ausgerichtet war wie in islamisch geprägten Reichen. Meyer führt in diesem Kontext weiterhin an, dass allerdings mit dem Beginn der europäischen Moderne hinsichtlich der politischen Idee einer gesellschaftlichen Ordnung statt einer Verhaftung „in der Selbstverständlichkeit einer gemeinsamen Sittlichkeit oder in der zwingenden Gewissheit eines göttlichen Heilsplans" andere Quellen „ohne theologische Voraussetzung" herangezogen werden mussten. Politisch-philosophische Denker wie Niccolò Machiavelli (1469 – 1527) Thomas Hobbes (1588 – 1679) und John Locke (1632 – 1704) lieferten jeweils eigene Theorien, wie eine politische Ordnung bzw. ein moderner Staat „ohne transzendente Grundlagen" zu funktionieren habe und zu legitimieren sei (vgl. ebd., S. 20). Zwar war der Weg zur Etablierung von Demokratien in Europa noch lang, doch wurde durch politisch-philosophische Konzeptionen auf der Basis des modernen Naturrechts und empirisch-analytischer Fundamente ein akademischer Denkprozess zum gesellschaftlichen Transformationsprozess initiiert und „gottgegebene" politische Machtkonstellationen zunehmend hinterfragt.

2.1.2 *Kirchliche Widerstände und Arrangements mit der Moderne*

Für das Christentum bzw. die christlichen Kirchen hatte dieser Prozess der „Entsakralisierung der Welt" und die politische Zurückdrängung ihrer weltlichen Macht existenzielle Bedeutung. In der Auseinandersetzung mit dieser Geistesbewegung mussten sich die Kirchen daher angemessen theologisch positionieren und Antworten auf die kritischen Fragen der Aufklärung finden, wie etwa durch eine aufgeklärte Theologie mit einer modernen Bibelforschung in Form der historisch-kritischen Exegese (vgl. Küng 2008, S. 783ff.). Ferner sind zahlreiche zeitgemäße Ansätze von der Liberalen Theologie eines Adolf von Harnacks über die Befreiungstheologie von Gustavo Gutiérrez bis hin zur Feministischen Theologie einer Catharina Halkes entwickelt worden und die Binnendifferenzierung innerhalb der theologischen Denkströmungen wurde forciert (vgl. Jung 2004, S. 79ff.). Die Akzeptanz der und das wissenschaftliche Arrangement mit der Moderne waren für die Kirchen und die christliche Theologie insgesamt betrachtet ein sehr langer und schwieriger Prozess. Denn dieser Prozess wurde vor allem in der katholischen Kirche von großen Widerständen gegen die Moderne begleitet. Es gab immer wieder den Versuch, an alte Denk- und Wissenschaftstraditionen anzuknüpfen, wie etwa durch die „Wiederbelebungsversuche" der Scholastik im 19. Jahrhundert (vgl. ebd., S. 23ff.). Ein Beispiel hierfür ist auch das Erste Vatikanische Konzil – das Konzil der Gegenaufklärung –, das diese Widerstände gegen die Moderne und Aufklärung vor Augen führt. Erst im Zweiten Vatikanischen Konzil (1962 – 1965) wurden Beschlüsse zur Versöhnung mit der Moderne gefasst und ernsthafte Lösungen für die Kompatibilität von kirchlichen Lehren mit der Moderne gesucht (vgl. Belok/Brokač 2005).

Die Widerstände sind jedoch in den westlichen Gesellschaften nicht abgeklungen, denn als Begleiterscheinung traten neben streng konservativen Kräften auch christliche Fundamentalisten als radikale Gegenstimmen auf, so etwa katholische Fundamentalisten, die nach wie vor eine zeitgemäße Theologie ablehnen und damit die geistigen Errungenschaften der Aufklärung. Exemplifizieren lässt sich dieses Phänomen auch an den Evangelikalen in den USA, die bis heute wissenschaftliche Erkenntnisse, wie die Evolutionstheorie, strikt ablehnen, da sie ihrer Ansicht nach der Schöpfungsgeschichte der Bibel widerspreche. Eine liberale Theologie und in diesem Zusammenhang eine historisch-kritische Bibelexegese werden ebenfalls strikt abgelehnt (vgl. Meyer 2011, S. 17ff.).

2.2 „Herodianismus" versus „Zelotismus": Muslimische Neuverortung in der Kolonialzeit zwischen Tradition und Moderne

2.2.1 Modernisierung von „oben nach unten"

Aufgrund ihrer stärkeren defensiven Haltung taten sich islamisch geprägte, kolonialisierte Gesellschaften noch schwerer, sich mit den Modernisierungsschüben zu arrangieren und sich sachlich sowie ideologiefrei zu positionieren. Die militärische, wirtschaftliche, wissenschaftliche, kulturelle und technologischen Dominanz des Westens ließ ein Gefühl der Unterordnung und Ohnmacht entstehen. Hinsichtlich der Analyse und der Lösungsansätze haben sich polarisierende Positionen herauskristallisiert. Die eine extreme Position vertrat die Ansicht, dass die Rückständigkeit der islamischen Welt aus den eigenen verkrusteten Traditionen und sogar aus der Religion selbst resultiere und eine unkritische Adaption und Imitation des Westens wurde angestrebt. Die andere Position suchte hingegen die Lösung in der eigenen Religion und Geschichte. Der Universalhistoriker

Arnold J. Toynbee zeigt ähnliche Reaktionen von Bevölkerungen in der Konfrontation mit einer anderen Zivilisation anhand des historischen Beispiels der Juden in Palästina und in deren Auseinandersetzung mit der griechisch-römischen Kultur. Der Begriff „Herodianismus" bezeichnet in diesem Kontext die Übernahme der fremden Zivilisation, während der Terminus „Zelotismus" die Flucht in die eigene Geschichte und Traditionen unter den gegebenen religiös-politischen Spannungen umfasst. Allerdings sieht Toynbee beim „Herodianismus" auch die Gefahr, dass die Aufgabe der eigenen Kultur zugunsten der „höheren Zivilisation" nur von einer Minderheit getragen wird und erwähnt die Gefahr fehlender kreativ-schöpferischer Leistungen in diesen Reformen aufgrund der blinden Imitation (vgl. Kaupp 1966, S. 223ff.).

Charakteristisch für den „Herodianismus" sind in den islamisch geprägten Gesellschaften die Reformversuche eines Muhammad Ali Pascha (Ägypten), Mustafa Kemal Atatürk (Türkei) sowie Reza Schah Pahlavi (Iran). So versuchte der Modernisierungseiferer Muhammad Ali Pascha (1769 – 1849) die gesamte ägyptische Gesellschaft in kürzester Zeit den westlichen Standards anzugleichen, obwohl

> „der Westen seine Modernisierung schrittweise, in seinem eigenen Tempo vollzogen hatte: Fast dreihundert Jahre hatten die Menschen in Europa und Amerika gebraucht, um sich das Wissen und die Technik anzueignen, denen sie die Weltherrschaft verdankten. Trotzdem war es ein quälender, verstörender Prozess, der mit sehr viel Blutvergießen und beträchtlicher geistiger Orientierungslosigkeit verbunden war. Muhammad Ali versuchte diesen hochkomplexen Wandel innerhalb von nur vierzig Jahren zu bewerkstelligen, und um seine Ziele zu erreichen, musste er dem ägyptischen Volk praktisch den Krieg erklären" (Armstrong 2007, S. 171).

In einer noch rasanteren Geschwindigkeit verliefen die radikalen Reformen Mustafa Kemal Atatürks in den 1920er und 1930er Jahren. Sein Ziel, die türkische Gesellschaft durch fundamentale Veränderungen zu modernisieren und zu säkularisieren sowie die Rolle des Islams in eine abgeschirmte Sphäre zu verdrängen, ging auch mit einem radikalen Bruch mit der türkisch-islamischen Geschichte einher. Zum einen sollte der Westen, wie das laizistische Frankreich, als Vorbild für die Nationenbildung dienen, zum anderen bildete die vorislamische Epoche die geistige Grundlage für das Türkentum. Gleichermaßen ambitioniert war der persische Führer Reza Schah Pahlavi (1878 – 1944), der nach dem Vorbild Atatürks eine umfassende Modernisierung des gesamten politischen und sozialen Systems Persiens anstrebte, den Einfluss des schiitischen Klerus zurückdrängen wollte und ein ausgeprägtes Nationalbewusstsein unter Anknüpfung an die vorislamische Zeit propagierte. Sein Sohn Muhammad Reza Schah (1919 – 1980) sollte neben weiteren weitreichenden Modernisierungsversuchen die Erinnerungskultur an das erste persische Großreich der Achämeniden aufrechterhalten (vgl. Atabaki/Zürcher 2004).

2.2.2 Säkularisierung als ideologischer Fortschrittsglaube

Diese autoritären, aufoktroyierten Formen einer (oberflächlichen) Modernisierung waren zwangsweise zum Scheitern verurteilt, weil die Reformen nicht in einem diskursiven Prozess, von der gesamten Gesellschaft (Denkern, Philosophen, Gelehrte etc.) getragen, sondern in der Manier einer Erziehungsdiktatur durchgesetzt wurden. Daher wurden die Reformen nur von einer kleinen Elite befürwortet. Ein weiteres Problem war ein ideologisches Verständnis von Säkularisierung (wie beispielsweise in der Türkei), das ablehnende Reaktionen in der volksislamisch orientierten Gesellschaft provozierte. Auf dieses Problem der Missinterpretation der rechtsstaatlichen Säkularität weist Heiner Bielefeldt hin:

> „Wenn der säkulare Rechtsstaat ‚weltanschaulich neutral' sein will, so folgt daraus, dass die Säkularität nicht zu einer quasi-religiösen oder postreligiösen Staatsideologie stilisiert werden darf. [...] Eine solche säkularistische Fortschrittsideologie hat mit der rechtsstaatlichen Säkularität nichts, aber auch gar nichts gemein. Wenn der weltanschauliche Säkularismus sich mit der Staatsmacht verbindet, führt er in letzter Konsequenz sogar zur Zerstörung der auf die Religionsfreiheit gegründeten rechtsstaatlichen Säkularität. Unter dem Anspruch der Religionsfreiheit muß der säkulare Rechtsstaat deshalb darauf achten, daß er sich nicht für die Zwecke eines weltanschaulichen Säkularismus oder Laizismus einspannen läßt. Diese Gefahr besteht – trotz der Krise der modernen Fortschrittsideologien – auch heute noch" (Bielefeldt 1999, S. 4f.).

Theologisch-politische Begründungen zur organisatorischen Trennung von Staat und Religion wurden bereits zu Beginn des 20. Jahrhunderts von Theologen wie Seyyid Bey (gest. 1925) oder Abd ar-Raziq (gest. 1966) aufgeworfen. Sie unterstützten die Abschaffung des Kalifats in der islamischen Welt – im Sinne einer sozialkulturellen, mit der Begründung eines intrinsischen demokratischen Potenzials der islamischen Lehre. Während das Kalifat als historische Notwendigkeit ausgedient hätte, könnte dieses demokratische Potenzial – weil die Zeit dafür reif wäre – durch die Übertragung der politischen Macht auf das Parlament entfaltet werden. Zugleich übernähme das Parlament die Funktion des Kalifats. Diese Delegation trüge zudem dazu bei, eine Scharia auf der Basis der tatsächlichen Erfordernisse zutage zu fördern. Um ihre teleologisch ausgerichteten Thesen zu stützen und den Muslimen zudem ein Gefühl der Kontinuität mit der eigenen Historie und Theologie zu vermitteln, wurde bei der Konzeption dieser religiös-politischen Theorie mit koranischen bzw. islamischen Terminologien gearbeitet (vgl. Bey 1923; Bielefeldt 1999, S. 13). Allerdings erwiesen sich die negativen Erfahrungen und Assoziationen mit der „geistigen Importware" als sehr resistent.

Säkularisierung wurde (und wird) als eine Art (post)religiöses System wahrgenommen, welches sich diametral zum islamischen Erbe verhält. Weltlichkeit wurde als ein Synonym für „Gottlosigkeit" gesehen und die negativen Erfahrungen mit eigenen politischen Führern schienen die Vorurteile zu bestätigen. In diesem Zusammenhang lieferte das extremste Beispiel der kommunistische Führer Enver Hoxha in Albanien, der den ersten atheistischen Staat ausrief und im Zuge dessen eine systematische Vernichtung der gesamten religiösen Tradition und Kultur anordnete. Über 2.000 Gotteshäuser wurden zerstört bzw. zweckentfremdet und eine atheistische Erziehung durch die Ideologisierung des gesamten Bildungssystems erzwungen (vgl. Kohl 2003, S. 87ff.). Bis heute wird daher – wie beispielsweise in der Türkei – das Verhältnis von Staat und Religion sehr kontrovers und polarisierend diskutiert. Begriffe wie „Laizismus" oder „säkularer Staat" erwecken aufgrund der historischen Erfahrungen mit antireligiösen staatlichen Maßnahmen in der Phase der Republikgründung sowie den Erfahrungen in den 1990er Jahren negative Assoziationen. In der Türkei ist dieses anhand der intensiven Verdrängung der Religion aus der Öffentlichkeit sowie des Verbotes und der Schließung religiöser Institutionen, Vereine, Bewegungen etc. seitens des türkischen Militärs unter dem „Irtica"-Vorwurf (reaktionär, rückschrittlich) zu sehen.

2.2.3 Modernistische Salafiyya – Rationalismus und islamische Renaissance

Aus diesen internen (heterogene innerislamischen Reaktionen auf die Moderne) und externen (europäische Einflüsse) Erfahrungen heraus, sind panislamische Bewegungen hervorgegangen, die auf diesen kollektiven Kulturschock eine islamische Antwort suchten. Erwähnenswert sind vor allem die modernistisch orientierten Salafiyya-Bewegungen mit Intellektuellen als Wortführern, die den Islam mit der Moderne aussöhnen wollten. In einer Synthese der beiden Weltanschauungen der strengen, reaktionären „Zeloten" und der „Herodianer" sahen diese islamischen Reformer das Problem für die Stagnation der islamischen Welt darin, dass die muslimische Welt sich von der wirklichen, progressiven Botschaft des Islams entfernt habe. Die modernistische Salafiyya reagierte jedoch nicht mit einer völligen Ablehnung und Apathie, sondern verfolgte das Ziel einer Verknüpfung von modernen, westlichen Ideen mit der islamischen Lehre. Sie sahen grundsätzlich keinen Widerspruch zwischen den wissenschaftlichen, technischen Errungenschaften des Westens und den Koraninhalten und betonten die Notwendigkeit einer islamischen Reform durch die Überwindung der selbst verschuldeten theologischen Stagnation:

"Die Salafiyya sah als Ursachen dieser negativen Entwicklung neben Lauheit und Laxheit im Glauben einer kleinmütig gewordenen Umma vor allem die verhängnisvolle, mittelalterliche Vorstellung vom ‚Schließen der Türen der Auslegung' (taqlid) – der Vorstellung also, daß alles Wissenswerte bereits gewußt und in Koran und Sunna vorhanden ist, und daß die Späteren bei der Erfassung der göttlichen Botschaft gegenüber den Früheren in unüberbrückbarem Nachteil sind. [...] Die Reformer sahen eine Chance für die Wiederbelebung des Islam allerdings nur, wenn unter Opferung vieler mittelalterlicher Glossen und Kasuistik radikal zwischen den wirklichen Quellen des Islam – Koran und Sunna des Propheten (nur des Propheten) – auf der einen und dem zeitbedingten, menschengemachten und daher fehlbaren Gebäude von islamischer Jurisprudenz und Gelehrsamkeit auf der anderen Seite unterschieden wurde" (Hofmann 1999, S. 91f.).

Mit einem „umgedrehten Orientalismus" war man bestrebt zu zeigen, dass im Grunde der Kern für Fortschritte in der Moderne, wie etwa die gesellschaftliche Aufwertung der Frau, die Einführung von sozialer Gerechtigkeit und Demokratie oder die Wissenschaftsförderung bereits in der islamischen Geschichte vorzufinden sei. Für die modernistische Salafiyya gilt aber auch die Zeit des muslimischen Spaniens (711 – 1492) aufgrund der dort erfolgten Förderung der Wissenschaften, der religiösen Toleranz sowie des wirtschaftlichen Wohlstands in der islamischen Geschichte als das zweite „Goldene Zeitalter". Ebenso berufen sich gegenwärtig europäische Muslime auf diese Zeit, um in aktuellen Islamdiskursen auf die Pluralitätsfähigkeit sowie das fortschrittliche Potenzial des Islams hinzuweisen.[8] Trotz der Versuche einer Harmonisierung mit der europäischen Moderne, führte man die eigenen Reformbemühungen primär auf das Ideal der Salaf zurück und gab ihnen somit eine islamisch-koranische Prägung. In diesem Zusammenhang trat auch zunehmend die Formel „Religion und Staat" in Erscheinung. Politische Theorien wurden auf der Basis islamischer Prinzipien konzipiert und als Rahmenbedingungen für die neue islamische Renaissance vorausgesetzt:

"Die frühen Formen islamischer politischer Theorie, die seit den 1870er Jahren im öffentlichen Raum Geltung beanspruchten, definierten Staat und Gesellschaft im Sinne einer politischen Philosophie. Dies bedeutete, dass durch die Ableitung aus dem Islam der Soll-Zustand erfasst wurde. Empirisch-analytische politische Theorie, die auf islamischem Wissen beruhte, war daher nicht zu erwarten. Denkinhalt der politischen Philosophie islamischer Reformer (u.a. Jamal ad-Din al-Afghani (1838 – 1897), Muhammad ʿAbduh (1849 – 1905) oder Muhammad Raschid Rida (1865 – 1935) war nicht der Staat selbst, sondern der Islam. Ihm wurde die Funktion des Staates zugewiesen, indem die in der politischen Philosophie dem Staat zugeordneten Denkinhalte (Sittlichkeit, Ordnung, Gerechtigkeit etc.) theoretisch aus dem Islam abgeleitet wurden. Islamische Theorie war daher insofern politische Theorie, als sie den Islam funktionsäquivalent zu Politik und Staat setzte" (Hartmann/Offe 2011, S. 132).

---

8   Ebenso wird in der jüdischen Erinnerungskultur aufgrund der freien Entfaltung des Geisteslebens in Theologie, Wirtschaft und Wissenschaft an diese jüdisch-muslimische Epoche gerne als das „Goldene Zeitalter" zurückgedacht. Viele namhafte Persönlichkeiten wie Moses Maimonides haben in dieser Blütezeit gewirkt und die jüdische Geistestradition maßgeblich geprägt (vgl. Bossong 2008, S. 21ff.).

Ein prominenter Vertreter dieser modernistischen Strömung im 20. Jahrhundert ist der europäische Gelehrte Muhammad Asad (Leopold Weiss), der – inspiriert von den im Zitat genannten Vordenkern al-Afghani, Abduh und Rida – für seine Koranexegese einen rationalistischen Zugang wählte. Im Anhang seiner Exegese unterstreicht Asad am Beispiel der Jenseitsbeschreibung bzw. des Wesens Gottes und der Dschinnen die Bedeutung der Symbolik und Allegorie für das Verständnis des Korans, da ein wortwörtliches Verständnis vieler Passagen „gegen den Geist der göttlichen Schrift verstoßen" würde (Asad 2010, S. 1202ff.). Zugleich entwarf Asad die theoretischen Grundzüge eines idealen und zeitgemäßen islamischen Staates, für den die innerhalb eines politischen Systems zu berücksichtigenden, „für die Organisation von Staat und Regierung zentralen Gebote des Islam" bestimmt wurden. Mit seinem ideologischen bzw. integralen Verständnis von Religion konzipierte Asad eine „islamische Demokratie", um in der Auseinandersetzung mit den Vorwürfen aufzuzeigen, dass Willkürherrschaften bzw. Diktaturen kein intrinsisches Problem des Islams darstellten (vgl. Asad 2011). In diesem Zusammenhang verweist Murad Hofmann wiederum auf die lebhaften Bemühungen unter muslimischen Intellektuellen, eigene Konzepte und Terminologien wie „Schurakratiyya" für eine „islamische Form" der Demokratie zu kreieren (vgl. Hofmann 2001, S. 107ff.).

Der Begriff wird auf das koranische Prinzip der Schura („Beratung") zurückgeführt und hebt die Beratungspflicht hervor. Historisch-theologisch basiert dieses Prinzip auf dem 38. Koranvers der 42. Sure, demnach Muslime – und insbesondere der Prophet Muhammad – dazu angehalten sind, sich bei wichtigen Gemeinschaftsfragen zu beratschlagen und nicht in Eigenregie zu handeln. In diesem Prinzip erkennt die modernistische Salafiyya den Kern der islamischen Demokratie. Die nicht theologisch qualifizierte „naturwissenschaftlich-technische Intelligenz" spielt dabei in religiös-politischen Oppositionsgruppen in islamisch geprägten Ländern oft eine zentrale Führungsrolle, denn von ihrer laienhaften, selektiven Koranrezeption geht eine Gefahr für die jeweiligen Gesellschaften aus (vgl. Hofmann 1999, S. 93 f.).

Die Bestrebungen bezüglich einer Kompatibilität von Islam und Moderne gingen so weit, dass eine wissenschaftskonforme Koranauslegung in der theologischen Disziplin Tafsir (Koranexegese) immer mehr Resonanz fand. Dieser Ansatz ist bereits in den Exegesen von Abduh und Rida vorzufinden, wenn sie versuchen, Wundergeschichten im Koran mit modernen Erkenntnissen zu erläutern (vgl. Jafar 1998, S. 104ff.). Ebenso wurde dieser Ansatz unter nicht theologisch, primär naturwissenschaftlich geschulten Autoren verfolgt, um eben zu „belegen", dass moderne wissenschaftliche Entdeckungen im Grunde bereits vor 1400 im Koran dokumentiert seien. Ein typisches Beispiel hierfür ist die unter

Muslimen viel beachtete Veröffentlichung des nicht-muslimischen Mediziners Maurice Bucaille, der in seinem 1976 erstmalig erschienenen Werk „Bibel, Koran und Wissenschaft. Die Heiligen Schriften im Licht moderner Erkenntnisse" angibt, im heiligen Text der Muslime wissenschaftskonforme Hinweise hinsichtlich der Entstehung des Universums und des Lebens auf der Erde, der embryonalen Entwicklung im Mutterbauch etc. eindeutige Hinweise identifiziert zu haben (vgl. Bucaille 1994). Seine bis heute mehrfach wieder aufgelegte Publikation stellte die Grundlage für zahlreiche Missionierungsmaterialien dar, um „wissenschaftliche Daten und Fakten" abzuleiten, wie es etwa in Hamza Mustafa Njozis Werk „Ursprung des Korans" geschieht (vgl. Njozi 2005, S. 70ff.). Im neo-salafistischen Milieu in Deutschland wird besonders in der Missionierungsarbeit auf derartige Publikationen zurückgegriffen, um junge Menschen von der Authentizität der Offenbarung zu überzeugen. Besonders populär sind die unter einem Pseudonym veröffentlichten Schriften des antisemitisch orientierten Harun Yahya (vgl. http:// harunyahya.de/), der paradoxerweise zum einen aktuelle wissenschaftliche Erkenntnisse auf den Koran zurückführt, zum anderen in der Frage der Evolution jedoch – ganz in der Manier der Kreationisten – die Wissenschaft polemisch angreift bzw. abwertet. Im Internet lassen sich unter Titeln wie „Wunder im Koran" oder „Wissenschaft im Koran" zahlreiche Seiten mit Schriften und Videokonferenzen von Neo-Salafisten mit entsprechenden propagandistischen Inhalten finden.

2.3 „Din wa Dawla" (Religion und Staat): Religiös-politische Ideologien in der postkolonialen Phase

2.3.1 Politische Experimente in der islamischen Welt

Die postkoloniale Zeit war wie in der arabisch-islamischen Welt gekennzeichnet von der Entstehung neuer Herrschaftsstrukturen und Regierungsformen. Mit der Erlangung der Unabhängigkeit und der Gründung von Nationalstaaten übernahmen Diktaturen, Militärregime bzw. Ein-Parteien-Systeme, die unterschiedliche politische Ideologien wie den Sozialismus, Nationalismus bzw. Panarabismus verfolgten, die Macht und sympathisierten in der Phase des Kalten Krieges entweder mit den USA oder der Sowjetunion. Um ihre meist nicht systematisch ausgearbeiteten und inkonsistenten Weltanschauungen einer arabisch-islamischen Version von alternativen Systemen zwischen Kapitalismus und Sozialismus durchzusetzen, wurden der Bevölkerung von Diktatoren indoktrinierende Werke wie beispielsweise „Das Grüne Buch" des mittlerweile gestürzten Muammar al-Gaddafi aufgenötigt. Wie die ernüchternde Analyse von Heiner Lohmann zur von

Gaddafi zur Pflichtlektüre erhobenen Werke (die dem libyschen Volk jahrzehntelang als Gesetzesgrundlage dienen sollten) zeigt, offenbaren die Denkstrukturen des ehemaligen Diktators seine von einem beduinischen Verständnis geprägte Sicht auf die Gesellschaft, dass er das Funktionieren moderner Gesellschaften nicht verstanden hat. Entsprechend seiner beduinischen Weltsicht setzen sich Gesellschaften aus Stämmen zusammen und daher – wie für verwandtschaftliche Beziehungen typisch – wird die Subsistenzwirtschaft glorifiziert (vgl. Lohmann 2009, S. 252ff.).

Aufgrund außen- wie innenpolitischer Entwicklungen wuchs die Unzufriedenheit in der muslimischen Bevölkerung der jeweiligen Länder stetig und die Probleme verdichteten sich. Außenpolitisch haben vor allem die Niederlagen gegen den Erzfeind Israel, wie etwa im Sechs-Tage-Krieg (1967), zu großen militärischen und territorialen Verlusten geführt. Insbesondere der Verlust von al-Quds (Jerusalem) wurde als Erniedrigung und Versagen der arabischen Führer und des panarabischen Nationalismus betrachtet. Hinzu kamen die noch schwerwiegenderen, bis heute ungelösten innenpolitischen, sozioökonomischen Missstände in den autokratischen Systemen, die bedingt waren durch:

- Landflucht, Urbanisierungsprozesse und die Entstehung großflächiger Segregation,
- die demografische Entwicklung, eine hohe Geburtenrate (eine junge Population als die mobilste Gruppe auf dem Wohnungs- und Arbeitsmarkt),
- (Jugend-)Arbeitslosigkeit und absolute Armut,
- die Frage der Verteilungsgerechtigkeit und das große Gefälle zwischen Arm und Reich,
- Korruption und Vetternwirtschaft,
- Menschrechtsverletzungen und gravierende Demokratiedefizite.

Diese wirtschaftliche, politische und soziale Misere begünstigte zunehmend die Sympathien mit religiös-politischen Fundamentalisten. Als Oppositionsbewegungen agierten sie mit radikal-politischen Konzeptionen gegen die jeweiligen Systeme. Ihre Motivation war im Kern (sozial)politisch, denn die Religionsfreiheit war bis auf wenige Ausnahmen, wie etwa im streng laizistischen (vorrevolutionären) Tunesien, weitgehend garantiert, sodass eher profane Entwicklungen (absolute Armut, Misswirtschaft etc.) moniert und die Formel „Islam ist die Lösung" ausgerufen wurde. Die Fundamentalisten führten das Scheitern ihrer Staaten in wirtschaftlicher, militärischer und sozialer Hinsicht auf die etablierten „gottlosen" säkularen Systeme zurück, welche die „islamischen Gesetze" zuungunsten einer erfolgreichen und sozial gerechten Staatsführung missachteten.[9] Der klassische Kolonialismus wäre durch andere Ausbeutungssysteme ausgetauscht worden und müsste daher, wie damalige Kolonialherren auch, bekämpft werden (vgl. hierzu Maier 1995). Allerdings mussten – auch wegen der Attraktivität linker, antiimperialistischer Bewegungen für junge Menschen, die sich für soziale Gerechtigkeit einsetz(t)en – eigene Staatskonzeptionen mit entsprechenden Terminologien und Symboliken entwickelt werden. Ein typisches Beispiel hierfür ist der iranische Denker Ali Schariati (1933-1977), der sich als an der Sorbonne (Paris) promovierter (Religions-)Soziologe in seinen (antiimperialistischen) Schriften stark mit westlichen Intellektuellen (wie Jean-Paul Sartre) und westlichen Systemen (Demokratie, Kapitalismus, Marxismus) auseinandersetzte und unter Bezugnahme auf islamische Primärquellen eine theologisch-politische Befreiungsbewegung propagierte. Als schiitischer Intellektueller vertrat er die These, dass das ursprünglich revolutionäre, sozialkritische Potenzial des Islams und damit die authentische Bedeutung des Korans durch die muslimischen Herrschenden und die Geistlichkeit im Laufe der islamischen Historie bewusst untergraben wurden. Schariati war im Iran der 1960er und 1970er Jahre vor allem bei Studenten und Intellektuellen beliebt, da er es im Vergleich zu den Ayatollahs und Mullahs verstand, die Moderne mit der Antimoderne zu verknüpfen. Er war den Geistlichen wie auch dem wie dem diktatorischen Schah-Regime ein Dorn im Auge. Schariati gilt als einer der wichtigsten geistigen Wegbereiter der sogenannten Islamischen Revolution im Jahre 1979.

Zwar konnten diese islamisch-politischen Denker an Ansätze der modernistischen Salafiyya des 19. Jahrhunderts anknüpfen, jedoch handelt es sich nicht um ihrerseits detailliert ausformulierte und ausgearbeitete Staatstheorien. Zudem war die islamische Welt der zweiten Hälfte des 20. Jahrhunderts mit anderen wirtschaftlichen, politischen und sozialen Herausforderungen konfrontiert als in der Kolonialzeit. Mit einer „religiösen (Gewalt-)Sprache" konnten jedoch diese Herausforderungen neu eingerahmt und kontextualisiert und somit säkulare Konflikte in religiöse umgedeutet werden (vgl. Kippenberg 2010, S. 39f.). Aufgrund der Kombination von sozialer Macht mit der „realitätsbegründeten Macht der Sprache" entstanden in den Staaten der islamisch geprägten Länder gefährliche Konstellationen, welche die wirtschaftlichen und sozialen Bedürfnisse ihrer Bürger nicht befriedigen konnten:

---

9   Während diese religiös-politischen Gruppierungen in ihrer oppositionellen Rolle und mit ihren Parolen noch Teile der Bevölkerung mobilisieren konnten, werden sie nun als Regierungsparteien (wie in Ägypten) mit der politischen Realität konfrontiert und müssen beweisen, dass sie soziale Fragen hinsichtlich eines Lebens an der Armutsgrenze, steigender Nahrungsmittelpreise, Arbeitslosigkeit und Wohnungsnot pragmatisch und effizient lösen können.

„Gewaltsame Auseinandersetzungen sind solchen religiösen Gemeinschaften möglich, die soziale Macht haben. Das gibt Freiräume auch für Konflikte mit staatlichen Organen. Man kann diesen Sachverhalt auch struktureller formulieren. Das soziale Kapital, das religiöse Gemeinschaften für ihre Mitglieder darstellen – Netzwerke, Normen und soziales Vertrauen, die Koordination und Kooperation zum gegenseitigen Nutzen fördern – steht in einer Wechselbeziehung mit Staatlichkeit. Wo diese sich nicht auf soziale Sicherung des Einzelnen in kritischen Lagen wie Krankheit, Arbeitslosigkeit, Alter, Rechtskonflikte erstreckt, und wo religiöse Gemeinschaften diese und weitere gemeinnützige Aufgaben übernehmen, wächst das soziale Kapital dieser religiösen Gemeinschaften schnell an. So kann die soziale Macht religiöser Gemeinschaften in einer Gesellschaft zunehmen, wenn zugleich die des Staates abnimmt – und umgekehrt" (vgl. ebd., S. 40f.).

2.3.2 Sayyid Qutb und Sayyid Abul Ala Maududi: Die Macht der Sprache

Im Kontext des religiös-politischen Fundamentalismus konnte mit den bisher dargestellten Entwicklungen innerhalb der islamische Geschichte aufgezeigt werden, dass

- der Koran kein ausformuliertes Staatsrecht enthält bzw. die islamischen Primärquellen nur infolge sekundärer Rechtsfindung zu interpretieren sind und somit Meinungspluralismus systemimmanent bzw. vorprogrammiert ist,
- die islamische Geschichte – wie in Europa auch – von Monarchien und Dynastien geprägt ist, die keine spezifisch koranische Regierungsweise umsetzten (auch wenn sich der Kalif als „Schatten Gottes" verstand), sondern in ihrer Herrschaftsform nur den jeweiligen Zeitgeist widerspiegeln.
- wie im vormodernen Europa auch, der Staat nach theologischen Grundlagen auszurichten war und die politischen Rahmenbedingungen ein frommes Leben seiner Bürger/innen zu gewährleisten hat.
- die islamische Welt im 19. Jahrhundert in der Konfrontation mit den wissenschaftlichen und politischen Umbrüchen Europas unterschiedlichste Reaktionen von offensiv (Bruch mit der eigenen Geschichte) bis defensiv (fundamentalistische/islamistische) zeigten, die wiederum verdeutlichen, dass die islamische Welt nicht als ein monolithischer Block betrachtet werden kann.
- der Säkularisierungsbegriff und -prozess von den Muslimen eher negativ beurteilt wird, aufgrund der Erfahrungen mit der Kolonialisierung sowie mit den eigenen politischen Führern, die darunter einen ideologischen Fortschrittsglauben verstanden.

Wie dargelegt wurde, lag das Problem der Theorie eines islamischen Staates in der Tatsache, dass diesbezüglich im Koran nur minimale Grundlagen zur Verfügung standen. Die wenigen, dafür aber expliziten Verse wurden erst durch die sekundäre Rechtsfindung zu einem System ausgearbeitet; allerdings besteht bis heute unter den religiös-politischen Fundamentalisten kein Konsens über eine konkrete politische Ausgestaltung. Das Repertoire an koranischen Versen zur Begründung einer religiös-politischen Bewegung und zur Konstruktion einer islamischen Staatstheorie wurde jedoch durch Uminterpretationen zentraler koranischer Terminologien erweitert, um so der religiösen (Gewalt-)Sprache neue Möglichkeiten der religiösen Einbettung säkularer Fragen zu liefern.

Die Mission aller im Koran erwähnten israelischen Propheten sowie die des ismaelitischen Propheten Muhammad sollte in der Frage in ein neues Licht gerückt werden, indem religiöse Symbole sowie Begriffe politisiert und koranische bzw. biblische Geschichten umgedeutet wurden. Mit dieser Vorgehensweise entstand eine neue Leseart, sodass sogar biblische bzw. koranische Persönlichkeiten wie Abraham oder Moses auf einer politischen Bühne wirkten. Der Pharao wurde der politische Despot, symbolisierte also – entsprechend der gegenwärtigen politischen Erfahrungen in den islamisch geprägten Ländern – die Diktatur und Karun (biblisch Korach) repräsentierte plötzlich den Prototypen des Kapitalisten. Mit Analogien zu den eigenen politischen Führern und Systemen konnten somit religiös-fundamentalistische Bewegungen ihren Kampf mittels religiöser Narrative islamisch legitimieren. Zwei Personen haben in diesem Zusammenhang mit ihren Schriften einen weltweiten Einfluss auf religiös-politische Fundamentalisten ausgeübt: Sayyid Qutb (1906 – 1966) und Sayyid Abul Ala Maududi (1903 – 1979).

Der Ägypter Sayyid Qutb genoss in seiner Jugend eine weltliche Ausbildung und setzte sich als Autodidakt erst viel später intensiv mit der islamischen Literatur auseinander. Er graduierte am Institut für Lehrerbildung in Kairo und arbeitete später für das Bildungsministerium. Da er zunehmend mit der Idee eines arabischen Nationalismus sympathisierte, wurde er für die Regierung König Faruqs zu einer unbequemen Person und deswegen für einen Studienaufenthalt in die Vereinigten Staaten von Amerika entsandt. Hier scheint Qutb einen Kulturschock erlitten zu haben, welcher für seine zunehmende geistige Wandlung und für seinen Wechsel in das religiös-fundamentalistische Lager ein maßgeblicher Faktor war. Nach eigenen Berichten haben ihn dort die sexuelle Freizügigkeit und der Sittenverfall, der Rassismus sowie der zügellose Kapitalismus erschüttert. Dieser Kulturschock sollte wesentlich dazu beitragen, dass er alle gegenwärtigen westlichen und östlichen Gesellschaften als Dschahilliya bezeichnete.

Nach seiner Rückkehr nach Ägypten, schloss er sich der Muslimbruderschaft an und begann in seinen Schriften, die gegenwärtigen Gesellschaften anzuprangern und die Idee eines islamischen Staates zu proklamieren. Damit geriet er oft in Konflikt mit dem ägyptischen Staat und wurde für mehrere Jahre inhaftiert.

Die Haftbedingungen und die physische und psychische Folter haben seine Radikalisierung nur noch intensiviert. Qutb wurde 1966 hingerichtet und erlangte damit für seine Anhänger den Status eines Märtyrers. Bis heute genießt Qutb unter führenden radikal-religiösen Persönlichkeiten und Bewegungen einen Kultstatus, weil er in seinen Schriften nicht nur die Idee der Shahid-Doktrin theoretisch aufgearbeitet, sondern sie durch seinen Tod auch vorgelebt habe.

In seinem Werk „Ma'alim fi-l-Tariq" (Meilensteine bzw. Zeichen auf dem Weg), das als Mao-Bibel der panislamischen Parteien angesehen werden kann, entwirft Qutb die Ideen eines islamischen revolutionären Subjekts, einer islamischen Bewegung und legt die Voraussetzungen für die Etablierung eines islamischen Staates dar. Ausgangspunkt für sein Gedankengebäude ist die These, dass sich die heutige Menschheit wieder in der Zeit der Dschahilliya (Unwissenheit) befindet. Mit Dschahilliya wird, wie im ersten Kapitel dargestellt, im historischen Kontext die Zeit vor der Offenbarung des Islams auf der Arabischen Halbinsel bezeichnet. Mit der Offenbarung des Islams wurde diese Zeit nach traditionellmuslimischem Verständnis beendet. Alle negativen Symptome dieser vorislamischen Zeit zeigten sich jedoch in der Gegenwart, weil die heutigen politischen Herrschaften nicht auf der Grundlage der göttlichen Autorität errichtet worden seien. Qutb führt dazu aus:

> „We are also surrounded by Jahiliyyah today, which is of the same nature as it was during the first period of Islam, perhaps a little deeper. Our whole environment, people's beliefs and ideas, habits and art, rules and laws is Jahiliyyah, even to the extent that what we consider to be Islamic culture, Islamic sources, Islamic philosophy and Islamic thought are also constructs of Jahiliyyah! This is why the true Islamic values never enter our hearts, why our minds are never illuminated by Islamic concepts, and why no group of people arises among us who are of the calibre of the first generation of Islam. It is therefore necessary – In the way of the Islamic movement – that in the early stages of our training and education we should remove ourselves from all the influences of the Jahiliyyah in which we live and from which we derive benefits. We must return to that pure source from which those people derived their guidance, the source which is free from any mixing or pollution. We must return to it to derive from it our concepts of the nature of the universe, the nature of human existence, and the relationship of these two with the Perfect, the Real Being, God Most High. From it we must also derive our concepts of life, our principles of government, politics, economics and all other aspects of life. [...] We must also free ourselves from the clutches of jahili society, jahili concepts, jahili traditions and jahili leadership. Our mission is not to compromise with the practices of jahili society, nor can we be loyal to it. Jahili society, because of its jahili characteristics, is not worthy to be compromised with" (Qutb 2005, S. 10f.)."

Konsequenz der Missachtung des göttlichen Rechts sei also die gegenwärtige soziale Ungerechtigkeit und Misere auf Erden. Indem der Mensch nicht mehr Knecht Gottes sei, würden die Menschen anderen Menschen bzw. dem Materialismus dienen. Solange nicht die Scharia als Gesetz Gottes umgesetzt werde, könnten sich die Menschen von diesem Zustand nicht befreien. Der Weg zu einer islamischen Gesellschaft müsse durch ein neues Bewusstsein der muslimischen Gesellschaften realisiert werden. Da Qutb auch stark von Maududi beeinflusst wurde, akzentuiert er in seinem Werk die beiden Terminologien Hakimiyya und Ubudiyya, die im Koran als solche nicht vorzufinden sind. Mit Hakimiyya ist die Gottesherrschaft gemeint, d.h. dass jeder Staat seine Autorität nur auf den Gotteswillen auszurichten habe. Denn nur Gott dürfe verehrt werden (Ubudiyya), sodass Staatsverfassungen, die eben nicht auf islamischen Quellen beruhten, ketzerisch bzw. blasphemisch seien. Gottes Souveränität müsse sich in allen Dimensionen der Gesetzgebung und somit im gesellschaftlichen Leben widerspiegeln, ansonsten nehme man sich Staaten bzw. politische Parteien zu Götzen. In seinen Publikationen greift Qutb auch die Grundzüge einer islamischen Bewegung auf, die als Vorkämpfer die Voraussetzungen für die Einführung eines islamischen Staates schaffen sollten. Er charakterisiert die notwendigen Kriterien dieser avantgardistischen Initiative und entwirft eine Methodik zur Einrichtung eines islamischen Staates. Damit werde auch die soziale Gerechtigkeit hergestellt, die weder im Kapitalismus noch im Kommunismus gewährleistet sei. Dass dieses Ziel keine Utopie darstelle, sondern realisierbar sei, belege die frühislamische Geschichte im Stadtstaat Medina (vgl. Qutb 2000, S. 169ff.).

Sayyid Abul Ala Maududis Werke ergänzen diese Schriften zum dualistischen Weltbild Qutbs insofern, als er vor allem zentralere koranische bzw. theologische Begriffe umfangreich politisch umdeutet und damit zahlreichen religiös-politischen Bewegungen unterschiedlichster Couleur bis in die Gegenwart die ideologischen Legitimationen und Grundlagen bereitet hat. Er zählt zu den wichtigsten Personen der religiös-fundamentalistischen Bewegungen des 20. Jahrhunderts. Der Gelehrte pakistanischer Herkunft verfasste zahlreiche Schriften, in denen er sich vor allem mit der Frage der islamisch-politischen Bewegungen und der Gründung eines islamischen Staates befasste. Er hatte den Zerfall der islamischen Reiche und die Gründung von Nationalstaaten miterlebt. Dieser als „Zersplitterung der Umma" erlebte Prozess war eine Art Trauma für ihn, denn damit wurde für ihn die transnationale Gemeinschaft der Muslime durch ethnisch-nationale Kriterien gespalten. Sowohl sein Opus magnum Tefhimul Kuran als auch andere Schriften setzen daher theologische Inhalte immer in Bezug zu politischen Inhalten. Maududi war nicht nur schriftstellerisch tätig, sondern ebenso in der Politik aktiv. So gründete er nach der Unabhängigkeit des Staates Pakistan die Bewegung Cemaat-i Islamiyye, die er bis 1976 anführte. Wertet man die Biografie Maududis aus, so erkennt man schnell, dass er in einer Atmosphäre von politischen und gewalttätigen Auseinandersetzungen sozialisiert wurde. Entsprechend spiegeln sich seine negativen Erfahrungen in seinem Religionsverständnis wider (vgl. hierzu Birışık 2007).

Einen zentralen Grund für die Rückständigkeit der islamischen Zivilisation sah er in der gezielten Manipulation zentraler koranischer Terminologien, deren ursprüngliche Bedeutungen er daher als Schlüssel zum Verständnis des authentischen Islams betrachtete. Mit den in Vergessenheit geratenen bzw. manipulierten Begriffen sei das revolutionäre Potenzial des Korans zunichtegemacht worden und Maududi sah es als seine Pflicht an, die wahre Bedeutung wiederherzustellen. Im Zentrum seines Konzeptes stehen die Schlüsselbegriffe Ilah (Gott), Rabb (Herr), Din (Religion) und Ibadat (Gottesdienst bzw. gottesdienstliche Handlung), die so umdefiniert werden, dass der gesamte Korantext in einem politischen Licht erscheint und Maududi insofern das „Handwerkzeug" für die religiöse Pflicht der Errichtung eines islamischen Staates lieferte. Unabhängig von Sympathien und auch vorhandenen Kritiken an den beiden religiös-politischen Denkern Qutb und Maududi seitens fundamentalistischer Gruppen, üb(t)en die beiden – damals wie heute – einen prägenden Einfluss aus. Zahlreiche Anhänger unterschiedlichster fundamentalistischer Gruppen stützen sich auf ihre Ideen und Terminologien, ohne dabei immer die geistigen Väter dieser politischen Inspirationen zu kennen.

3 Neo-Salafisten in Deutschland – der Zelotismus erreicht die Diaspora

3.1 Erfahrungen mit religiös-politischem Fundamentalismus in Deutschland

3.1.1 Migration und fundamentalistische Gruppen

Die Entstehung muslimischer Diasporagemeinden infolge der Arbeitsmigration hat auch radikalen Randgruppen die Erschließung neuer personeller und finanzieller Ressourcen ermöglicht. Mit der Präsenz der unterschiedlichsten religiöspolitischen Gruppierungen spiegelt sich das Mosaik der islamischen Welt daher auch hierzulande wider. Alle diese Organisationen – in der Regel als Oppositionsbewegungen entstanden – haben ihren Ursprung mit ihren unterschiedlichen spezifischen politischen Hintergründen in den islamischen Ländern. Viele muslimische Migranten dagegen haben erst im Aufnahmeland Bekanntschaft mit der Vielfalt dieser Strömungen machen können. Während in den 1960er und 1970er Jahren diese religiösen Randgruppierungen kaum eine nennenswerte öffentliche Rolle spielten, änderte sich dies im Übergang zu den 1980er Jahren. Globale Entwicklungen in islamisch geprägten Ländern wie Ägypten oder die Iranische Revolution trugen u.a. dazu bei, dass religiös-politische Einstellungen wie in der türkisch-muslimischen Community an Bedeutung gewannen und das Gemeindeleben der rein spirituell orientierten Muslimen konterkarierten:

> „Mitte der achtziger Jahre hatte sich das Feld sortiert. Fast alle Moscheen hatten sich der einen oder anderen Organisation zugeordnet. Die Repräsentation des Islam der Arbeitsmigranten durch diese Organisationen hatte eine weit gehende Konsequenz. Das Bedürfnis nach einer defensiven Religiosität, das Europa den Rücken zukehrte, wurde aufgegriffen und auf eine klare Türkeiorientierung hin zugespitzt. Die Gemeinden unterschieden sich darin, welche Rolle sie für den Islam in der Türkei sahen. Gemeinden, die ein affirmatives Verhältnis zur laizistischen Türkischen Republik hatten, distanzierten sich von Gemeinden, die zumindest in den achtziger Jahren eine islamische Umgestaltung anstrebten. Letztere unterschieden sich im Einzelnen im

Hinblick auf die Strategie, die sie für die Einführung der Scharia ins Auge fassten: Die Nurcu und die Süleymancı setzten auf consciounsness raising durch Korankurse und Ausbildungswerke; die Milli Görüş auf den parlamentarischen Weg, der Kalifatstaat wiederum auf eine Revolution" (Schiffauer 2004, S. 352).

Die fundamentalistische Kaplan-Bewegung „Kalifatstaat" hatte sich Anfang der 1980er Jahre von der Milli Görüş, die einen parlamentarischen Weg zur Herstellung einer islamischen Gesellschaft bevorzugte, abgespalten. Der geistige Führer dieser Bewegung, Cemalettin Kaplan, war als Imam bei der türkisch-staatlichen Religionsbehörde (Diyanet) angestellt, bevor er zu Milli Görüş wechselte. Er gewann mit der Zeit die Überzeugung, dass der Weg zu einem islamkonformen Staat nicht über demokratische Wahlen zu realisieren sei, sondern nach iranischem Vorbild durch eine islamische Revolution. Daher spaltete er sich mit einer Schar von Anhängern von der Organisation ab, rief den „Kalifatstaat" (Hilafet Devleti) mit ihm als geistigen Führer in Köln aus und forderte die Muslime weltweit zur Anerkennung seines Kalifats („Kalif von Köln") auf.[10] Durch gezielte Inszenierungen in Form von öffentlichen Predigten, Demonstrationen, Veranstaltungen und Medienarbeit (Fernsehen, Zeitschriften) haben sich Kaplan und seine Anhänger in das Diskursfeld Islam eingebracht. Hier haben sie symbolische Kämpfe ausgetragen und sich zugleich als Repräsentanten eines „authentischen" Islams stilisiert. Alle Stereotype, wie Demokratiefeindlichkeit, Benachteiligung der Frau, Patriarchat oder Militanz, die in der Öffentlichkeit über den Islam herrsch(t)en, griff die Bewegung bewusst auf und versuchte diesem Bild zu entsprechen (vgl. hierzu Schiffauer 2000). Zwar gab sich diese Bewegung immer universell und betonte – nach ihrer gleichnamigen Verbandszeitung – die Ümmet-i Muhammed (Die Gemeinde Muhammads), doch war der Kemalismus in der Türkei Hauptziel und Bezugspunkt der religiös-politischen Agitation. Entsprechend dieser Herkunftsorientierung waren die meisten Mitglieder türkeistämmig.

In den 1990er Jahren – wiederum eng verbunden mit politischen und militärischen Konflikten wie in Algerien oder im Kaukasus – haben zahlreiche Splittergruppen und Exilanten mit starkem Herkunftsbezug ihren Weg nach Deutschland gefunden. Anhänger der in Algerien verbotenen FIS (Front islamique du Salut), der mittlerweile verbotenen Hizb ut-Tahrir oder der vom Iran geförderten kurdisch-militanten Hizbollah fanden nicht nur „Ruheräume", sondern auch neue Entfaltungsmöglichkeiten vor. Hauptbetroffene ihrer Agitationen waren vor allem junge Muslime, die bei ihrer spirituellen Suche nach religiöser Identität und Gemeinschaft in der Diaspora auf diese Strömungen trafen und sich durch eine

---

10 Die bei Kaplan festzustellenden biografischen Brüche – erst die laizistische DITIB, dann die politische Milli Görüş und schließlich eine absolute Abgrenzung von allen muslimischen Organisationen – ist ein typischer Verlauf bei Radikalisierungen.

stark selektive religiös-politische Literaturrezeption entsprechende Weltanschauungen aneigneten. Dass diese reaktionären, integristischen Identifikationsangebote seitens radikaler Gruppen bei manchen Jugendlichen auf fruchtbaren Boden gefallen sind, hängt mit der komplexen Verflechtung von Migrationssituation, vernachlässigter staatlicher Integrationspolitik, fehlender religiöser Grundbildung sowie spezifischen biografischen Ursachen zusammen.

3.1.2 Muslimische Jugendliche, Religiosität und Fundamentalismusdebatten

Für eine breite öffentliche Diskussion über das Thema „Junge Muslime in Deutschland" sorgte im Jahre 1997 erstmals die Bielefelder Studie Verlockender Fundamentalismus, in deren Rahmen türkeistämmige Jugendliche befragt wurden. Zentrales Ergebnis der Untersuchung war, dass die Jugendlichen in hohem Maße „islamzentrierte Überlegenheitsansprüche" und „religiös fundierte Gewaltbereitschaft" an den Tag legen. Die Ursachen hierfür wurden multifaktoriell begründet, wobei die Forschergruppe vor allem auf die sich gegenseitig verstärkenden Aus- und Selbstausgrenzungsprozesse hinwiesen (vgl. Heitmeyer u.a. 1997). Fast zeitgleich erschien die im Auftrag der Berliner Ausländerbeauftragen Barbara John initiierte repräsentative Studie zu türkischen Jugendlichen mit konträren Ergebnissen, die eine Tendenz hin zu einem – gemessen an den Jugendlichen aus der Mehrheitsgesellschaft – unauffälligen Verhalten attestierte. Eine Hinwendung zu politisch-religiösen Migrantenvereinen, geschweige denn fundamentalistischen Gesinnungen konnte nicht festgestellt werden (vgl. Ausländerbeauftragte des Senats 1997). Aufgrund der großen medialen und politischen Wirkung folgten einige kritische Publikationen als Antwort auf die Bielefelder Studie, die in Heitmeyers Forschungsdesign ein eurozentrisches Konstrukt erkannten (vgl. Pinn 1999). Kritisiert wurde in den gesamten Diskussionen insbesondere, dass von Wissenschaft, Politik und Medien gleichermaßen ein „Fundamentalismusverdacht" gegenüber jungen Muslimen geschürt werde. Dadurch würden muslimische Jugendliche als Gefahrenpotenzial stigmatisiert und somit Ausgrenzungsprozesse forciert (vgl. Bukow/Ottersbach 1999). Damit waren die Debatten über muslimische Jugendliche, insbesondere in Hinblick auf die negativen Auswirkungen muslimischer Religiosität, eröffnet.

Infolge der Islamisierung der Integrationsdebatten seit dem 11. September 2001 ist eine Intensivierung dieser Diskussionen feststellbar. Um die Bedeutung der Religion für muslimische Migranten zu ermitteln, wurden in den letzten Jahren zahlreiche empirische Studien durchgeführt, denen der Anspruch zugrunde lag, zu beweisen, dass dem Faktor Religion in der dritten Generation der Muslime weiterhin eine zentrale Bedeutung zukommt. Nach wie vor schätzten sich muslimische Jugendliche im Vergleich zu authochtonen Jugendlichen als (eher) religiös bis sehr religiös ein (vgl. Haug u.a. 2009; Bertelsmann Stiftung 2008). Diese subjektive Selbsteinschätzung der muslimischen Jugendlichen hinsichtlich ihrer stärkeren religiösen Orientierung muss sich nicht zwangsweise im Alltag – Praxis, Rituale, Moscheebesuche etc. – widerspiegeln, sondern kann als Identitätsanker verstanden werden. Denn Religion kann im Migrationskontext stärker in ihrer Orientierungs- und Sinnbildungsfunktion sowie als Lösungsansatz für individuelle und gemeinschaftliche Fragen fungieren (vgl. Hock 2008, S. 16f.; Knoblauch 1999, S. 132ff.).

In diesem Zusammenhang schreibt Hans Küng der Religion einen ambivalenten Charakter zu, und zwar als „Wesen" und „Unwesen" zugleich (vgl. Küng 2008, S. 23ff.). Hinsichtlich ihres „Unwesens" muss man zwar nicht, wie Karlheinz Deschner, einseitig von einer „Kriminalgeschichte" sprechen, doch existieren zahlreiche historische Beispiele hierfür. Andererseits kann man religionshistorisch positive Funktionen und Ereignisse identifizieren. Diese Ambivalenz ist noch heute in den Weltreligionen anzutreffen. Die gegenwärtige Frage, ob sich eher das „Wesen" oder „Unwesen" zeigt, hängt auch von gesellschaftlichen und politischen Rahmenbedingungen ab. Religion kann entsprechend dieser Bedingungen „Friedensstifter" oder „Gewalterzeuger" sein (vgl. Oberdorfer/Waldmann 2008). Dies kann anhand empirischer Studien zu Muslimen in Deutschland exemplifiziert werden. Entweder führt Religiosität zu Selbstausgrenzungen und zur Legitimation von Gewalt bzw. Erhöhung der Gewaltbereitschaft oder zu einer größeren Toleranzbereitschaft. Sie muss auch nicht zwingend ein Störfaktor der sozialen und politischen Partizipation darstellen. Eine kritische Auswertung der empirischen Forschungen der letzten Jahre hinsichtlich der „religiös konnotierte[n] Gewaltbefürwortung" nimmt Peter Rieker (2012, S. 257ff.) vor. Dabei kommt er zu der Schlussfolgerung, dass eine monokausale Erklärung nach dem Muster religiöser Orientierung gleich Gewaltbefürwortung – wie in vielen Forschungsansätzen suggeriert – der untersuchten Forschungsfrage nicht gerecht werde. Weiterhin gewinnt Rieker nach der Analyse dieser Untersuchungen die Überzeugung, dass das Zusammenwirken folgender Aspekte in diesen Forschungen mehr Beachtung finden müsste:

„– Erfahrungen, dass man selbst bzw. Einschätzungen, dass Muslime generell diskriminiert und marginalisiert wird/werden;
– Jugendkulturelle Gruppenstrukturen, die in Verbindung mit Konkurrenzsituationen die Zuspitzung konflikthafter Dynamiken begünstigen" (ebd., S. 270).

Daher plädiert Rieker dafür, zukünftig mehr qualitative Forschungen durchzuführen, um die komplexen Mechanismen und Einflüsse der jeweiligen Biografien (unter Berücksichtigung aller sozialen/sozialräumlichen Faktoren) zu identifizieren und den Zusammenhang zwischen Religiosität und Gewaltbefürwortung zu rekonstruieren.

Ob die Religion eher partizipative oder segregierende, ausgrenzende bzw. intolerante oder tolerante Wirkungen forciert, hängt ebenso mit der Qualität religiöser Bildung und der Art der Vermittlung bestimmter religiöser Inhalte zusammen, welche die religiöse Orientierung maßgeblich beeinflussen. Während eine „aufgeklärte Religiosität" (vgl. Küng 2006, S. 768ff.) im Sinne eines offenen Religionsverständnisses und mit einem entsprechenden Ethos (z.B. Humanitätsprinzip, soziale Gerechtigkeit) ein friedliches und kooperatives Zusammenleben in modernen, säkularen, pluralen und ausdifferenzierten Gesellschaften fördert, begünstigen fundamentalistisch-dogmatische und somit polarisierende Weltbilder antidemokratische Einstellungen, wie sie in den letzten Jahren von neo-salafistischen Gruppen vermittelt werden. Mit ihren ideologischen Identitätsangeboten, ihrer Sozialstruktur, ihrer Missionierungsarbeit sowie infolge medialer und politischer Aufmerksamkeit haben sie dazu beigetragen, das Ideal des „Goldenen Zeitalters" in das Diskursfeld Islam in Deutschland hineinzutragen und konnten ihre Sympathisanten und Anhänger für ihre radikale Oppositionshaltung gewinnen. Anders als die seit den 1980er Jahren agierenden radikalen Gruppen zeichnet sich diese Strömung vor allem durch eine dekulturierte und deterritorialisierte Religionsauffassung sowie eine junge und heterogene Anhängerschaft aus.

3.2 Neo-Salafismus – eine junge Erweckungsbewegung

3.2.1 Neo-Salafismus als kulturelle Gegen-Enklave zum „Mainstream-Islam"

Neo-Salafiyya als Sammelbegriff schließt eine Vielzahl von Strömungen und Gruppierungen ein, die in Deutschland insbesondere auf junge Menschen eine hohe Anziehungskraft ausüben. Anders als die Migrantenselbstorganisationen bzw. Moscheevereine orientieren sie sich nicht entlang ethnisch-kultureller Muster, sondern verstehen sich als eine universelle Bewegung. Vielmehr wird die Idee der „ethnizitätsblinden Umma" – der muslimischen Weltgemeinschaft – vertreten und darin liegt eine besondere Attraktivität, vor allem für junge Menschen mit Ausgrenzungs- und Diskriminierungserfahrungen. Die Idee der sozialen Gleichheit und das Gefühl, ein wichtiges Mitglied einer weltweiten Bewegung bzw. das

Bewusstsein, Teil einer großen Sache zu sein, steigern zudem das Selbstwertgefühl der Jugendlichen. Auch wenn andere religiöse Organisationen dieselbe Idee der transnationalen Gemeinschaft bzw. der Universalität vertreten, findet man im Alltag in den lokalen Vereinen nicht die gleiche multiethnische Konstellation und dieselben konzeptuellen religiösen Identitätsangebote vor. Die Neo-Salafisten verfügen des Weiteren über deutschsprachige und deutschstämmige populäre Imame und präsentieren sich bewusst als Gegenkulturen zu den eher ethnisch-kulturell orientierten Moscheevereinen. Zugleich fungieren sie als Protestbewegung gegen die Moderne, gegen die Herkunftskultur der Eltern und gegen die hiesige Gesellschaft, sodass diese Oppositionshaltung wiederum ein wesentlicher Faktor für Sympathien darstellen kann. Da sie es zudem verstehen, den Islam durch ihre Prediger in eine populäre Form zu gießen, geht von ihnen eine besondere Anziehungskraft auf muslimische wie nicht-muslimische Jugendliche aus. Somit sind auch authochtone Jugendliche Zielgruppe der Missionsarbeit, wie die öffentlichen Konversionen bei größeren Veranstaltungen zeigen.

Während die meisten Diskussionen auf die Charakterisierung der unterschiedlichen neo-salafistischen Gruppen und die Lebensläufe ihrer Mitglieder fokussieren, wird die Analyse der Biografien und Führungsstile der salafistischen Führungspersönlichkeiten weitgehend ausgeblendet. Die neo-salafistischen Prediger sind – wie man den Predigten, dem Propagandamaterial und öffentlichen Auftritten entnehmen kann – in der Regel transaktionale und transformationale Führer zugleich. Das heißt, dass sie in der Kombination beider Führungsstile sowohl kurzfristige Ziele mit entsprechenden Belohnungen der Anhänger bei Erreichung dieser (wie etwa bei der Missionierungsarbeit oder dem Aufbau neuer Vereine etc.) als auch langfristiger Ziele (Errichtung eines sogenannten Gottesstaates) setzen. Wie sozialpsychologische Ansätze (wie das Kontingenzmodell von Fiedler) der Führungsanalyse zeigen, ist nur mittels Kombination von Persönlichkeitsmerkmalen, der Berücksichtigung der sozialen Situation und der Merkmale der Anhänger zu erklären, warum eine bestimmte Person eine Führungsrolle in einer Gruppe übernehmen, das soziale Verhalten ihrer Mitglieder beeinflussen kann und warum sich Gruppenmitglieder von dieser Persönlichkeit angezogen fühlen (vgl. Aronson/Wilson/Akert 2008, S. 295ff.). Vor diesem Hintergrund ist es für den deutschen Kontext wichtig, bei der Untersuchung der Effizienz und Attraktivität neo-salafistischer Gruppen und Prediger, dieses Zusammenspiel der drei Felder mit zu berücksichtigen.

3.2.2 Definition und Selbstverständnis

Wie bereits dargestellt ist der Begriff Salaf für die sunnitischen Muslime als Kollektivbezeichnung für die Altvorderen bzw. die frommen Vorfahren (Salaf as-Salih), konkret für die Generation des Propheten Muhammad und – ohne Ausnahme wie bei den Schiiten – seiner Gefährten, die Tabiʿun (d.h. die nächste Generation, die nach dem Tode des Propheten geboren sind, jedoch die Gefährten kennenlernen konnten), sowie für die darauffolgende Generation grundsätzlich positiv besetzt. Diese drei Generationen gelten hinsichtlich ihres religiösen Handelns, ihrer theologischen Ansichten, ihrer Methodik in der Rechtsfindung sowie ihrer Schriften für die sunnitische Orthodoxie als vorbildlich. Damit wurde mit der Salaf immer Authentizität sowie „Reinheit" des Islams assoziiert. Daher werden ihr Lebensstil sowie ihre Ansichten immer als Maßstab für gegenwärtige theologische Dispute herangezogen.

Der Begriff Salaf wurde bereits einige Zeit nach dem Ableben des Propheten als Selbstbezeichnung von manchen Gelehrten und Gruppen aufgegriffen, um sich von anderen Gelehrten abzuheben. Aussprüche des Propheten Muhammad, in denen er auf die Besonderheit der Salaf hinweist, boten sich dafür an:

> „Die besten aus meiner Ummah ist meine Generation, dann diejenigen, die ihnen folgen, dann diejenigen, die ihnen folgen" (Sahih al-Bukhari Hadith Nr. 3728)

Die Salafiyya – als Abstraktum mit dem Suffix „-iyya" – dagegen bezeichnet eine Strömung, die in der zweiten Hälfte des 19. Jahrhunderts – in der Reaktion auf die Moderne – entstand. Wie im zweiten Kapitel aufgezeigt, suchten „Erneuerer" der Religion wie Muhammad Abduh, Cemaleddin Afghani oder Rashid Rida nach der Vereinbarkeit von Moderne und Islam. Sie sprachen daher nicht von Reformen, sondern von einer „Islamischen Renaissance", da die Muslime in ihrer Geschichte bereits eine vorbildliche Gesellschaft aufgebaut hätten. Anders als Utopien des Kommunismus, Sozialismus und weiteren religiös-politischen Ideen musste man ihrer Ansicht nach diese urislamische Gemeinde besser analysieren, um festzustellen, dass die Moderne nicht nur mit dem Islam harmoniere, sondern viele Errungenschaften bereits in der Spätantike in Gang gesetzt wurden. Ebenso ist Muhammad Asad (1900 – 1992) zu den Intellektuellen der modernistisch orientierten Salafiyya zu zählen. Asad versuchte einen rationalen Zugang zum Koran zu finden. In der Tradition der rationalistischen Denkrichtung der Muʿtazila publizierte er 1980 seine Koranexegese, die in Saudi-Arabien verboten wurde. Anstoß fand man vor allem an seinen metaphorischen Auslegungen des Korans, wobei er u.a. auch die Wundertaten von Jesus positivistisch deutete.

Die gegenwärtige defensive Bewegung der Neo-Salafiyya bezeichnet die antimodernistische Bewegung. Das Präfix „Neo-" wird deshalb verwendet, weil diese Bewegung nicht nur historisch-theologisches Gedankengut wiederaufgreift, sondern zugleich eine kontextuell geprägte ideologische und methodische Erweiterung bzw. Transformation erfährt. Sie ist des Weiteren eine Sammelbezeichnung für eine in sich heterogene, religiöse Erweckungsbewegung mit universellem Anspruch, die das Ziel der radikalen wirtschaftlichen, politischen, sozialen und kulturellen Umgestaltung gegenwärtiger Gesellschaften nach dem Vorbild des von ihnen konstruierten „Goldenen Zeitalters" anstrebt:

> „Salafis are united by a common religious creed, which provides principles and a method for applying religious beliefs to contemporary issues and problems. This creed revolves around strict adherence to the concept of tawhid (the oneness of God) and ardent rejection of a role for human reason, logic, and desire. Salafis believe that by strictly following the rules and guidance in the Qur'an and Sunna (path or example of the Prophet Muhammad) they eliminate the biases of human subjectivity and self-interest, thereby allowing them to identify the singular truth of God's commands. From this perspective, there is only one legitimate religious interpretation; Islamic pluralism does not exist. Although Salafis share this religious perspective, divisions have emerged as a result of the inherently subjective nature of applying religion to new issues and problems. Scholars must apply the immutable principles of the religious sources to specific contexts, which requires not only a deep knowledge of Islamic law, but an understanding of a particular problem or issue as well. Although Salafis share the same approach to religious jurisprudence, they often hold different interpretations about contemporary politics and conditions" (Wiktorowicz 2006, S. 207).

Aus der Definition von Quintan Wiktorowicz kann man bereits – im Gegensatz zur modernistischen Salafiyya – das statische Religionsverständnis ableiten. Die Neo-Salafiyya führt ihre Theologie zwar auf die Zeit der Salaf zurück, befürwortet jedoch eher eine strikte Imitation und reine Befolgung ohne Reflexion und Einbettung der islamischen Botschaft in den jeweiligen historischen Kontext. Nicht am Geist, sondern am Wort der Botschaft wird festgehalten. In der folgenden Selbstdarstellung der Neo-Salafisten gehen zentrale Argumente für diese Sichtweise hervor:

> „1. Die Begleiter des Propheten – sallallahu aleyhi wa sallam[11] – haben nie Differenzen in den Fundamenten unserer Religion gehabt. Beispiele sind: Deren Konsens in der Bestätigung der Attribute von Allah, deren Konsens in der Akzeptanz der Sunnah und das authentische davon zu praktizieren und das gefälschte abzuweisen, deren Konsens darin, dass sie diejenigen[,] die eine Sünde (bis auf Shirk) taten, nicht als Kaffir[12] bezeichneten... etc.

---

11   Dieser arabischer Segenswunsch lautet übersetzt: „Gottes Segen auf Muhammed und seiner Familie".
12   Die Takfir-Doktrin (Exkommunikation), die hier von den puristischen Salafisten abgelehnt wird, ist explizit bei den militanten Salafisten anzutreffen, wie noch in den späteren Ausführungen gezeigt werden wird.

2. Sie kannten die Realität der Jahiliyah und manche von ihnen lebten in dem Alter oder hatten Verwandte oder Freunde die in dem Alter gelebt hatten, daher konnten sie zwischen Islam und Jahiliyah unterscheiden[,] da sie beide Seiten kannten.
3. Sie erhielten die Lehre des Islams rein und frei von fremden Kulturen, korrupten Religionen, Ilm al kalam (Islamische Theologie und Philosophie)... etc.
4. Sie empfingen den Koran ganz frisch, da viele von ihnen Zeugen von den Vorfällen und Ursachen der Offenbarungen der Verse an den Propheten – sallallahu aleyhi wa sallam – waren. Und sie haben mit ihm interagiert und den Koran richtig verstanden.
5. Sie haben das Meiste direkt vom Propheten – sallallahu aleyhi wa sallam – gehört und das bedeutet sie verstanden den Zweck und den Lauf davon.
6. Die Tabi'een und ihre Nachfolger sind die nächste Generation an den Propheten – sallallahu aleyhi wa sallam – und die Tabi'een lebten mit den Sahaba – möge Allah zufrieden mit ihnen sein – und haben von ihnen gelernt. Hinzu kommt, dass es damals weniger Bid'ah gab als in unserer Zeit" (as-salaf.com 2011).

Diese sechs Punkte aus der Sicht einer stark frequentierten neo-salafistischen Internetplattform ergänzen die Definition von Wiktorowicz insofern, als sie noch mal die Konstruktion des „Goldenen Zeitalters" sowie das Schwarz-Weiß-Schema (wahrer Islam versus falschen Islam) konkretisieren. Diese romantisch verklärte Zeit steht für die Einheit der Muslime, für Harmonie, für religiöse Kompetenz und Authentizität sowie für Frömmigkeit. Zugleich wird die Abwertung der islamischen Theologie sowie Philosophie deutlich, weil diese Wissenschaften für die „Verunreinigung" des Islams stünden. Hier wird besonders das statische Verständnis von Religion und Kultur deutlich, weil der Einfluss von „fremden Kulturen, korrupten Religionen" die Entstehung der Ilm al-Kalam als systematische Theologie gefördert habe. Dies ist ein entscheidendes Unterscheidungsmerkmal zu der Mehrheit der Muslime, die die Entstehung einer islamischen Theologie, die Formierung von Rechtsschulen sowie die islamische Mystik als notwendige Entwicklungen akzeptieren.

Abschließend ist hinsichtlich der Selbstbezeichnung festzuhalten, dass unterschiedliche Stimmen bezüglich der Akzeptanz und Ablehnung des Salafi-Namens zu vernehmen sind. Letztere halten daran fest, schlicht als Muslime tituliert zu werden – trotz der oben geteilten Merkmale. Seitens der muslimischen Community wird die Bezeichnung als Wahhabiten oder Salafisten synonym verwendet. Die Bezeichnung als Wahhabiten wird aber auch abgelehnt, weil man sich nicht als religiöse Sekte bzw. Sondergruppe im Islam versteht, die Muhammad ibn Abd al-Wahhab gegründet habe. Dieser habe nur die reinen Lehren der Salaf gepredigt und keine Sonderlehren.

3.2.3 (Mangelnde) Daten und Fakten zur Struktur des Neo-Salafismus

Aus der Sicht deutscher Sicherheitsbehörden, die dieses Milieu erst seit 2011 bundesweit im Verfassungsschutzbericht erwähnen, wird angenommen, dass es sich beim Neo-Salafismus weltweit um die dynamischste religiös-radikale Gruppierung handelt. Ihre Größe wird in Deutschland mit etwa 3.800 Anhängern beziffert (vgl. Bundesamt für Verfassungsschutz 2012, S. 6). Bisweilen existieren unterschiedliche Angaben zur Zahl der Neo-Salafisten, bei denen es sich allerdings um keine verlässlichen Statistiken handelt. Denn das Problem beginnt bereits bei der Konstruktion von Neo-Salafisten-Typen und damit bei der Frage, wer diesem Kreis überhaupt zuzuordnen ist. Ebenso können keine Aussagen zu jugendlichen Sympathisanten gemacht werden, die zwar keine aktiven Mitglieder sind, jedoch die neo-salafistische Ideologie weitgehend gutheißen.

Organisiert sind die Neo-Salafisten in schwer zu überblickenden informellen Netzwerken und Vereinen, die Hinterhofmoscheen gleichkommen. Neben den täglichen Gebeten werden diese Räumlichkeiten für Islamkurse, Diskussionsrunden sowie als Freizeittreffs genutzt. Letztere sind deshalb wichtig, weil mit der Milieuzugehörigkeit die Außenkontakte abnehmen und sich die sozialen Netzwerke – ähnlich wie bei Sekten – nur noch auf Gleichgesinnte beschränken. Allerdings sind Räumlichkeiten für diese Strömung sekundär, da man sowohl Privaträume wie Wohnungen, die virtuelle Welt oder den Außenbereich (Straßen) nutzen kann. Letzteren insbesondere in sozialräumlich segregierten Wohngebieten wie Berlin-Neukölln, wo junge Menschen auf der Straße angesprochen werden können. Ebenso bieten Bücherstände in den Innenstädten der Großstädte Möglichkeiten zur Kontaktaufnahme. Insgesamt zeichnet sich also der Neo-Salafismus durch strukturelle Besonderheiten aus, die wiederum aus der Sicht von Sicherheitsbehörden zu Schwierigkeiten hinsichtlich ihrer Erfassung führen:

> „Die salafistischen Gruppierungen stellen die Sicherheitsbehörden durch strukturelle Eigentümlichkeiten vor neue Herausforderungen. Sie zeichnen sich zum Teil durch schwer einsehbare und dynamische Hierarchien und Netzwerkbildungen aus. Es ist nicht einfach, im Einzelfall ihren Betätigungen eine politische Zielstrebigkeit nachzuweisen. Zahlreiche ihrer ideologischen Positionen sind dazu geeignet, Parallelgesellschaften in Deutschland zu befördern. Jedoch fallen sie nicht immer unter die sonst üblichen gesetzlichen Tatbestandsmerkmale des Verfassungsschutz- und Vereinsrechts. Die salafistische Szene in Deutschland ist durch formelle und informelle Strukturen geprägt. Zurzeit ist sie überwiegend in lokale Vereine gegliedert; nur teilweise sind salafistische Personenzusammenschlüsse nicht in juristischen Personen organisiert, sondern allein durch informelle Lehrer-Schüler-Beziehungen strukturiert. Entsprechendes gilt auch für die transnationale Vernetzung salafistischer Gruppierungen. Auf transnationaler Ebene sind formelle Vernetzungen durch z.B. Vereinsableger feststellbar. Jedoch existieren auch informelle Vernetzungen z.B. über Bildungs-, Finanzierungs- und Propagandanetzwerke insbesondere in die arabische Welt" (Bundesrat 2011, S. 11).

Vor diesem Hintergrund könnte man zwar auf der Grundlage der bekannten Vereine versuchen, die Zahl der Neo-Salafisten zu ermitteln, allerdings weist auch diese Methode – neben der Registrierung der genannten dezentralen und räumlich unabhängigen Aktivitäten – Schwächen auf. In der Regel werden die Moscheegemeinden finanziell von kleinen Gruppen getragen, doch die Zugehörigkeit hängt nicht allein von der Mitgliedschaft ab. Man muss berücksichtigen, dass es sich um eine Jugendbewegung handelt (mit einer Altersstruktur ab 15 Jahren), die entsprechend über geringe Kaufkraft verfügt. Darüber hinaus sind lose Mitgliedschaften wie in anderen Mainstream-Moscheen anzunehmen, d.h. assoziierte Personen, die nicht als Mitglieder eingetragen sind, jedoch gelegentlich wie an Freitagen oder anderen Feiertagen spenden. Eine Ahnung über Größe und Reichweite der Gruppe erhält man unter dem Eindruck von Demonstrationen, öffentlichen, bundesweiten Aktionen, die eine größere Zahl von Sympathisanten annehmen lassen. Ein aktuelles Beispiel hierfür ist die Aktion der kostenlosen Koranverteilung. Im Rahmen dieser gut organisierten Missionierungsarbeit hat man durch die öffentliche Ankündigung, 25 Millionen Koranexemplare an nicht-muslimische Haushalte zu verteilen, eine effektive mediale Inszenierung erreicht. Diese Werbestrategie hat ferner dazu geführt, dass viele Passanten die Büchertische in den unterschiedlichen Zentren der Großstädte aus Neugier aufsuchten und mit den Neo-Salafisten in Face-to-Face-Kommunikationen über ihre Ideologie traten. Damit konnten die Neo-Salafisten neue potenzielle Sympathisanten und Mitglieder erreichen.

Weiterhin ist davon auszugehen, dass die mediale Präsenz (Fernsehen, Zeitungen und Internet) eine viel größere Reichweite mit sich bringt. Unabhängig von ihrer tatsächlichen Größe erreichen die Neo-Salafisten daher eine größere Aufmerksamkeit als die gemäßigten Muslime und erzielen somit:

- eine kontinuierliche Präsenz in der Öffentlichkeit und einen Einfluss auf tagespolitische Entwicklungen,
- die größtmögliche Verbreitung ihrer Ideologien,
- die Schaffung von Konfliktlinien mit der Mehrheitsgesellschaft durch eine Abgrenzungssemantik,
- die kontinuierliche Stärkung der Attraktivität als Oppositionsbewegung bei jungen Menschen,
- die Abgrenzung zu den nicht-salafistischen, muslimischen Verbänden sowie eine permanente Schärfung ihres Profils.

Allerdings ist an dieser Stelle zu monieren, dass sich die Wissenschaft mit diesem Phänomen nicht ausreichend empirisch auseinandergesetzt hat, sodass sich das Forschungsfeld hierzulande durch mangelnde quantitative und qualitative

Studien auszeichnet. Während die Ideologie und die unterschiedlichen Strömungen durch die öffentliche Missionsarbeit in Form von Publikationen, Seminaren, Predigten sowie Internetauftritten sehr gut konstruierbar sind, fehlen Kenntnisse über die Reichweite, die Zahl der Sympathisanten und biografische Informationen über junge Einsteiger.

3.3 Religiöse Ideologie, politische Ziele und Missionierungsstrategien

3.3.1 Typologisierung der neo-salafistischen Bewegung

Wie oben erwähnt, handelt es sich bei der Bezeichnung Neo-Salafismus um einen Sammelbegriff, der unterschiedliche Strömungen einschließt. Der Bundesverfassungsschutz unterscheidet in diesem Kontext zwischen den politischen und dschihadistischen Salafisten. Die politischen Salafisten, als die zahlenmäßig größere Gruppe, zeichnen sich dadurch aus, dass sie das Ziel einer schariakonformen Gesellschaft ohne Gewaltanwendung erreichen wollen. Anders agiert hingegen die zahlenmäßig kleinere, dschihadistische Ausprägung, die ausdrücklich die Gewalt befürwortet (vgl. Bundesamt für Verfassungsschutz 2010, S. 230). Quintan Wiktorowicz dagegen erweitert in seinem viel beachteten Aufsatz „Anatomy of the Salafi" diese Typologisierung um die Kategorie der puristisch orientierten Salafisten und trägt somit zum besseren Verständnis der Binnendifferenzierung bei:

> „The different contextual readings have produced three major factions in the community: the purists, the politicos, and the jihadis. The purists emphasize a focus on nonviolent methods of propagation, purification, and education. They view politics as a diversion that encourages deviancy. Politicos, in contrast, emphasize the application of the Salafi creed to the political arena, which they view as particularly important because it dramatically impacts social justice and the right of God alone to legislate. Jihadis take a more militant position and argue that the current context calls for violence and revolution. All three factions share a common creed but offer different explanations of the contemporary world and its concomitant problems and thus propose different solutions. The splits are about contextual analysis, not belief" (Wiktorowicz 2006, S. 208).

Bei einer weitgehend geteilten gemeinsamen theologisch-ideologischen Grundlage liegt ihr Differenzierungsmerkmal vor allem in der Methodik, mit der man die gesellschaftlichen Umgestaltungen nach dem Vorbild der urislamischen Gemeindeparadigmen erreichen möchte. In der sozialwissenschaftlichen Forschung sind Typologien wichtige Mittel zur Kategorisierung und Systematisierung des untersuchten Gegenstandes. Dabei handelt es sich in der Regel um Idealtypen, die nach bestimmten inhaltlichen bzw. charakteristischen Merkmalen konstruiert werden, sodass nur relevante Besonderheiten hervorgehoben werden. Diese Systematisierungen bzw. Kategorisierungen müssen jedoch keine starren Grenzen suggerieren, da die Übergänge zwischen den Typen fließend sein können. In diesem Sinne dürfen die von Wiktorowicz konstruierten Typen nicht als eine Art statische Kategorie verstanden werden. Vor diesem Hintergrund könnte eine Typenbildung wie folgt ausfallen:

a) Puristischer Neo-Salafismus: Gesellschaftliche Transformation durch individuelle Frömmigkeit

Man nimmt an, dass der puristische Zweig der Neo-Salafisten zur größten Ausrichtung in Deutschland gehört. Mit Purismus (lat. „purus": rein) ist allgemein ein übermäßiges Streben nach Reinheit bzw. nach der reinen Lehre in unterschiedlichen Zusammenhängen gemeint (vgl. Duden 2012). Auf den religiösen Kontext übertragen beschreibt der Purismus die Intention, Sehnsucht und aktive Handlung, die eigene Religion von allen späteren, fremden Einflüssen auf den einen in der Geschichte existierenden Urzustand der Religion, zu befreien und die reine Lehre wiederherzustellen. Insofern basiert er auf den Gedanken einer religiös-spirituellen Restauration. In diesem Kontext sind in der Geschichte die christlichen Puristen als Beispiel anzuführen, die im 16. Jahrhundert in England und Schottland in Erscheinung traten und eine politische Bedeutsamkeit erlangten, wie etwa in der englischen Revolution:

> „Unter Puritanern werden jene kritischen Protestanten der Kirche von England verstanden, die Veränderungen im Gottesdienst und in der Kirchenverfassung von der Kirche von England betrieben, ohne sich von ihr trennen zu wollen. Die Notwendigkeit dieser Veränderungen begründeten sie damit, daß Gewänder, zahlreiche Bräuche und Zeremonien, Teile des Book of Common Prayer der Angelikanischen Kirche Relikte der Papstkirche seien, in der sie die Inkarnation des Anti-Christen erblickten. Grundsätzlich waren sie der Überzeugung, daß Predigt und Bibelstudium im Hinblick auf Bekehrung und Heiligung des Menschen effizienter seien als das Zelebrieren von Riten. Die Verwandlung der passiven, gleichgültigen Gemeindemitglieder zu überzeugten aktiven Christen verbanden sie mit dem Ziel, die Gesellschaft insgesamt zu reformieren und zu disziplinieren, d.h. ihrer asketischen Ethik zu unterwerfen. [...] In Abgrenzung von der Volkskultur entwickelten die Puritaner eine asketische Sonderkultur, gekennzeichnet durch die Spiritualisierung der Familie, Sonntagsheiligung und gewissenhafte Erfüllung der Berufspflichten. Sie selbst nannten sich die Frommen (,the godly') oder Bekenner (,professors') oder Heilige (,saints' bzw. ,visible saints'), während ihre Gegner ihnen den Spottnamen ,Puritans' (,die Reinen') anhängten, um sie in den Verdacht der Heuchelei bzw. der Ketzerei zu bringen" (Deppermann 1993, S. 12).

Diese Definition zu den protestantischen Puritanern lassen einige Analogien zu den puristischen Neo-Salafisten erkennen. Wie die Puristen im 16. Jahrhundert werden auch sie aufgrund ihrer Affinität zur Mission Abd al-Wahhabs von den Muslimen abwertend mit Spottnamen, in diesem Fall mit „Wahhabiten", bezeichnet. Wahhabiten genießen durch ihre Mission gegen die volksislamischen

Bräuche und Traditionen sowie ihre Kulturfeindlichkeit (wie etwa gegenwärtige Zerstörungen historisch-kultureller Denkmäler in Saudi-Arabien zeigen) einen schlechten Ruf. Insbesondere in der türkisch-muslimischen Community sind die Erinnerungen an den Feldzug Abd al-Wahhabs gegen das Osmanische Reich, die Bekämpfung der Mystik sowie die Zerstörung des Prophetengrabes sehr lebendig. Darüber hinaus kursieren in der kritischen Literatur zum Wahhabismus Verschwörungstheorien, die besagen, dass die Strömung von der damaligen Kolonialmacht England gefördert worden sei, um die Muslime zu spalten. Durch die Initiierung des Aufstandes der arabischen Stämme durch Laurence von Arabien gegen das Osmanische Reich im Hedschas fühlen sich die Vertreter dieser Theorien bestätigt. Ebenso wird die aktuelle politische Nähe des saudischen Königshauses zu den USA und zu Großbritannien gern zur Untermauerung dieser Theorie herangezogen. Der Salafismus weist in seiner Rhetorik, Symbolik und seinen theologischen Quellen tatsächlich eine starke geistige Affinität zum saudischen Wahhabismus auf. Die Biografien vieler Salafisten und auch populärer Prediger zeigen zudem, dass sie in Saudi-Arabien studiert haben und dort weltanschaulich beeinflusst wurden. Der große Einfluss der wahhabitischen Fakultäten ist hierbei sicherlich nicht von der Hand zu weisen. Überdies führt das Studium dazu, dass in Saudi-Arabien Netzwerke aufgebaut, die nach Absolvierung der Lehre weiterhin gepflegt werden. Über diese Netzwerke werden u.a. interessierte Jugendliche aus Deutschland für das Studium in Saudi-Arabien begeistert.

Wie allgemein im neo-salafistischen Milieu üblich werden die Einfachheit und Reinheit der Religion, die dazugehörigen Gottesdienste, der architektonische Stil sowie die Inneneinrichtung der Gotteshäuser etc. mit Verweis auf die Zeit des Propheten Muhammad begründet. So wird in Abgrenzung zum Volksislam auf die schlichte Ausstattung der Moscheen Wert gelegt, zusätzliche Rituale, wie etwa das traditionelle Feiern des Geburtstags des Propheten (Mawlid an-Nabi), als Erneuerung abgelehnt. Ebenso ist eine starke Fokussierung auf den Korantext und die Sunna festzustellen, die damit begründet wird, dass jeder Laie seine Lehren ohne Anleitung direkt aus den Primärquellen beziehen kann. Besonders kennzeichnend für die puristischen Neo-Salafisten – und damit in Abgrenzung zu den anderen Typen der Fundamentalisten – ist jedoch das Ziel, die Bekehrung der Menschen zum Islam sowie die Umwandlung der gesamten Gesellschaft in ein „islamisches System" durch folgende apolitische Methoden zu erreichen:

- die Da'wa (wörtlich: Einladung)
- die Tasfiya (Reinigung)
- sowie die Tarbiya (religiöse Bildung) (vgl. Wiktorowicz 2006, S. 217).

Durch frommes Handeln nach dem Vorbild des Propheten Muhammad in allen Lebenslagen soll die gesellschaftliche Frömmigkeit angehoben und somit das „Goldene Zeitalter" eingeleitet werden. Als Maximen gelten die Koranverse: „Dies, weil Allah nimmer eine Gunst, die Er einem Volk erwiesen hat, ändert, bis sie das ändern, was in ihnen selbst ist, und weil Allah Allhörend und Allwissend ist" (Koran, 8/53), und: „Aus euch soll eine Gemeinschaft (von Leuten) werden, die zum Guten aufrufen, gebieten, was recht ist, und verbieten, was verwerflich ist. Denen wird es wohl ergehen" (Koran, 3/104). Daher verstehen sie sich als die Avantgarde, die die Gesellschaft durch einen religiösen Wandel der Individuen transformieren möchte. Die Entwicklung soll also – anders als bei politischen Bewegungen – von unten nach oben stattfinden. Erst wenn sich die Individuen, Familien und Gruppen ändern, wird sich – als Conditio sine qua non – ein islamisches System etablieren. Dieses langfristige Ziel kann weder durch politische Partizipation noch durch militante bzw. gewalttätige Aktionen erreicht werden. Beide Methoden werden daher strikt abgelehnt. Insofern definieren sich die puristischen Neo-Salafisten einerseits apolitisch, andererseits antimilitant. Allerdings besteht der Widerspruch hinsichtlich dieser apolitischen Selbstbeschreibung darin, dass das langfristige Ziel der kompletten Umwandlung der Gesellschaft im Grunde doch eine politische Vision darstellt. Ein wichtiger zeitgenössischer Vertreter dieser Strömung war der Gelehrte Muhammad Nasiruddin al-Albani (1914 – 1999), der politisches Engagement strikt ablehnte und in seinen Schriften und Predigten die Bedeutung der reinen Daʿwa hervorhob.

b) Politischer Neo-Salafismus: ein islamischer Staat durch politischen Aktivismus

Der politische Neo-Salafismus sieht sein Ziel ebenso in der Gründung eines schariakonformen politischen Systems, allerdings ist dieses nicht allein durch individuelle Frömmigkeit zu erreichen. Wie bei den puristischen Neo-Salafisten wird Gewalt ebenfalls als Strategie verneint, sodass sich Prediger aus diesem Milieu auch öffentlich von Terrorakten distanzieren.

„*Politische Salafisten* versuchen, ihre islamistische Ideologie durch intensive Propagandaaktivitäten – die sie als ‚Missionierung' (arab. Daʿwa) bezeichnen – zu verbreiten und die Gesellschaft in einem langfristig angelegten Prozess nach salafistischen Normen zu verändern. In Teilbereichen positionieren sich die Anhänger des politischen Salafismus ostentativ gegen Terrorismus, heben den friedfertigen Charakter des Islams hervor und vermeiden offene Aufrufe zur Gewalt" (Bundesamt für Verfassungsschutz 2012, S. 8; Hervorhebung im Original).

Diese Definition seitens des Verfassungsschutzes greift zu kurz, da sie eher auf die puristischen Neo-Salafisten zutrifft. Mit den puristischen Neo-Salafisten haben sie vor allem die strenge, individuell-religiöse Lebensführung gemein. Zentrales Merkmal dieser Gruppierung ist jedoch, dass sie sich für die Etablierung eines islamisch-politischen Systems politisch engagieren. Sie versuchen, aktiv politischen Einfluss auf die Gesellschaft auszuüben. Anders als die Puristen werden in der religiösen Rhetorik stärker tagespolitische, weltpolitische bzw. soziale Missstände aufgegriffen, um die Richtigkeit der eigenen Ideologie der „gerechten Gesellschaft" zu bestätigen. Die Entwicklung soll dabei von „oben nach unten" stattfinden, und erst die Etablierung eines politischen Systems wird als Garant für eine fromme Lebensführung betrachtet. Die politische Herrschaft bewirke erst die Reformen des Bildungswesens, der Wirtschaft, der öffentlichen Moral etc. nach islamischen Ethikstandards, sodass die religiöse Sozialisation in diesem System automatisch zur individuell-frommen Lebensführung führe.

Die Gruppe der politischen Neo-Salafisten kann man wiederum in zwei Fraktionen aufteilen. Die erste Gruppe lehnt eine politische Partizipation innerhalb eines demokratischen bzw. säkularen politischen Systems strikt ab und agiert außerhalb dieser Ordnung dennoch politisch; die andere Gruppe hingegen sieht in der politischen Partizipation und auch Parteipolitik Instrumente zum Erreichen ihrer religiösen Ziele. Dies ist gegenwärtig am Beispiel der salafistischen Partei „al-Nour" (Partei des Lichts) in Ägypten erkennbar. In Deutschland sind beide Gruppen vertreten, wobei anzunehmen ist, dass sich die meisten Anhänger eher aus der ersten Kategorie rekrutieren.

c) Dschihadistische Neo-Salafisten: Der Kampf ist das Ziel

Diese Strömung stellt eine Minderheit unter den Neo-Salafisten in Deutschland dar und befürwortet weder die Missionsarbeit noch politische Aktivitäten, sondern sieht in der Strategie der Gewaltanwendung die Lösung. Mehrere Attentatsversuche, wie solche der Sauerland-Gruppe oder der Kofferbomber von Köln, zeigen, dass in Deutschland gewaltbereite Neo-Salafisten leben. Dass hierzulande Netzwerke existieren, belegen auch die Video-Botschaften aus Afghanistan bzw. Pakistan, in denen aus Deutschland stammende junge Männer mit Anschlägen drohten. Im Vergleich zu den beiden anderen Gruppierungen spielte die Sehnsucht nach bzw. das Ziel der Gründung einer islamischen Gesellschaft nur eine untergeordnete Rolle, denn die militärische Auseinandersetzung allein wird als Gottesdienst gedeutet. Ihre Geschichtsphilosophie basiert auf der Überzeugung, dass seit den Kindern Adams – Kain und Abel – auf der Erde ein Kampf zwischen Tauhid und Schirk ausgetragen wird (vgl. hierzu Seriati 1980). In diesem Sinne ist die „Krönung" für den Gläubigen in diesem Kampf die Schahadah, das

Märtyrertum. Die Dschihad-Ideologie wurde vor allem durch den Einmarsch der Roten Armee in Afghanistan und der Mobilisierung des Widerstandes der Mudschahidin im Laufe der 1980er Jahre mit der Hilfe der USA, Pakistan und Saudi-Arabien verbreitet und damit wurden auch unbeabsichtigt die Grundlagen für den globalen Dschihad geschaffen (vgl. Lia 2008). Infolgedessen konnten mit dieser Ideologie Tausende von jungen Männern für diesen Krieg mobilisiert werden. Der internationale Dschihad wurde aufgrund des Rückzugs der Roten Armee im Jahre 1989 und dem Fall des Eisernen Vorhanges als Erfolgskonzept gefeiert, wobei der Ideologe Abdullah Azzam (1941-1989) eine zentrale Rolle spielte (vgl. Hegghammer 2006). Daher wird von militant orientierten Gelehrten der Kampf als sechste Glaubenssäule tituliert (vgl. Mokrosch, S. 180f.).

Aufgrund neuer Krisenherde im Irak, in Zentralasien, in Syrien und einigen afrikanischen Ländern sind neue Operationsräume entstanden. Nach dem 11. September 2011 sind zahlreiche Anschläge verübt worden, bei denen am meisten die islamischen Länder (sogar das wahhabitische Saudi-Arabien) selbst betroffen waren, denn ein methodisches Instrument in der Konstruktion von Feinden ist die Takfir, mit der ihre muslimischen Gegner zu Nicht-Muslimen erklärt und ihre Ermordungen gerechtfertigt werden. Dabei brechen die Dschihadisten auch mit in Bezug auf eine humane Kriegsführung bestehenden islamischen Normen, wenn sie bei Anschlägen bewusst den Tod von Frauen, Älteren, Kinder sowie unbeteiligten Zivilisten generell in Kauf nehmen. Am Beispiel der junger Menschen, die sich Al-Qaida oder anderen dschihadistisch-salafistisch orientierten Bewegungen anschließen, zeigt Olivier Roy, dass ihre Entscheidung für diese Gesinnung nicht nur Brüche mit der eigenen religiösen Tradition mit sich bringt:

„[...] den Bruch mit der Familie, ihrem Umfeld, ihrem Herkunftsland wie auch mit dem Land, in dem sie leben. [...] Fast alle führten ein durch und durch westliches Leben, bevor sie sich schlagartig auf eine streng religiöse Praxis besannen. Der Schritt zur Gewalttat folgte dann meist sehr rasch auf die Rückkehr zur Religion beziehungsweise auf die Konversion. […] Seit den Anschlägen von London ist für Journalisten die Befragung des Umfelds absolut obligatorisch, und dort wird regelmäßig betont, wie gut integriert der junge Mann war, dass er flirtete, Alkohol trank und so weiter, bis zu jenem Tag ... Fast alle Terroristen haben im Westen den Islam wiederentdeckt und im Umkreis einer Moschee zum Islam gefunden, zunehmend häufiger auch unter dem Einfluss eines lokalen ‚Gurus' wie des Straßenpredigers Farid Benyettou, der im Januar 2005 im Alter von 23 Jahren festgenommen wurde, nachdem er eine Gruppe junger Leute aus der Cité Curial im 19. Pariser Arrondissement für den Einsatz im Irak rekrutiert hatte" (Roy 2010, S. 164f.).

Der Terror selbst ist also sowohl Mittel zum Zweck als auch der Zweck selbst. Zum anderen geht es in der Tat für die Dschihadisten auch um weltliche Ziele wie etwa:

- die Befreiung islamischer Staaten von „gottlosen" Regierungen,
- die Vertreibung westlicher Besatzungsmächte wie z.b. aus dem Irak oder Afghanistan,
- die Befreiung Palästinas,
- die Kontrollen über Ressourcen (Öl der „Umma"),
- Zurückdrängung des kulturellen Einflusses des Westens,
- sowie die Errichtung eines islamischen Staates bzw. Reichs etc.

Eine weitere Strategie ist dabei die gezielte Eskalation, wie beim Karikaturenstreit in Deutschland deutlich wurde. Die selektive Wahrnehmung des Westens wird von Militanten dazu genutzt, um die angebliche militärische und kulturelle Bekämpfung der islamischen Welt zu belegen. Mit einer ausgewählten Rhetorik versuchen sie, an das historisch-kollektive Gedächtnis der Muslime zu appellieren, indem sie etwa von Kreuzzüglern sprechen.

3.3.2 Homogenität trotz Heterogenität

Die Differenzierung der drei Strömungen auf Basis der wesentlichen Charakteristika zeigt, wie mit unterschiedlichen Methoden und Strategien das Ziel der Etablierung eines authentischen, islamischen Staates erreicht werden soll. Aus sicherheits- und ordnungspolitischer Sicht ist diese Kategorisierung relevant, um das Gefahrenpotenzial effizienter und realistischer einzuschätzen und entsprechend intervenieren zu können. Aus der Perspektive einer integrationspolitischen und religionspädagogischen Präventionsstrategie sind diese Differenzierungen hinsichtlich ihrer Methodiken aber eher sekundär. Unabhängig von der puristischen, politischen oder dschihadistischen Orientierung, teilen diese Strömungen dieselben ideologischen Grundlagen, die mit zentralen demokratischen Grundwerten inkompatibel sind. Trotz der unterschiedlichen Ausrichtungen, konträren Meinungen sowie konzeptionellen und strategischen Unterschiede haben sie gemeinsam, dass die Grundzüge ihrer Ideologien zu großen Teilen auf den gleichen Grundannahmen basieren. Unabhängig davon, ob zeitgenössische Gelehrte wie Muhammad Nasiruddin al-Albani (1914-1999) Abd al-Aziz ibn Baz (1910-1999) oder Muhammad ibn al-Uthaymin (1925-2001) rezipiert werden und unabhängig von zum Teil diametralen theologischen Annahmen und politischem Antagonismus, existiert so etwas wie ein Grundkonsens. Insbesondere spiegelt sich Maududis Idee bei allen wider. Maududi hatte wiederum historische Persönlichkeiten rezipiert und deren Gedanken unter aktuellen politischen Bedingungen verbreitet. Er hat mit der Umdefinition zentraler koranischer Begriffe dazu beigetragen, dass der gesamte koranische Text in einem religiös-politischen Licht erscheinen konnte. Die Entfremdung der Schlüsselbegriffe des Korans hat vor allem den Zweck, den Unterschied zwischen einer Gottes- und einer Volksherrschaft theologisch zu untermauern. So kann es so erscheinen, als ob nur eine Handvoll Muslime aufgrund dieser Elitisierung des Glaubens ganz nach den wahren Bedeutungen der koranischen Terminologien leben.

Maududi zufolge waren die authentischen Terminologien zur Zeit des Wirkens Muhammads auf der Arabischen Halbinsel allen sehr wohl bekannt – sowohl den Anhängern der neuen Religion als auch seinen Gegnern. Nach Maududi wussten die Bewohner der Arabischen Halbinsel im 7. Jahrhundert, dass es sich um keine rein religiösen, sondern ebenso soziopolitischen Bedeutungen handelte, die unmittelbare Konsequenzen für ihre gesamte wirtschaftliche, politische, soziale und kulturelle Lebensweise haben konnten. Daher sah der Autor seine Aufgabe darin, die begrifflichen Wurzeln des Koran wieder freizulegen. Er wies explizit darauf hin, dass der Koran ohne das tiefgründige Verständnis dieser zentralen Terminologien, in seiner Gesamtheit und Botschaft nicht zu verstehen sei. Trotz der Selbstbehauptung ein Muslim zu sein, wäre der Iman (Glaube) ohne das Verständnis dieser zentralen Terminologien nicht vollkommen. Sowohl die Aqida (Glaubensbasis) als auch die Amal (religiöse Praxis) seien in diesem Falle defizitär. In diesem Kontext setzt Maududi in der Interpretation an der Wurzel des Glaubens, und zwar an dem Glaubensbekenntnis (La ilaha illallah) an. Der traditionelle Muslim versteht darunter, dass er oder sie keine Gottheit außer dem einen Gott anzubeten und zu verehren habe. Doch für Maududi greift diese Definition zu kurz. Trotz dieses Bekenntnisses und der Intention sei der Gläubige nicht von der Gefahr des Schirk (Polytheismus) befreit. Auf der Basis seiner Koranexegese Tefhimu'l Kur'an sowie weiterer Schriften soll im Folgenden die Interpretation der vier zentralen koranischen Terminologien zusammengefasst erörtert werden.

a) Ilah (Gott, Gottheit)

Der koranische Begriff Ilah bezeichne nicht nur eine transzendente Gottheit bzw. einen Götzen, sondern auch Menschen, denen eine bestimmte Autorität, Macht und Souveränität zugewiesen wird. Die zugeschriebene Göttlichkeit umfasse folglich keine übernatürlichen Kräfte. Vielmehr würden diese Menschen zu Gottheiten gemacht, weil deren eingeführten Urteile und Regelungen als Gesetze akzeptiert, ihre festgelegten Gebote und Verbote befolgt und angeeignet würden. In diesem Sinne können nach Maududi Personen, die Traditionen, Bräuche, Gesetze und politische Systeme konträr zum „göttlichen Gesetz" einführen, die Rolle von

„Gottheiten" einnehmen. Allerdings stelle nur Gott die absolute Autorität über Natur, aber auch über das soziale und politische Leben der Menschen dar. Die rationale Schlussfolgerung daraus lautet: Wenn Gott der Erschaffer der Menschheit ist, dann weiß er auch am besten, welches politische System für ihn geeignet ist. Daher sei „Herrschaft" das grundlegende Wesen der Gottheit (Uluhiyya).

b) Rabb (Herr)

In die Definition von Ilah fügt sich der Begriff Rabb ein, der im klassischen Sinn Gott als den Herren akzeptiert. Maududi erweitert die Bedeutung dieses Begriffes, indem er darunter Führungspersonen von Gemeinschaften und Gesellschaften versteht, deren Gebote und Verbote, Gesetze und Ordnungen akzeptiert werden, ohne dass man hierfür Beweise verlangen muss, d.h. sie werden als absolute Autoritäten anerkannt, die auch absolut regieren können.

c) Ibadat (Gottesdienst bzw. gottesdienstlicher Akt)

In seiner traditionellen Bedeutung wird unter Ibadat Gottesdienst verstanden. Doch legt man die Definition der Begriffe Ilah und Rabb zugrunde, dann kann Ibadat auch von Personen und Herrschaftssystemen verrichtet werden, die sich als Gesetzgeber oder absolute Autoritäten ausgeben. Die Hingabe sei jedoch einzig und allein für Gott bestimmt, da man ansonsten dem Taghut diene. Unter dem Begriff Taghut werden im religiös-politischen Milieu Objekte und Subjekte verstanden, die dazu verleiten, Gottes Gesetze zu übertreten, die konträr zur Scharia Gesetze erlassen oder die den Gottesdienst bzw. die Anbetung Gottes verhindern.

d) Din (Religion)

Nach Maududi bezeichnet der Begriff Din: das Gesetz, Denk- und Lebenssystem bzw. die umfassende Lebensweise und -ordnung. Wenn eine Person sein gesamtes religiöses, politisches und soziales Leben nach den Gesetzen Gottes ausrichtet, dann habe sie sich nur Gott unterworfen, weil sie seinem Din folge. Wenn man diese Hoheit einem Despoten, Tyrannen, König oder sonstigem Herrscher zuschreibe, dann lebe man nach dem Din dieser Sterblichen und könne sich kaum als Muslim bezeichnen (vgl. zu allen dargestellten Begriffen Mevdudi 1995, S. 28ff.; 2003, S. 14ff.; 2012, S. 301ff.).

Gemäß diesem Verständnis von Ilah, Rabb, Ibadat und Din soll also das wirtschaftliche, soziale, kulturelle und politische Leben ausgerichtet werden, was die Neo-Salafisten aller drei Kategorien in den Grundzügen befürworten würden. Hinzu kommen weitere Merkmale, die zwar vereinzelt auch in anderen orthodoxen, konservativen bzw. traditionell-konventionellen muslimischen Strömungen vorkommen können, allerdings nicht in ihrer Summe und insbesondere nicht in ihrer religiös-politischen Dimension. Die Neo-Salafisten

- fühlen sich als Avantgarde, zählen sich zu der al-Firqa al-Najiya (der erretteten Gruppe),
- haben ein starkes Sendungsbewusstsein,
- zeichnen sich durch einen Totalitätsanspruch aus,
- praktizieren einen „Pathos der strikten Einwertigkeit" (Sloterdijk 2007, S. 157),
- ihr Weltbild ist dualistisch geprägt und alle Ereignisse werden in den Dimensionen des Tauhid und Schirk (das Gute gegen das Böse) bewertet,
- inszenieren ihren Glauben als Überwältigung und Verlangen,
- konstituieren sich als Eifererkollektiv, in dem es stets darum geht den „richtigen Din" zu leben,
- legen eine starke Jenseitsorientierung an den Tag (Ausschmückungen des Jüngsten Gerichts, der Verdammnis und der Verlockungen des Paradieses),
- rezipieren den Koran wortwörtlich und negieren die Möglichkeit einer metaphorischen Auslegung,
- weisen eine antischiitische, antimystische und antisemitische Orientierung auf,
- sind gegen eine (spekulative) Philosophie im theologischen Kontext gerichtet,
- bekämpfen die Bid'a (Erneuerungen in der Religion), sodass traditionelle und kulturelle Einflüsse grundsätzlich kritisch gesehen werden (statisches Religionsverständnis),
- richten sich vehement gegen den „Volksislam" und seine Praktiken (wie z.B. Gräberbesuche, Heiligenverehrung etc.),
- sanktionieren sich zum Islam bekennende, aber nicht praktizierende Muslime in sozialer Hinsicht,
- vertreten den theologischen Standpunkt der Todesstrafe bei Apostasie,
- vertreten das patriarchalische System und entsprechend die benachteiligte gesellschaftliche Stellung der Frau,
- treten für die Vollverschleierung der Frau (Gesichtsschleier, Burka) sowie Geschlechter-Segregation in der Öffentlichkeit ein,
- zeigen in ihrer Ideologie, dass die Grenzen zwischen normativer, kultureller und individueller Sunna des Propheten fließend sind, sodass u.a. äußere

Merkmale wie Vollbart oder Tracht als Indikatoren für Frömmigkeit fungieren bzw. als religiöse Pflichten betrachtet werden und den gesamten Lebensstil prägen,
- zeigen in ihrem Verhalten, dass ihre „Wir-Konstruktion" in negativer Abgrenzung zu „den Anderen" erfolgt, wobei die äußerlichen Merkmale auch bewusst als Abgrenzungsmittel genutzt werden,
- richten sich gegen die Moderne und ihren Folgen (Säkularisierung, Individualisierung etc.),
- lehnen demokratische Systeme ab, weil mit ihnen die Volksherrschaft nach „menschlichen Gesetzen" über die Gottesherrschaft gestellt würde (oder sie betrachten Parteipolitik nur als Mittel zum Zweck, ohne demokratische Grundwerte anzuerkennen),
- lehnen den interreligiösen Dialog ab,
- verwerfen den Gedanken von Nationalstaaten und proklamieren die transnationale Gemeinschaft (Umma),
- postulieren eine „schariakonforme" Gesellschaft mit einem Kalifen als geistigen und politischen Führer,
- akzeptieren das Leben in nicht-muslimischen Gesellschaften nur unter der Bedingung der Daʿwa oder einer temporären Migration aufgrund von Lebensgefahr im Herkunftsland, ansonsten bestehe keine theologische Legitimation für einen dauerhaften Aufenthalt,
- verlautbaren, dass der Gedanke der Hidschra – nach dem Vorbild der Auswanderung der Muslime nach Medina – als Option präsent und realistisch ist (falls ein idealer islamischer Staat irgendwo auf dem Globus errichtet werden sollte, bestehe die Pflicht zur Auswanderung).

3.4 Neo-salafistische Milieuzugehörigkeit und religionspädagogische Herausforderungen

3.4.1 *Attraktivität von Identifikationsangeboten und Missionierung*

Die theologischen Stützpfeiler der neo-salafistischen Ideologie nach Maududi sowie die oben genannten Merkmale in der religiösen Orientierung von jungen Menschen in Deutschland stellen eine zentrale religionspädagogische Herausforderung der Zukunft dar. Hinsichtlich der Attraktivität dieser Strömung muss die Frage gestellt werden: Was bieten diese Randgruppen für Identifikationskonzepte sowie soziale Angebote an, die anscheinend die Familien, die Gemeinden, Bildungsinstitutionen sowie Jugendeinrichtungen nicht oder nur bedingt offerieren können? Sicherlich ist der Fokus primär auf die jungen Menschen zu richten, die in dieses Milieu eintreten. In diesem Zusammenhang ist ein Ursachenbündel von spezifischen biografischen Aspekten, sozialen und politischen Faktoren (wie z.b. individuelle Krisen, familiäre Situation, mangelnde Systemintegration, Diskriminierungserfahrungen, Einsamkeit und Isolation etc.) anzunehmen und zu analysieren. Individualbiografische Gründe können sehr facettenreich sein, sodass bei jedem Jugendlichen jeweils spezifische Motive und persönliche Umstände beim Einstieg in dieses Milieu eine Rolle spielen.

Auf der anderen Seite stehen die salafistischen Strukturen, die u.a. folgende theologische, politische und soziale Konzepte bzw. Angebote bieten, die junge Menschen für ihre Lebensführung funktionalisieren können:

- einen festen transzendentalen Bezugspunkt und Orientierungshilfen,
- eine vereinfachte, reduktionistische theologische Lehre und damit Klarheit im Gegensatz zur traditionellen, komplexen islamischen Lehren[13],
- Orientierung(shilfe) durch einen strikten, ritualisierten Alltag nach den Kriterien von Halal (erlaubt) und Haram (verwehrt),
- das Gefühl, zur Avantgarde zu gehören und damit Teil einer „höheren, spirituellen" Sache zu sein (damit wird das Selbstwertgefühl gesteigert),
- ein enges Gemeinschaftsleben, soziale Netzwerke und emotionale Zufluchtsorte,
- Vermittlung eines Gefühls der Gleichheit unter den multiethnischen Gemeinden sowie der Anerkennung/Akzeptanz jedes einzelnen Mitglieds.

Im Vergleich zu den über 2000 Moscheen in Deutschland verfügen die Neo-Salafisten zudem über charismatische, deutschsprachige Imame, die nicht nur sprachlich die jungen Menschen besser erreichen können, sondern auch geistig. Da sie die Lebensrealität der Jugendlichen kennen, können sie entsprechend auf ihre Bedürfnisse eingehen. Dadurch entsteht auch ein enges Lehrer-Schüler-Verhältnis, sodass die Prediger bei wichtigen theologischen Anliegen, aber auch bei Lebensfragen aller Art konsultiert werden können. Neben diesem Gemeinschaftsleben sowie der Face-to-Face-Kommunikation spielt weiterhin die virtuelle Welt eine entscheidende Rolle. Im Vergleich zu den muslimischen „Mainstream-Gemeinden", erreichen die neo-salafistischen Gruppen die jungen Menschen über eigene Internetseiten, Diskussionsforen sowie You-Toube-Videos und der Bekanntheits-

---

13 Dies ist nach wie vor ein Problem bei Imamen in den etablierten Moscheegemeinden, weil sie bei Anfragen junger Menschen nicht in der Lage sind, ebenso eine einfache und dennoch – im Gegensatz zu den Neo-Salafisten – eine konstruktive Lösung bei theologischen Fragen rund um den Alltag anzubieten.

grad der Prediger kann mithin ansteigen. Die Predigten werden auf dem Niveau der Jugendsprache mit entsprechendem Wortschatz und in Kombination mit ausgewählten islamischen Terminologien gehalten. Dadurch werden sie von den Jugendlichen leichter und eher rezipiert, was wiederum ein Anreiz für sie ist, sich bei religiösen Fragen entsprechende Fatwas einzuholen. Zu unterstreichen ist, dass man nicht unbedingt Mitglied in einem neo-salafistischen Verein sein muss, um über virtuelle Netzwerke entsprechendes Gedankengut vermittelt zu bekommen.

3.4.2 Die Rolle der Gemeinden und Imame

Bevor auf die mögliche Rolle der muslimischen Gemeinden im Kontext von religionspädagogischen Maßnahmen eingegangen wird, muss der Blick auf die religiöse Sozialisation und Bildung in muslimischen Familien gerichtet werden. Dieser Fokus ist wichtig, um festzustellen, mit welchen religiösen Vorkenntnissen junge Muslime ausgestattet und inwieweit sie durch solide religiöse Grundkenntnisse „immunisiert" sind. Diese Frage lässt sich relativ schnell beantworten, da diesbezüglich kaum Informationen vorliegen. Es existieren nur geringe empirische Erkenntnisse über die religiöse Bildung, wie die Tübinger Studie zur religiösen Kommunikation zusammenfasst:

> „Die (wenigen) in die Untersuchung einbezogenen Familien (Jugendliche und Erwachsene) lassen ein im Vergleich zum – im weitesten Sinne – christlichen Bereich deutlich anderes Gepräge erkennen. Bezeichnend sind hier starke Spannungen zwischen der von den Jugendlichen angeeigneten Religion und der in den Familien tradierten Religion, deren Realisierung gleichwohl nur auf Zeit abgelehnt bzw. ‚für jetzt' noch zurückgestellt wird. Auch das Bild von einem strafenden Gott tritt hier häufiger hervor. Weiter zu prüfen wäre der Eindruck, dass die religiöse Kindererziehung im Islam zumindestens in Deutschland – wieder im Vergleich zum Christentum – weit weniger institutionell und also weit mehr allein auf die Familie und die Familienerziehung angewiesen ist" (Biesinger u.a. 2005, S. 158).

Es ist richtig, dass muslimische Familien weniger auf institutionelle Hilfen zurückgreifen können, wie etwa auf Schulen, allerdings bieten die Moscheegemeinden seit der Familienzusammenführung in den 1970er Jahren Islamkurse an und üben Einfluss auf die religiöse Orientierung junger Muslime aus. Wie Nicole Piroth in ihrer Studie für den christlichen Kontext zeigt, kann die Gemeindepädagogik – wenn eine „unaufdringliche Pädagogik" und eine „unaufdringliche Kirche" erlebbar gemacht werden können – das biografische Lernen unterstützen (vgl. Piroth 2004). Ähnliche Studien existieren über den Einfluss einer islamischen Gemeindepädagogik auf biografische Verläufe muslimischer Jugendlicher nicht, allerdings sind die Unterrichtsinhalte der Moscheen bekannt. Deren Ziele sehen wie folgt aus:

- korrekte Artikulation und Rezitation des Korans (in arabischer Sprache),
- Memorieren von ausgewählten und in Ritualen oft verwendeten (kürzen oder längeren) Korantexten,
- Memorieren von Bittgebeten,
- Erlernen der Liturgie,
- Erlernen der islamischen Glaubenspraxis/Glaubensgrundlagen,
- Erlernen islamisch-ethischer Verhaltensregeln (vgl. Ceylan 2008, S. 55ff.).

Wie aus den Inhalten ableitbar, liegt der Schwerpunkt der religiösen Bildung primär auf dem Memorieren und Rezitieren von Texten sowie dem Erlernen von rituellen Abläufen bei Gottesdiensten. Eine inhaltliche Auseinandersetzung, wie etwa mit Terminologien, die von Neo-Salafisten umgedeutet werden, ist nicht gegeben. Zudem wird die Lebensrealität der muslimischen Kinder und Jugendlichen kaum berücksichtigt, während sie hingegen von neo-salafistischen Predigern aufgegriffen wird. Zu diesen Defiziten tragen auch Imame bei, die zwar als theologische Autoritäten fungieren, jedoch nur beschränkt auf die religiösen und weltlichen Bedürfnisse junger Menschen eingehen können. Ein großer Teil der über 2000 Imame kommt aus dem Ausland, und zwar nach dem Rotationsverfahren. Das bedeutet, dass die theologische und religionspädagogische Ausbildung nicht auf die Situation in Deutschland und somit auf die Bedürfnisse der jungen Muslime ausgerichtet ist. Des Weiteren sind die Imame jahrelang mit ihrer eigenen Orientierung und Integration in der Aufnahmegesellschaft beschäftigt. Ihre Sozialisation im Herkunftskontext und der temporäre Dienst hierzulande erlauben es weder die Sprache zu erlernen noch sich in der hiesigen Gesellschaft einzuleben. Während neo-salafistische Prediger ein enges Lehrer-Schüler-Verhältnis aufbauen können, sind Imame aufgrund der sprachlichen Hürden und ihrer Aufenthaltssituation dazu nicht in der Lage (vgl. Ceylan 2010). Vor diesem Hintergrund sind die Moscheegemeinden hinsichtlich einer effektiven Präventionsarbeit auf externe, professionelle Hilfen angewiesen.

3.4.3 Schule und islamischer Religionsunterricht

In einer plural verfassten, heterogenen Gesellschaft ist Schule der Ort, wo junge Menschen mit unterschiedlichsten Weltanschauungen, ethnisch-kulturellen Wurzeln sowie Lebensstilen zusammenkommen. Insofern muss die Schule eine interkulturelle Ausrichtung als eine Querschnittsaufgabe verstehen, um die vorhandene Vielfalt als Selbstverständlichkeit zu vermitteln. Im Kontext von Gegenstrategien zu Radikalisierungsprozessen spielt dabei u.a. der Religionsunterricht eine Rolle. Die Funktion eines Religionsunterrichts ist zwar nicht primär eine präventive, doch kann ein Unterricht nach Art. 7 Abs. 3 Grundgesetz folgende Ziele erreichen:

- Kompensation der erzieherischen Defizite im Elternhaus,
- Ergänzung der religiösen Erziehung in den Moscheen,
- Aufklärungsarbeit, Friedenspädagogik/-erziehung,
- Unterbindung von Extremismus,
- Ganzheitliches Lernen,
- Erziehung zur (kritischen) Reflexion,
- sowie Eigenständigkeit und Berücksichtigung der Lebenswirklichkeit (vgl. Ucar 2007, S. 22f.).

Vor dem Hintergrund der besonderen Bedeutung des Religionsunterrichts konstatiert Joachim Kunstmann:

„Die sinnvollste und plausibelste Begründung für den heutigen RU geht also, wenn sie denn eine pädagogische sein will, von den Schülern aus. Sie sollte aufzeigen können, dass ohne genaue Kenntnis des Phänomens Religion wichtige gesellschaftliche und lebensbezogene Kompetenzen fehlen. Daraus ergeben sich religionsdidaktische Konsequenzen" (Kunstmann 2004, S. 102).

Im Gegensatz zu den Moscheevereinen setzt der islamische Religionsunterricht an der Lebensrealität der jungen Menschen an, greift die gesellschaftliche Heterogenität wie auch den innerislamischen Pluralismus konstruktiv auf. Während in den letzten Jahren im Hinblick auf einen interreligiösen Dialog viele Fortschritte gemacht wurden, ist der intrareligiöse Dialog bei den Muslimen defizitär. Daher könnte der islamische Religionsunterricht eine notwendige Plattform hierfür bieten. Denn bei etwa 900.000 muslimischen Schülerinnen und Schülern im Bildungssystem sind alle muslimischen Differenzlinien entlang folgender Merkmale anzutreffen:

- ethnische Herkunft,
- konfessionelle (Sunniten, Schiiten),
- Rechtsschulen (Hanafiten, Schafiiten, Hanbaliten, Malikiten, Dschafariten),
- religiös-politische Orientierungen (vermittelt durch Eltern und (deren Verbandsorientierung),
- mystische, liberale oder orthodoxe Strömungen,

- erfolgte oder nicht erfolgte Moscheesozialisation,
- praktizierende und nicht praktizierende Muslime,
- Grad und Qualität der religiösen Erziehung in den Familien.

Die Einführung eines flächendeckenden Religionsunterrichts wird noch eine lange Zeit beanspruchen, da hierfür u.a. das religionspädagogische Lehrpersonal ausgebildet werden muss. Bisherige Untersuchungen zeigen allerdings, dass die Resonanz unter den muslimischen Eltern groß und durchaus positiv ist und entsprechend mit der Unterstützung des Ausbaus dieser Unterrichtsform zu rechnen ist. Dieses zeigen beispielsweise Studien zum Schulversuch in Nordrhein-Westfalen, wo das Angebot einer islamischen Unterweisung sukzessiv ausgebaut wurde und parallel die Anmeldezahlen zunahmen (vgl. Kiefer 2005, S. 171ff.). Im Kontext von neo-salafistischer Missionsarbeit bringt diese junge Phase der Einführung eines islamischen Religionsunterrichts die Chance mit sich, sowohl in der Ausbildung der angehenden Religionspädagog(inn)en als auch in der Entwicklung von Schulmaterialien für eine wirksame Radikalisierungsprävention relevante Aspekte zu berücksichtigen.

4 Radikalisierungsprävention – eine schwierige Aufgabe

4.1 Was ist Prävention?

Die dargestellten Formen des Neo-Salafismus – wie auch andere Ideologien der Ungleichwertigkeit – stellen für die Zivilgesellschaft ohne jede Frage eine komplexe Herausforderung dar. Besorgniserregend ist vor allem das schnelle Wachstum der neo-salafistischen Stömungen in den zurückliegenden fünf Jahren. Nach Angaben des nordrhein-westfälischen Innenministeriums hat sich alleine im Jahr 2012 die Zahl der Salafisten in Nordrhein-Westfalen verdoppelt. Der Verfassungsschutz geht derzeit von 1.000 Akteuren aus. Hiervon gelten 100 als gewaltbereit. Für das ganze Bundesgebiet gehen die deutschen Sicherheitsbehörden von 900 Personen mit dschihadistischen Ambitionen aus (vgl. Diehl / Schmid 2012). Auffällig ist der hohe Anteil an Konvertiten. Wie eine Studie des nordrhein-westfälischen Verfassungsschutzes zeigt, sollen insbesondere junge Männer aus instabilen Familienverhältnissen anfällig sein für die sozialen und ideologischen Vergemeinschaftungsangebote neo-salafistischer Gruppen (vgl. Diehl / Schmid 2012). Angesichts dieser Zahlen scheint eine umfassende Radikalisierungsprävention in allen relevanten gesellschaftlichen Bereichen, insbesondere in der Gemeinde, Schule und Jugendhilfe dringend geboten. Doch was ist in diesem Kontext unter Prävention zu verstehen? Was hat eine Präventionsstrategie zum Ziel? Wird nur der Dschihadismus bekämpft oder gelten die Präventionsmaßnahmen auch islamischen Fundamentalisten, die keine Gewaltorientierung aufweisen? Wer ist zuständig für die Radikalisierungsprävention? Was sind die Prämissen einer erfolgreichen Präventionsarbeit und wo liegen die Grenzen und möglichen Gefahren?

Zunächst kann konstatiert werden, dass die Radikalisierungsprävention, die sich gegen islamistische Ungleichwertigkeitsideologien richtet, eine sehr junge und in Deutschland nahezu unbekannte Disziplin darstellt. Erste landesweite

Präventionsprogramme entstanden in Westeuropa nach den verheerenden Terroranschlägen vom 11. September 2001 zunächst in Großbritannien. Der britische Premierminister Tony Blair stellte im Jahr 2003 die umfassend konzipierte Terrorabwehrstrategie CONTEST vor, die aus vier Elementen bestand.

> „Die Teilbereiche <Prävention> (*prevent*) und <Verfolgung> (*pursue*) zielten auf eine Reduktion der terroristischen Gefahr; die Bereiche <Schutz> (*protect*) und <Vorbereitung> (*prepare*) hatten zum Ziel, die Verwundbarkeit zu verringern" (Bürkli 2011, S. 51).

Nach den Anschlägen in London im Jahr 2005 widmete die britische Regierung in erster Linie der Radikalisierungsprävention erhebliche Anstrengungen. So erhöhte sich nach Bürkli in den Jahren 2006 bis 2008 das Budget für die *Prevent*-Strategie von 6 Millionen £ auf beachtliche 140 Millionen £ pro Jahr (vgl. ebd., S. 51). In Deutschland, das bislang von großen Terroranschlägen verschont blieb, verzichteten Bund und Länder bislang auf eine bundesweit ausgerichtete ganzheitliche Präventionsstrategie. Derzeit gibt es lediglich vereinzelte Modellprojekte in experimentellen Anordnungen, die nach einer kritischen Darlegung der Präventionsproblematik im nächsten Kapitel vorgestellt werden sollen.

4.1.1 Der Begriff der Prävention

In der Gesundheitsfürsorge, Erziehung und Jugendarbeit gibt es wohl kaum einen Begriff, der so inflationär Verwendung findet wie der Präventionsbegriff. „Prävention ist besser als Intervention" oder „Vorbeugen ist besser als Heilen" – nach diesen oder ähnlichen Mottos haben präventive Konzepte in diversen Handlungsfeldern seit Jahrzehnten Konjunktur und finden ihren Niederschlag in millionenschweren Programmen (Knauer 2006). Nach Ulrich Bröckling gibt es in den modernen Risikogesellschaften nichts, was nicht als Bedrohung wahrgenommen werden könnte.

> „Ob Karies oder Herzinfarkt, Drogenkonsum oder Jugendgewalt, ob körperliche Deformation oder psychische Erkrankungen, ob Terroranschläge oder Entwicklung von Massenvernichtungswaffen – überall lauern Risiken, drohen Krisen und tut folglich Vorbeugung not" (Bröckling 2008, S. 39).

Alle Präventionskonzepte folgen hierbei dem Handlungsprinzip, dass man einem für negativ befundenen Ereignis oder einer negativ bewerteten Verhaltensweise mit Gegenmaßnahmen zuvorkommen müsse. Prävention hat ganz allgemein die Aufgabe, mögliche Problemlagen frühzeitig zu identifizieren, bestehende und mögliche Risiken kritisch einzuschätzen und auf der Grundlage dieser Einschätzungen spezifische Vorsorgemaßnahmen zu ergreifen. Angesichts der Vielzahl von Faktoren, die in diesem mehrschrittigen Vorgehen eine Rolle spielen, muss betont werden, dass Prävention in nahezu allen Fällen ein komplexes und fragiles Vorhaben darstellt, welches immer mit dem nicht unerheblichen Risiko des Scheiterns einhergeht (vgl. Holthusen / Hoops / Lüders 2011, S. 23).

4.2 Grundlegende Probleme der Prävention

Eine pädagogisch konzipierte Radikalisierungsprävention, die alle relevanten Akteure aus Familie, Sozialraum, Gemeinde, Jugendhilfe und Schule berücksichtigen möchte, ist stets mit einem unübersichtlichen Problemfeld konfrontiert, das zunächst aufgeschlüsselt werden sollte.

a) Rolle des Problemdefinierers

Das erste grundlegende Problem der Präventionsarbeit ist darin zu sehen, dass die Akteure der Vorbeugemaßnahmen auf der Grundlage einer Problemdefinition bzw. einer Defizitbeschreibung tätig werden. In der Radikalisierungsprävention umfasst die Problemdefinition in der Regel die Beschreibung negativer Haltungen bzw. Einstellungen und daraus resultierender möglicher Handlungen der Zielgruppe, die der demokratischen Grundordnung widersprechen könnten. Aufgrund dieses Sachverhalts sind Präventionsprojekte nicht selten als defizitorientierte Projekte konzipiert, die Menschen anhand ausgewählter negativer Merkmale fokussieren.

b) Normative Setzungen – Was ist überhaupt normal?

Reingard Knauer hat schon vor einigen Jahren darauf hingewiesen, dass es in der Natur der Präventionslogik liegt, dass vor allem „das nicht-normale, das verhindert werden soll; im Mittelpunkt steht" (Knauer 2006, S. 2). Hier stellt sich natürlich die Frage, was für normal gehalten wird und welche Nicht-Normalität verhindert werden soll. Dieser Frage kommt in der Radikalisierungsprävention, die sich auch gegen religiös begründete Auffassungen richten kann, eine herausragende Bedeutung zu. In der Islamismusprävention werden derzeit zahlreiche Negativmerkmale gehandelt, die abgewehrt werden sollen. So gilt z.B. der Neo-Salafismus in seinen verschiedenen Ausdrucksformen pauschal als ein unerwünschtes Phänomen. Diese Sicht der Dinge wird jedoch von vielen Muslimen nicht geteilt, da die *Salaf* (die Altvorderen) in der sunnitischen Tradition als nachahmenswerte Vorbilder erscheinen. Folglich wird der Neo-Salafismus oder die *Salafiyya*, die sich an den Vorbildern der Prophetengefährten orientiert, nicht grundsätzlich für negativ erachtet. Das Beispiel zeigt, dass normative Setzungen von Präventionsakteuren nicht unbedingt den ungeteilten Zuspruch der Zielgruppe erfahren. Folglich kann eine Präventionsabsicht auf Skepsis und mitunter auf offene Ablehnung stoßen. Darüber hinaus sollte in diesem Zusammenhang auch darauf hingewiesen werden, dass religiöse Auffassungen und Handlungen, die nicht explicit gegen Gesetze verstoßen, durch die in der Verfassung garantierte Religionsfreiheit geschützt sind. Eine Präventionsarbeit, die in das religiöse Leben durch negative Markierungen eingreift, sollte sich dieses Wirkzusammenhangs in einem hohen Maße bewusst sein. Eine fehlgeleitete Prävention kann von der Zielgruppe als Eingriff in die Religionsfreiheit angesehen werden.

c) Negative Markierung bzw. Stigmatisierung

Durch die in der Präventionsarbeit angelegte Logik des Verdachts besteht das hohe Risiko, die Zielgruppe negativ zu markieren bzw. zu stigmatisieren. Diese Gefahr besteht insbesondere dann, wenn über die Zielgruppe langwierige gesellschaftliche Debatten geführt werden, in der die Betroffenen als problembeladene oder gar gefährliche Gruppe dargestellt werden (*Labeling Approach*). Dieser Sachverhalt ist u.a. in der seit einer Dekade geführten Integrations- und Islamdebatte zu beobachten. Viele Diskutanten, die durchaus auch in der bürgerlichen Mitte zu verorten sind, betrachten den Islam als eine rückständige Religion, die weder eine Reformation noch Aufklärung erfahren habe. Folglich werden Muslime häufig verdächtigt, archaisch und intolerant zu sein. Selbst in Qualitätsmedien wurde ihnen vorgehalten, sie würden wesentliche Grundwerte unserer freiheitlichen Grundordnung nicht vorbehaltlos teilen. Diese und andere Vorwürfe haben in den vergangenen Jahren dazu geführt, dass die Grenzziehungen zwischen normaler muslimischer Religiosität, die gänzlich frei ist von politischen Ambitionen und den politischen Ideologien des Islamismus, zunehmend an Schärfe verloren haben. Das Resultat war vielerorts ein Generalverdacht, der Muslime ungeachtet ihrer tatsächlichen Denkweise zu einer Problemgruppe erklärte. Für die muslimischen Gemeinden hatten diese Bezichtigungsdiskurse zum Teil erhebliche Folgen. So gab es im Rahmen der polizeilichen Präventionsarbeit in Niedersachsen, die auf der Grundlage von § 12 Abs. 6 Nds. SOG von 2004 bis 2010 durchgeführt wurde, verdachtsunabhängige Kontrollen vor Moscheegemeinden. Konkret bedeutete dies, dass circa fünfmal im Jahr eine der 250 niedersächsischen Moscheegemeinden abgeriegelt wurde, um Ausweise und Taschen der Besucher des Freitagsgebets zu kontrollieren (vgl. Die Welt, 03.02.2010).

d) Akteursproblematik

Radikalisierungsprävention kann in die Lebenswelt junger Menschen eingreifen, indem sie u.a. normative Setzungen vornimmt sowie unerwünschte Ereignisse, Personengruppen (z.b. die neo-salafistischen Prediger) und Entwicklungswege beschreibt. Akteure der Präventionsarbeit müssen sich dieses Sachverhalts bewusst sein und mit großer Sensibilität und Umsicht agieren. Ferner ist es wichtig, dass den Präventionsmaßnahmen ein fundiertes Wissen über drohende Ereignisse und ihre möglichen Wirkfaktoren zugrunde liegt. Die Entwicklung präventiver Handlungsstrategien ist daher ein anspruchsvolles Unterfangen, das in pädagogischer und sozialwissenschaftlicher Hinsicht hohe fachliche Standards und umfangreiche Erfahrungen voraussetzt. Im noch jungen Bereich der Radikalisierungsprävention ist derzeit die gebotene Fachlichkeit nicht überall gegeben. Akteure der Präventionsarbeit besitzen häufig nur rudimentäre Kenntnisse über den Verlauf von Radikalisierungsprozessen. Folglich gibt es keine auf belastbaren Ergebnissen fußenden standardisierten Ansätze einer pädagogischen Präventionsarbeit. Ferner bestehen zurzeit erhebliche Unklarheiten, wer für die Entwicklung und Durchführung der Präventionsarbeit verantwortlich sein soll. Seit einigen Jahren ist zu beobachten, dass die Verfassungsschutzbehörden ihr Tätigkeitsfeld im Bereich der Extremismusprävention sukzessiv auf den Bereich der primären Prävention ausdehnen. Die Angebote der Behörden umfassen mittlerweile ein ganzes Bündel von Maßnahmen. Hierzu zählen:

- Jugendgerechte Comichefte (http://www.andi.nrw.de/)
- Planspiele für Schülerinnen und Schüler
- Referententätigkeit in Schule, Bildungseinrichtungen und Vereinen
- Entwicklung von landesweiten Beratungskonzepten
- Lehrerfortbildungen
- Ausbildung von ehrenamtlichen „Demokratie-Lotsen".

Kritisch gefragt werden kann hier, ob klassische Bildungsbereiche der Schule und Jugendhilfe für die Verfassungsschutzbehörden ein sinnvolles Terrain für Präventionsarbeit darstellen können. Die Kooperation von Jugendhilfeträgern und Schulen mit Verfassungsschutzbehörden kann alleine aus rein fachlichen Erwägungen als fragwürdig gelten, da Referenten der Verfassungsschutzbehörden im Regelfall im Bereich der Pädagogik und Sozialarbeit keine fachliche Expertise vorweisen können. Ferner ist zu konstatieren, dass die Verknüpfung der Faktoren Sicherheit und Prävention zu einer unerwünschten Verstärkung der Verdachtslogik führen kann.

e) Unerwünschte Effekte

Der präventive Blick im Praxisfeld kann zu einer Verstärkung des in der Öffentlichkeit bereits vorhandenen Generalverdachts führen. Allerorts wird folglich nach Indizien für ein zu erwartendes künftiges Übel gesucht. In der Radikalisierungsprävention kann der präventive Blick zu einer überzogenen oder gar falschen Risikoeinschätzung führen. Junge Männer, die Veranstaltungen von neo-salafistischen Predigern besuchen, geraten nicht automatisch in eine irreversible Radikalisierungsspirale, an deren Ende das offene Bekenntnis zum Dschihadismus steht. In Bezug auf das Themenfeld Islamismus neigen professionelle Akteure aus Schule und Jugendhilfe gelegentlich zu einer dramatisierenden Betrachtungsweise. Schüleräußerungen neo-salafistischer Couleur sind z.B. nicht zwangsläufig Ausdruck einer verfestigten Haltung. Zuschreibungen, Übertreibungen und falsche Bezichtigungen können junge Menschen verletzen. Darüber hinaus können sie ohnehin störungsanfällige Inklusionsprozesse be- oder gar verhindern. Übertriebene bzw. unangemessene Prävention kann schlimmstenfalls zu einer Umkehrung der Zielperspektive führen. Im Sinne der *self-fulfilling prophecy* bedeutet dies: Wenn Akteure der Prävention eine „Gefährdungssituation" als real definieren, dann sind sie in ihren Konsequenzen real.

f) „Risiko-Paradox"

Nach Reingard Knauer will Prävention durch vorbeugendes Handeln eine Minimierung von Risiken erreichen. Dies führe zu einem Widerspruch, den man mit dem Begriff „Risiko-Paradox" bezeichnen könne. In der Prävention gelte das Risiko zunächst als Gefahr, die vermieden werden sollte. Ziel präventiver Maßnahmen sei es daher, Risikoverhalten von Kindern zu vermeiden bzw. zu reduzieren. Gleichzeitig könne jedoch konstatiert werden, dass Risiken in unserer Gesellschaft alltäglich seien. Deshalb sei „Risikokompetenz […] eine wichtige Grundqualifikation für eine gelingende Lebensführung" (Knauer 2006, S. 4).

Was bedeutet dieser grundlegende Sachverhalt für die Radikalisierungsprävention? Zunächst einmal gilt es festzustellen, dass es faktisch nicht möglich ist, junge Menschen von möglicherweise radikalisierenden Faktoren fernzuhalten. Besonders deutlich wird dies am Beispiel des Internets. Die einfache Suche mit Islambegriffen führt hier auf zahlreiche islamistische Internetseiten, die mit fragwürdigen Inhalten einen kruden und einfältigen Islam propagieren. Da es bekanntlich nicht möglich ist, missliebige Inhalte aus dem Netz zu verbannen, müssen Jugendliche den Umgang mit indoktrinierenden Internetseiten erlernen. Nicht die Risikovermeidung, sondern der Erwerb von Risikokompetenz muss hier das Ziel sein. Diese Zielbeschreibung gilt nicht nur für den Medienbereich. Junge Menschen wählen mit zunehmender Selbstständigkeit mitunter problematische Erfahrungsfelder. Das kurzfristige Eintauchen von Jugendlichen in neo-salafistische Subkulturen mag im familiären und schulischen Umfeld Sorgen hervorrufen. Forderungen nach Verboten und Interventionen stehen schnell im Raum. In solchen Situationen sollte jedoch bedacht werden, dass gerade Verbote kontraproduktiv wirken können. Risikoverminderung ist auch hier nur durch das Eingehen von Risiken möglich. Ernst Bloch soll einmal gesagt haben: „Wer sich nicht in Gefahr begibt, kommt in ihr um". Dieser Satz gilt auch für die Radikalisierungsprävention. Kontrollierte Risiken gehören zum Leben. Präventionsarbeit soll junge Menschen ermutigen, ihre Grenzen zu erweitern (vgl. Knauer 2006, S. 4).

g) Wirksamkeit

In den bisherigen Ausführungen ist deutlich geworden, dass Präventionsmaßnahmen mit vielen unbekannten Variablen einhergehen. Das Leben bietet eine Vielzahl von Risiken und selbst eine fürsorgliche Rund-um-die-Uhr-Betreuung kann nicht sicherstellen, dass ein Jugendlicher nicht irgendwann zu einer gefährlichen Droge greift oder zu einem Gewaltausbruch neigt. Aus diesem Grund sind Akteure der Präventionsarbeit gut beraten, wenn sie mit Versprechungen äußerst zurückhaltend sind. Dies gilt gleichermaßen für die Radikalisierungsprävention. Projekte und Maßnahmen, die sich wöchentlich zwei oder vier Stunden mit Jugendlichen befassen, sind in ihren Wirkmöglichkeiten ohne jede Frage eingeschränkt. So kann z.B. eine interreligiöse Begegnungsarbeit die Ambiguitätstoleranz bei Jugendlichen stärken, sie kann aber auch wirkungslos verpuffen. Selbst wenn Maßnahmen der Prävention scheinbar Früchte tragen und sich Jugendliche im Sinne der Präventionsziele entwickeln, gestaltet sich der Nachweis einer unmittelbaren Wirksamkeit schwierig. Der Grund hierfür sind zunächst methodologische Probleme. Die üblichen Evaluationsinstrumente in der pädagogischen Arbeit (z.B. einmalige schriftliche oder mündliche Befragungen) sind wenig geeignet, um eine Korrelation von Ursachenbündeln nachvollziehen zu können.

h) Nachhaltigkeit

Wenn über die Wirksamkeit von präventiven Maßnahmen gesprochen wird, wird in der Regel der Begriff der „Nachhaltigkeit" erwähnt. In der Sozialplanung und pädagogischen Arbeit kann der Terminus „Nachhaltigkeit" mittlerweile auf eine beeindruckende Karriere zurückblicken. Modellprojekte, Erziehungs- und

Bildungsmaßnahmen sowie die Regelarbeit in Kindergärten und Jugendeinrichtungen sollen mit dem Label der „Nachhaltigkeit" die Erreichung ihrer Zielsetzungen garantieren. Dies bedeutet, dass die Effekte pädagogischer Arbeit weit über den unmittelbaren Wirk- bzw. Projektzusammenhang hinausreichen sollen. Dieser Anspruch gilt auch in einem hohen Maße in der Präventionsarbeit. Die Verhinderung des Unerwünschten gilt grundsätzlich als eine langfristige Aufgabe. Forderungen nach Prävention schließen daher nicht selten ein weitreichendes Sicherheitsversprechen ein. In der Radikalisierungsprävention produziert die Forderung nach dauerhafter Sicherheit ein unauflösbares Dilemma. Akteure aus Präventionsprojekten, die generell eine Laufzeit von zwei oder drei Jahren haben, können für ihre Zielgruppe keine seriösen Langzeitprognosen abgeben. Gleiches gilt für die Arbeit der noch jungen Beratungsstellen. Vier oder fünf Gespräche mit gefährdeten Jugendlichen und deren Angehörigen können wertvolle Impulse darstellen, sind jedoch kein Garant für das langfristige Ausbleiben von Radikalisierung und Delinquenz. Bröckling hat zu Recht darauf hingewiesen, dass Prävention grundsätzlich ein „unabschließbares Projekt" darstellt (Bröckling 2008, S. 42). Politik – als Auftraggeberin von Prävention – und die künftigen Träger von Prävention sollten sich dieses Sachverhalts bewusst sein. Maßvolle und realistische Zielsetzungen für überschaubare Zeiträume unterbinden Erfahrungen des Scheiterns und der Resignation seitens aller Beteiligten.

i) Prävention in der Dimension der Machtrelation

Eine wirksame Radikalisierungsprävention ist ein in erster Linie staatliches Desiderat, das in vielen Bereichen von Sicherheitsinteressen überlagert ist. Akteure der Präventionsarbeit benötigen nicht nur ein Konzept, sondern sie brauchen vielmehr auch einen Handlungsrahmen und entsprechende Durchsetzungsmöglichkeiten. Prävention in Kombination mit Sanktionsgewalt begründet einen asymmetrischen Präventionskontext, in dem die Zielgruppe den Präventionsakteuren unterlegen ist. Für die Präventionsarbeit können ungleiche Machtverhältnisse zu großen Problemen führen. Ulrich Bröckling hat die Auswirkung von Präventionshandeln in Machtrelationen pointiert beschrieben:

„Wo Macht ausgeübt wird, gibt es auch Widerstand: Prävention ist stets konfrontiert mit Gegenkräften, die ihre Anstrengungen unterlaufen, bremsen oder blockieren, und sie gewinnt erst in der Auseinandersetzung mit dieser Kontur. Von den lieb gewonnenen aber riskanten Gewohnheiten, an deren Schwerkraft Aufklärungskampagnen ebenso scheitern, bis zu politischen Kontroversen, in denen präventive mit nichtpräventiven und verschiedene präventive Optionen miteinander konkurrieren – immer operiert das vorbeugende Handeln in einer komplexen strategischen Konstellation, in der Kräfteverhältnisse abzuschätzen, Allianzen zu schließen oder aufkündigen, taktische Festlegungen zu treffen und bei jedem Schritt die Operationen der anderen beteiligten Akteure zu berücksichtigen sind" (Bröckling 2008, S. 46f.).

Als Paradebeispiel für Bröcklings Problembeschreibung kann der bisherige Verlauf der Deutschen Islam Konferenz (DIK) angeführt werden. Die Konferenz, die im Jahr 2006 vom damaligen Innenminister Wolfgang Schäuble initiiert wurde, hatte die Aufgaben, den Dialog zwischen Staat und Muslimen zu befördern, die Gemeinsamkeiten zu stärken, Unterschiede zu bewältigen und die gesellschaftliche Teilhabe zu fördern. Realisiert werden sollten diese ambitionierten Zielsetzungen in mehreren Untergruppen, die u.a. Fragen des Religionsverfassungsrechts und der Extremismusprävention behandeln sollten. Der Verlauf der Konferenz war von Anfang an spannungsgeladen, da ein Teil der muslimischen Verbandslandschaft – konkret Milli Görüş – vom Innenministerium als Verhandlungspartner ausgeschlossen wurde.

Ein weiterer schwer verhandelbarer Punkt bildete die Extremismusprävention. Nach dem Terroranschlag in Frankfurt im März 2011, der von einem dschihadistischen Einzeltäter begangen wurde, begründete das Innenministerium die „Initiative Sicherheitspartnerschaft – Gemeinsam mit Muslimen für Sicherheit". Das Projekt sollte durch ein aktives und öffentliches gemeinsames Eintreten des Staates und der Muslime bzw. muslimischen Verbände der Radikalisierung entgegenwirken. Im Fokus der „Sicherheitsinitiative" stehen insbesondere Jugendliche und junge Erwachsene mit und ohne Migrationshintergrund. Das Bündnis mit sechs muslimischen Organisationen (darunter DITIB, VIKZ und ZMD) sollte jedoch nicht lange Bestand haben. Das instabile Zweckbündnis scheiterte bereits nach kurzer Zeit an einer kritikwürdigen Plakataktion mit dem Titel „Vermisst". Mit der Plakat- und Anzeigenaktion sollten Menschen auf die „Beratungsstelle Radikalisierung" aufmerksam gemacht werden. Nach erheblichen Kommunikationsschwierigkeiten zogen die vier großen muslimischen Verbände ihre Mitarbeit zurück, da die Plakataktion Muslime unter Generalverdacht stelle. Ferner wurde moniert, dass das Ministerium die Muslime ohne Rücksprache mit vollendeten Tatsachen konfrontiere. Das Ministerium behauptete seinerseits, dass alle notwendigen Absprachen erfolgt seien, und es insistierte auf einer Fortführung der Aktion. Auch wenn im Detail unklar ist, woran die Kommunikation scheiterte, zeigte das Innenministerium in diesem konkreten Fall kein partnerschaftliches Verhalten. Das Hinwegsetzen über gravierende Bedenken der muslimischen Partner kommt einer puren Machdemonstration gleich, die eine erneute und vertrauensvolle Zusammenarbeit im sensiblen Bereich der Radikalisierungsprävention vermutlich auf lange Dauer im Wege stehen wird.

j) Kosten und Nutzen der Präventionsarbeit

„Prävention ist besser als Intervention" – so könnte man mit wenigen Worten das Credo der Radikalisierungsprävention umschreiben. Interventionen der Sicherheitsbehörden im Radikalisierungsbereich sind zumeist mit extrem hohen Kosten verbunden. Die Ausreise von sogenannten „Gefährdern" nach Ägypten und später nach Mali, Afghanistan, Pakistan und anderen Kriegsgebieten, in denen Dschihadisten ihr Unwesen treiben, löst recht aufwendige Fahndungsaktivitäten aus, die mit erheblichen Kosten einhergehen. Gleiches gilt für die Verfolgung dschihadistischer Gewalttäter innerhalb von Deutschland, die im Falle einer Verurteilung langjährige Haftstrafen erhalten. Deshalb wurde eigentlich der Grundsatz erhoben, dass Vorbeugemaßnahmen in langfristiger Perspektive kostengünstiger ausfallen als aufwendige Interventionsmaßnahmen. Jedoch hat auch eine qualitativ hochwertige Präventionsarbeit ihren Preis. In Zeiten, in denen die öffentliche Hand unter chronischer Geldnot leidet, hat Radikalisierungsprävention, insbesondere im Bereich der primären Prävention, einen schweren Stand. Während die Sicherheits- und Verfassungsschutzbehörden in Bund und Ländern in den vergangenen zehn Jahren mit erheblichen Geldmitteln ausgestattet wurden, um u.a. weit über 200 Islamwissenschaftler anzustellen, blieb der Bereich der primären und sekundären Prävention, der im nächsten Kapitel vorgestellt wird, über einen langen Zeitraum nahezu mittellos. Erste Anzeichen eines Umdenkens sind erst seit wenigen Jahren zu erkennen. Mit den bislang bereitgestellten Mitteln (u.a. im Bundesprogramm „Initiative Demokratie Stärken") ist es jedoch auch mit großem Engagement der Zuwendungsempfänger nicht möglich, eine qualitativ hochwertige und effektive Präventionsarbeit aufzubauen. Hinzu kommt, dass die Mittelvergaben Befristungen unterliegen, die mit Sicherheit dazu führen werden, dass sinnvolle Projektansätze nicht weitergeführt werden können. Überdies ist unter den gegenwärtigen Förderbedingungen eine notwendige umfassende wissenschaftliche Evaluierung nicht in dem gebotenen Ausmaß möglich.

k) Fehlendes Wissen – fehlende Erfahrungen

In den bisherigen Ausführungen dürfte deutlich geworden sein, dass sich soziale Prozesse und menschliches Verhalten in der Regel nicht auf eindeutige Ursache-Wirkungs-Zusammenhänge zurückführen lassen. Akteure der Präventionsarbeit isolieren und mutmaßen Korrelationen zwischen Risikofaktoren und versuchen auf der Grundlage der gewonnenen Erkenntnisse Handlungsstrategien zu entwickeln. Bröckling hat mit deutlichen Worten darauf hingewiesen, dass das Präventionswissen stets lückenhaft bleibt: „Wer vorbeugen will, weiß nie genug" (Bröckling 2008, S. 43). Auch dieser Sachverhalt verweist auf ein schwer auflösbares Dilemma. Holthusen, Hoops und Lüders formulieren für eine seriöse Präventionsarbeit den Anspruch, dass diese auf einem „reflexiven und wissensbasierte[n] Fundament" stehen müsse (Holthusen / Hoops / Lüders 2011, S. 25). Aufgrund der eingangs erwähnten unklaren Wirkzusammenhänge ist es in vielen Präventionsprojekten schlecht um das „wissensbasierte Fundament" bestellt. Leider kann dies auch in einem hohen Maß für die Radikalisierungsprävention konstatiert werden. In Deutschland gibt es bislang keine umfassenden wissenschaftlichen Studien, die Radikalisierungsverläufe neo-salafistischer „Gefährder" oder verurteilter Straftäter zum Gegenstand haben. Folglich gibt es keine gesicherten wissenschaftlichen Erkenntnisse, auf deren Grundlage aussichtsreiche Handlungsstrategien entworfen werden könnten. Die Präventionsarbeit stützt sich daher fast ausschließlich auf unsystematische Beobachtungen, Kolportagen von Sozialraumakteuren (Lehrern, Sozialpädagogen etc.) und darauf aufbauenden Mutmaßungen.

Ein weiteres Problemfeld ist in der unzureichenden Ausbildung der Akteure in der Radikalisierungsprävention zu sehen. Zunächst muss konstatiert werden, dass in den meisten Präventionsprojekten Personal arbeitet, das über keine oder nur geringe Vorerfahrungen mit neo-salafistisch geprägten Milieus verfügt. Ferner verfügen manche Akteure lediglich über geringe pädagogische Fachkenntnisse. Ein Islamwissenschaftler ist mit Sicherheit in der Lage, neo-salafistische Diskurse zu analysieren, er verfügt jedoch über kein pädagogisches Handlungswissen. Wie soll er angesichts dieser Tatsache ein Beratungsgespräch durchführen oder niedrigschwellige pädagogische Angebote konzipieren? Hier ist deutlich mehr verlangt als islamwissenschaftliche Expertise. Umgekehrt ist bei pädagogischen Fachkräften das Fehlen einer islamwissenschaftlichen Perspektive zu bemängeln. Schließlich muss in diesem Zusammenhang auch darauf verwiesen werden, dass es bislang innerhalb der Projekte keinen wissenschaftlich begleiteten Erfahrungsaustausch gibt, welcher der Optimierung der Präventionsformate dienlich sein könnte. Folglich werden Projektergebnisse – sofern sie überhaupt in Berichten festgehalten werden – keiner wissenschaftlichen Auswertung zugeführt.

4.3 Präventionsebenen – Formen der Prävention

Nach der ausführlichen Darlegung der Grundprobleme der Präventionsarbeit sollen im folgenden Kapitel die wichtigsten Präventionsbereiche und -ansätze vorgestellt werden. In den vergangenen fünf Jahrzehnten ist in diversen Bereichen eine Vielzahl von Handlungskonzepten entstanden, die selbst von Fachkräften kaum noch überblickt werden können. Werner Lindner und Thomas Freund beklagten bereits im Jahr 2001 in allen Präventionsbereichen eine Begriffsinflation und -verwirrung.

> „Auf der Basis einer mehr oder minder unbedarften Adäption aus dem Bereich der Medizin […] wurden weitere Präventionsansätze kreiert, darunter spezifische versus unspezifische Prävention, Populationsprävention und Risikoprävention, Verhaltensprävention, personen- und systemorientierte Prävention, die mittlerweile schon klassische Trias von Primär-, Sekundär- und Tertiärprävention (die u.E. ohne Weiteres um eine Quartär-, eine Quintär- und x-beliebige Prävention fortgeführt werden könnte), schließlich die struktur- und zielgruppenorientierte Prävention" (Lindner / Freund 2001, S. 69f.).

In der Extremismus- und Radikalisierungsprävention, die sich u.a. mit neo-salafistischen Eindeutigkeitsangeboten auseinandersetzt, konnten sich vor allem zwei Modelle zur Systematisierung und Differenzierung von Präventionskonzepten durchsetzen. Zu den Klassikern zählt der Kategorisierungsansatz des Psychiaters Gerald Caplan aus dem Jahr 1964, der zwischen Primär-, Sekundär- und Tertiärprävention unterscheidet. Nach Johannson bildet in diesem Kategorisierungsansatz der Interventionszeitpunkt das zentrale Unterscheidungsmerkmal präventiven Handelns.

> „Primärpräventive Maßnahmen kommen demnach vor dem Eintreten eines unerwünschten Zustands und somit ‚im Vorfeld' problematischer Entwicklungen zum Einsatz. Sekundäre Präventionsmaßnahmen sollen verhindern, dass sich problematische Erscheinungsformen verfestigen. Maßnahmen der Tertiärprävention sollen einem erneuten Auftreten derselben vorbeugen" (Johannson 2012, S. 2).

Caplans Kategorisierung wurde nach Johannson vielfach kritisiert. Im Fokus der Kritik stand vor allem die unzureichende Trennschärfe zwischen den Kategorien Primär-, Sekundär- und Tertiärprävention.

Das zweite Kategorisierungsmodell, das die Zielgruppen von Präventionsmaßnahmen stärker berücksichtigt, stammt von Robert S. Gordon und wurde im Jahr 1983 vorgestellt. „Er unterscheidet zwischen universellen, selektiven und indizierten Präventionsmaßnahmen" (ebd., S. 3). Unter universellen Präventionsmaßnahmen werden gemeinhin Maßnahmen gefasst, die sich an die Gesamtbevölkerung richten und z.B. die Erhaltung der Gesundheit zum Gegenstand haben. Die selektive Prävention wendet sich an Zielgruppen, die bereits Risikofaktoren aufweisen. Prävention soll hier das Fortschreiten negativer Entwicklungen aufhalten oder verhindern. Die indizierte Prävention richtet sich schließlich an Personen, die bereits unerwünschte Entwicklungen durchlaufen haben. Ein klassischer Arbeitsbereich ist z.B. die Arbeit mit verurteilten Straftätern. Maßnahmen der indizierten Prävention sollen die Resozialisierung sicherstellen oder zumindest unterstützen.

In der Kriminal- und Radikalisierungsprävention konnte sich die Dreierunterteilung beider Kategorisierungsansätze weitgehend durchsetzen. Nicht selten kommt es zu einer Vermischung beider Kategoriensysteme und damit einer Verschränkung der Begrifflichkeiten. Die nachfolgende Darstellung der Präventionsebenen übernimmt die gängigen Termini ohne diese erneut kritisch zu prüfen.

4.3.1 Die Trias der Radikalisierungsprävention

a) Primäre, häufig auch universelle Prävention

Wie bereits kurz angedeutet wurde, richten sich Maßnahmen der primären Prävention nicht an eine bestimmte Zielgruppe, sondern sprechen alle gesellschaftlichen Gruppen an. Primäre Prävention will in erster Linie nicht verhindern, vielmehr stärkt sie bestehende erwünschte Haltungen und zielt auf eine Stabilisierung der Lebensbedingungen von jungen Menschen. Ein ideales Terrain für Maßnahmen der primären Prävention sind gesellschaftliche Räume, in denen Menschen aus unterschiedlichen Milieus und verschiedener Herkünfte (mit und ohne Migrationshintergrund) zusammen kommen. Hierzu zählen insbesondere Schulen, aber auch Einrichtungen der Jugend- und Gemeindearbeit. Im Bereich der primären Prävention sind die meisten Maßnahmen in der Extremismusprävention (z.b. gegen Rechtsextremismus) angesiedelt. Nach Glaser, Greul, Johannson und Münch sind von der pädagogischen Arbeit in der primären Prävention Fördermaßnahmen der Sozial-, Bildungs- und Arbeitsmarktpolitik zu unterscheiden. Diese zielen auf eine Reduzierung der strukturellen Risikofaktoren und „folgen einer eher indirekten, langfristig ausgerichteten Präventionslogik" (Glaser / Greul / Johannsen / Münch 2011, S. 16).

Selbstredend unterscheidet sich die pädagogische Prävention auch von eher repressiven Maßnahmen seitens der Verfassungsschutzbehörden, der Polizei und der Justiz. Diese zielen eindeutig auf die Sanktionierung von Delinquenz. Pädagogische Arbeit will im Präventionskontext deutlich mehr erreichen. Sie will nicht nur verhindern, sondern arbeitet auch immer an Einstellungen und Weltbildern, die bei Jugendlichen alles andere als verfestigt sind.

Ein weiteres wichtiges Merkmal einer pädagogischen Präventionsarbeit ist darin zu sehen, dass sie nicht vorrangig die Defizite der Individuen fokusiert. Vielmehr setzt sie an vorhandenen Ressourcen an und versucht positive Entwicklungsprozesse zu initiieren und zu stabilisieren. Genau diese Vorgehensweise kennzeichnet das Potenzial pädagogisch bestimmter Präventionsmaßnahmen.

„Sie verbinden die Perspektive des Vermeidens mit einer genuinen Perspektive des Förderns, die die ‚Objekte' präventiver Arbeit als Subjekte in diesen Prozess mit einbezieht. Sie setzen auf Entwicklungsmöglichkeiten des Einzelnen und erscheinen damit für die präventive Arbeit mit jungen, ihre Entwicklungspotentiale erst noch entfaltenden Menschen besonders angemessen" (ebd., S. 16).

Ferner ist ein wesentliches Charakteristikum der pädagogischen Präventionsarbeit die Partizipation der Zielgruppe. Akteure der Präventionsarbeit im primären Bereich sollten sich nicht in einem asymmetrischen Setting als „Besserwissende" inszenieren. Da die Menschen nun mal verschieden sind und Individuen über jeweils andere und unterschiedlich ausgeprägte Ressourcen verfügen, bedarf es in einem hohen Maße des Dialogs mit den Jugendlichen und Personen aus deren familiärem und sozialem Umfeld. Herausragende Beispiele für eine partizipativ angelegte Präventionsarbeit in der Radikalisierungsprävention sind die Modellprojekte „Ibrahim trifft Abraham" (Düsseldorf) und „Dialog macht Schule", die im vorliegenden Band im Kapitel „Radikalisierungsprävention in der Jugendhilfe" ausführlich vorgestellt werden. In beiden Dialoggruppenprojekten verfügen die Teilnehmer bei der Themensetzung und Ausgestaltung der Projekte über weitreichende Mitwirkungsmöglichkeiten.

b) Sekundäre oder auch selektive Prävention

Im Allgemeinen umfasst die sekundäre oder auch selektive Prävention Angebote für Menschen, deren Lebenssituation als „belastet" gilt oder die definierte Risikofaktoren aufweisen. Nach Knauer ist ein „abweichendes Verhalten noch nicht manifest, kann sich aber mit einer gewissen Wahrscheinlichkeit entwickeln. Klassische Präventionsprogramme wie Suchtprävention, Gewaltprävention, Kriminalitätsprävention für bestimmte Zielgruppen oder in bestimmten Lebensphasen und -situationen sind typisch für sekundäre Prävention" (Knauer 2006, S. 3).

Johannson hat darauf hingewiesen, dass Maßnahmen der sekundären Prävention direkter oder indirekter Natur sein können. Direkte Maßnahmen wenden sich unmittelbar an Personen der Zielgruppe. Als Beispiel sei hier auf eine Straßensozialarbeit verwiesen, die sich unmittelbar an rechtsextremistisch gefährdete Jugendliche richtet. Indirekte Maßnahmen adressieren Schlüsselpersonen oder Multiplikatoren, die im Regelfall eng mit der Zielgruppe interagieren. Klassische Formate indirekter Maßnahmen im Bereich der sekundären bzw. selektiven Prävention sind Fortbildungen für Fachkräfte, die direkt mit gefährdeten Jugendlichen arbeiten. Zu den indirekten Maßnahmen zählen auch Beratungsangebote für Eltern „risikobelasteter" Jugendlicher. In der Radikalisierungsprävention liegen bislang insbesondere Erfahrungen aus dem Bereich der Rechtsextremismusprävention vor, die u.a. in den Bundesprogrammen „entimon", „Civitas" oder aktuell „TOLERANZ FÖRDERN – KOMPETENZ STÄRKEN" gewonnen werden konnten. Projekte, die sich konkret gegen neo-salafistische Bestrebungen richten, sind im Bereich der sekundären bzw. selektiven Prävention bislang nur in geringer Zahl zu finden. Seit Januar 2012 werden mit Bundesmitteln – unter der Federführung des Bundesamts für Migration und Flüchtlinge (BAMF) – drei Beratungsstellen aufgebaut. Die „Beratungsstellung Radikalisierung" wird direkt vom BAMF betrieben und richtet sich an alle Personen (Eltern, Lehrer, Sozialpädagogen etc.), die sich um die (mögliche) Radikalisierung eines jungen Menschen sorgen und zum Themenbereich des islamistischen Extremismus Fragen haben. Wie bereits dargestellt, war die Arbeitsaufnahme der Beratungsstelle von schweren Irritationen begleitet, die durch die „Vermisst"-Plakataktion ausgelöst wurden. Neben dieser in Nürnberg angesiedelten staatlichen Stelle, die bei den muslimischen Verbänden nicht auf ungeteilte Akzeptanz stößt, gibt es in Berlin und Bochum zwei weitere Beratungsstellen, die bei zivilgesellschaftlichen Organisationen angesiedelt sind. Die Berliner Beratungsstelle „HAYAT" („Leben"), die beim „ZDK Gesellschaft Demokratische Kultur" angesiedelt ist, möchte Eltern, Angehörige und Betroffene in der Auseinandersetzung mit islamistischen und ultranationalistischen Eindeutigkeitsangeboten coachen und unterstützen. Darüber hinaus erhebt die Beratungsstelle den weitreichenden Anspruch, den Unterschied „zwischen einem tiefen und gelebten Glauben, der nicht mit Terrorismus oder Gewalt verwechselt werden soll", deutlich zu machen (exit-deutschland.de 2013). Die Bochumer Beratungsstelle firmiert unter dem Projekttitel „Beratungsnetzwerk für Toleranz und Miteinander" und ist bei dem Jugendhilfeträger „IFAK e.V. – Verein für multikulturelle Kinder- u. Jugendhilfe – Migrationsarbeit" angesiedelt. Wie auch die bereits genannten Stellen möchte das „Beratungsnetzwerk für Toleranz und Miteinander" Familien und andere Akteure aus Schule und Wohnumfeld hinsichtlich des Themas islamistischer Extremismus kompetent beraten. Darüber hinaus soll das Projekt Schulen, Vereine und Bildungseinrichtungen für die Radikalisierungsproblematik sensibilisieren und notwendiges „Backgroundwissen" bereitstellen (vgl. ifak-bochum.de 2013). Zu den bisherigen Praxiserfahrungen und der Zahl der erbrachten Beratungsleistungen liegen derzeit keine veröffentlichten Berichte vor. Ein weiteres Beratungsangebot im Kontext der sekundären Prävention will das Land Niedersachsen 2013 oder 2014 in Kooperation mit einer zivilgesellschaftlichen Organisation einrichten.

c) Tertiäre oder auch indizierte Prävention

Die tertiäre bzw. indizierte Prävention richtet sich grundsätzlich an Menschen in manifesten Problemlagen. Tertiäre Prävention soll weitere Eskalationen verhindern, Menschen aus der Sucht, Gewalt, Kriminalität oder auch aus gewaltbereiten extremistischen Bewegungen herauslösen und dafür Sorge tragen, dass Menschen ihr Leben ohne weitere Delinquenz gestalten. Die tertiäre oder auch indizierte Prävention kann aus der Perspektive der Präventionsakteure als der schwierigste Bereich angesehen werden, da sich die Suche nach Zugängen zu den Zielpersonen oftmals aufwendig und mühsam gestaltet. Darüber hinaus sind Umorientierungsprozesse langwierig und gehen mit einem hohen Kosten- und Betreuungsaufwand einher.

Auch im Bereich der tertiären bzw. indizierten Prävention kann zwischen direkten und indirekten Maßnahmen unterschieden werden. Zu den direkten Präventionsmaßnahmen zählt z.B. die Arbeit mit Straftätern in der Justizvollzugsanstalt (JVA) sowie Aussteigerprogramme, die sich an Mitglieder gewaltbereiter Gruppierungen richten. Als indirekte Maßnahmen anzusehen sind z.B. Fortbildungsmaßnahmen für Fachkräfte, die in der JVA oder in Aussteigerprogrammen tätig sind. Darüber hinaus können auch Vernetzungsmaßnahmen, die unterschiedliche Hilfesysteme verschränken, um eine langfristige Resozialisierung von Straftätern zu erreichen, als indirekte Präventionsmaßnahmen im tertiären Bereich angesehen werden.

In der Radikalisierungsprävention, die sich gegen den gewaltbereiten Neo-Salafismus richtet, sind die Projekte im Bereich der tertiären Prävention in Deutschland gleichfalls überschaubar. Relativ bekannt, aber auch umstritten ist das Aussteigerprogramm „Heraus aus Terrorismus und islamischem Fanatismus – HATIF!", das seit Juli 2010 vom Bundesamt für Verfassungsschutz durchgeführt wird.

> „HATIF ist ein Programm [...], das Menschen helfen möchte, sich aus einem Umfeld zu lösen, in dem ein fanatischer, die Anwendung von Gewalt befürwortender Islam gepredigt und gelebt wird. [...] HATIF richtet sich an Menschen, die in den Einflussbereich von fanatischen islamistischen oder islamistisch-terroristischen Gruppierungen geraten sind, sich daraus lösen wollen und das aus eigener Kraft nicht schaffen, sowie deren Eltern, Familienangehörige und Freunde" (verfassungsschutz.de 2013).

Die telefonische Hotline von HATIF ist rund um die Uhr besetzt und bietet Betroffenen wie auch Interessierten Gespräche, Hilfe bei der Behördenkontaktierung, Vermittlung von schulischen und beruflichen Qualifizierungsmaßnahmen und materielle Unterstützung. Ob das Angebot in einem nennenswerten Ausmaß angenommen wird, ist nicht bekannt, da der Verfassungsschutz bislang keine

Zahlen veröffentlicht hat. Ein weiteres Aussteigerprogramm für gewaltbereite Salafisten plant derzeit Nordrhein-Westfalen. Anders als bei der Konzeption von HATIF sollen in diesem Aussteigerprogramm muslimische Organisationen in Nordrhein-Westfalen als Kooperationspartner mitwirken. Ein weiteres sehr interessantes Aussteigerprogramm wird derzeit unter der Federführung von Düsseldorfer Muslimen konzipiert. Das „Programm zur Umorientierung für Jugendliche und junge Heranwachsende – Extremismusprävention" wird im Kapitel „Radikalisierungsprävention in der Gemeinde" ausführlich vorgestellt.

4.4 Erfahrungen mit der Radikalisierungsprävention

a) Deutschland

Aus den bisherigen Ausführungen dürfte deutlich geworden sein, dass Deutschland im Bereich der Radikalisierungsprävention, die den gewaltbereiten Neo-Salafismus zum Gegenstand hat, in jedweder Hinsicht ein Entwicklungsland darstellt.

Entwicklungshemmend wirken in erster Linie die erheblichen Wissenslücken im Bereich der Radikalisierungsforschung. Wir wissen schlicht nicht, warum 15 jährige Jugendliche mehr oder weniger blitzartig zum Islam konvertieren und sich radikalisieren. Welche Faktoren in der hausgemachten Radikalisierung eine Rolle spielen und wie diese zusammenwirken, ist bislang nicht Gegenstand großer repräsentativer und damit verallgemeinerungsfähiger Untersuchungen. Die vorhandenen Beschreibungen von Biografien, die u.a. von den Sicherheitsbehörden vorgelegt wurden, wirken holzschnittartig und erhellen z.b. psychologische Wirkmechanismen in jedweder Hinsicht unzureichend. Vom Surfverhalten im Internet und aus den Polizei- und Gerichtsakten lassen sich Radikalisierungsprozesse nicht schlüssig ableiten. Die Rekonstruktion der Persönlichkeit bleibt fragmentarisch und kann folglich gravierende Fehler erhalten. Sehr eindrucksvoll zeigen dies z.b. die Internetaktivitäten eines 19-jährigen Schülers, der beim Düsseldorfer Dialoggruppenprojekt „Ibrahim trifft Abraham" mitgewirkt hat. Mohammed (der Name wurde geändert) besitzt einen marokkanischen Migrationshintergrund und konnte seine schulische Laufbahn im ersten Anlauf nicht erfolgreich abschließen. Im Rahmen eines BuS-Projekts (Beruf und Schule) kam der Junge im Jahr 2010 in eine Dialoggruppe, in der er seit zwei Jahren sehr engagiert mitwirkt. Zeitgleich besuchte der Junge aber auch eine neo-salafistisch orientierte Moscheegemeinde und zeigte sich von den Eindeutigkeitsangeboten der Prediger immer wieder beindruckt. Infolge der Moscheebesuche kam es in der Dialoggruppe zu einer langwierigen Auseinandersetzung über die Frage, ob Musik und Tanz *halal* seien. Im Herbst 2012 mündete die Auseinandersetzung in einer Diskussion über das Weihnachtsfest und in der Frage, ob es Muslimen gestattet sei, mit Christen das Weihnachtsfest zu feiern. In persönlichen Gesprächen zeigte Mohammed eine ambivalente Haltung. Ganz anders verhielt er sich jedoch auf Facebook. Unter einem neuen Namen postete er unentwegt neo-salafistische Stellungnahmen, die das gemeinsame Feiern mit Christen an Weihnachten als eine kaum zu überbietende Verfehlung darstellten. Die umfangreichen Facebook-Aktivitäten hielten Mohammed übrigens nicht davon ab, im Rahmen seiner Praktikumsstelle an einer evangelischen Grundschule gemeinsam mit Kindern, Eltern und Lehrkräften das schulische Weihnachtsfest auf freiwilliger Basis mitzufeiern. Das Beispiel zeigt, dass Selbstinszenierungen im Internet oftmals kein hoher Aussagewert zukommt. Aufgrund dieses Sachverhalts ist es sehr schwierig zu einer realistischen Einschätzung zu gelangen.

Wie bereits im vorhergehenden Kapitel angedeutet, ist ein weiteres grundlegendes Problem in dem fehlenden Austausch der bestehenden Präventionsprojekte zu sehen. So werden die Projekte des Bundesprogramms „Initiative Demokratie Stärken" zwar durch das DJI wissenschaftlich evaluiert, allerdings werden die ausführlichen Evaluationsberichte, die zu jedem teilnehmenden Projekt erstellt werden, den Projektträgern und deren Kooperationspartnern nicht zur Auswertung zur Verfügung gestellt. Veröffentlicht wird lediglich ein Gesamtbericht, der nicht detailliert über die Einzelprojekte berichtet.

b) Europäische Länder

Anders als in Deutschland haben unsere europäischen Nachbarn bereits ab dem Jahr 2001 die wachsende Bedeutung von Radikalisierungsprävention und -forschung erkannt. In der Radikalisierungsprävention gehen die Staaten keine einheitlichen Wege. Bürkli konstatiert, dass in der Bedrohungswahrnehmung und hinsichtlich des konzeptionellen Verständnisses von Radikalisierung erhebliche Unterschiede bestehen. Diese führten dazu, dass manche Staaten religiöse fundamentalistische Einstellungen als Teil des Problems betrachteten, während andere Staaten sich ausschließlich auf gewaltbereite Extremisten konzentrierten (vgl. Bürkli 2011, S. 39).

Nach Lorenzo Vidino lassen sich Maßnahmen gegen dschihadistische Radikalisierung grundsätzlich in die Kategorien „allgemeine Initiativen zur Radikalisierungsprävention" und „gezielte Interventionen" fassen (Vidino 2013, S. 2):

„Programme der ersten Kategorie sind hauptsächlich auf Gruppen ausgerichtet, die als potentiell gefährdet eingestuft werden [...]. Sie zielen darauf ab, deren Anfälligkeit für jihadistische Radikalisierung zu reduzieren. Das Spektrum von Maßnahmen ist breit. So werden im Projekt *Radical Middle Way* der britischen Regierung traditionalistische muslimische Gelehrte eingeladen, um Vorträge vor einem überwiegend jugendlichen, muslimischen Publikum zu halten. Ein niederländisches Projekt zielt darauf ab, die Integration junger Muslime zu fördern, indem ihnen der Zugang zu Arbeit und Bildung durch die Kooperation mit privatwirtschaftlichen Unternehmen erleichtert wird. Bei vielen Maßnahmen geht es auch darum, kritisches Denken und die Fähigkeit zur Auseinandersetzung mit entgegengesetzten Meinungen zu fördern. So werden in Slotervaart, einem Stadtteil Amsterdams, Kurse mit Titeln wie ‚Umgang mit Enttäuschungen' und ‚Lernen, mit Kritik an der eigenen Religion umzugehen' durchgeführt" (Vidino 2013, S. 2).

Zu den „gezielten Interventionen" zählen Maßnahmen, die sich an Individuen richten, die Merkmale von Radikalisierung aufweisen. In einem ersten Schritt werden Akteure des Sozialraums (Sozialarbeiter, Lehrer, Bewährungshelfer etc.) für den Themenkomplex Radikalisierung sensibilisiert. Auf der Grundlage von Fortbildungsmaßnahmen sollen die Sozialraumakteure potenzielle Fälle von Radikalisierung erkennen und gegebenenfalls die zuständigen Behörden informieren (vgl. Vidino 2013, S. 2). Sofern ein Risiko vorliegt, werden geeignete pädagogische Maßnahmen erwogen. Als erfolgreich hat sich in den vergangenen Jahren der Einsatz von Mentoren erwiesen, die z B. aus dem familiären Umfeld des Betroffenen stammen. Nach Lorenzo sind die Erfahrungen in Großbritannien, Dänemark und den Niederlanden im Bereich der gezielten Interventionen sehr positiv. So sei z.B. von den 1.500 Personen, bei denen man im britischen „Channel-Programm" interveniert habe, bis zum Jahr 2010 keiner im Kontext von dschihadistischen Straftaten aufgefallen. Ähnlich positive Zahlen vermeldeten dänische und niederländische Behörden (vgl. Vidino 2013, S. 3).

4.4.1 Fallbeispiele

a) Niederlande: Prävention in der Zivilgesellschaft

Im Bereich der Radikalisierungsforschung und -prävention haben unsere Nachbarn eine Vielzahl von Initiativen und Projekten vorzuweisen, die hier nur unvollständig wiedergegeben werden können.

Von herausragender Bedeutung ist im Forschungsbereich das *Centrum voor Terrorisme en Contraterrorisme* (CTC), das als Einrichtung der Universität Leiden im Jahr 2007 auf dem Campus Den Haag gegründet wurde. Der Direktor des CTC, Edwin Bakker, hatte bereits im Jahr 2006 die herausragende Studie „Jihadi terrorists in Europe – their characteristics and the circumstances in which they joined the jihad: an exploratory study" vorgelegt, in der mehr als 200 Biografien von verurteilten Dschihadisten untersucht wurden. Zwischenzeitlich wurde die Studie erweitert und überarbeitet und im Jahr 2011 in einem Sammelband unter dem Titel „Characteristics of Jihadi terrorists in Europe (2001-2009)" veröffentlicht (Bakker 2011). Bakkers Forschungen ermöglichen erstmals Einblicke in individuelle Radikalisierungsverläufe. So zeigen sie auf, dass Radikalisierungsprozesse oft in Gruppen stattfinden, die schon längere Zeit bestehen und die ursprünglich nicht mit islamistischem Extremismus in Verbindung gebracht werden können. Darüber hinaus zeigen sie, dass in Radikalisierungsverläufen soziale Probleme offenbar eine nicht unerhebliche Rolle spielen. So stammen z.b. Konvertiten, die sich radikalisiert haben, zumeist aus der Unterschicht (vgl. diepresse.com 2011).

Die Anfänge einer systematischen Radikalisierungsprävention, die sich gegen gewaltbereite Islamisten richtet, begannen in den Niederlanden im Jahr 2001. Zu einem allgemeinen gesellschaftlichen Thema, das für niederländische Verhältnisse außerordentlich kontrovers diskutiert wurde, entwickelte sich die Radikalisierungsprävention nach der Ermordung von Theo van Gogh im Jahr 2004. Die anschließende Terrorismusdebatte wurde unter Vermischung mit der Integrationsproblematik („multikulturelles Drama") mit zum Teil verzerrenden kulturalistischen Zuschreibungen geführt. Trotz der damit einhergehenden Polarisierungen – unter denen insbesondere viele Muslime zu leiden hatten – entstanden in den Folgejahren eine Vielzahl von interessanten Präventionsprojekten, von denen hier lediglich das ganzheitliche Präventionsprojekt „Amsterdam tegen radicalisering" (Gemeente Amsterdam 2007) vorgestellt werden soll. Vorab sei angemerkt, dass die niederländische Vorgehensweise gegen Radikalisierung durch lokale Umsetzungsstrategien gekennzeichnet ist. Dem Staat kommt eher eine flankierende und fördernde Funktion zu (vgl. uni-muenster 2013).

Die Stadt Amsterdam stellte auf der Grundlage einer Studie des Instituut voor Migratie en Etnische Studies (IMES) im Jahr 2007 erstmalig eine ganzheitliche präventive Radikalisierungsstrategie vor, die sich an alle relevanten Bevölkerungsteile richtet.

„Der Amsterdamer Fallstudie zufolge liegt der Umgang mit den dschihadistischen Gruppen im Verantwortungsbereich der Polizei. Die Stadt fühlt sich für diejenigen zuständig, die sich in einem Radikalisierungsprozess befinden und geht davon aus, dass Prävention auf drei verschiedenen Ebenen erfolgen muss. Diese wurden in der Amsterdamer Fallstudie in der Form von Richtlinien wie folgt beschrieben:
‚Allgemeine Prävention: Den Nährboden für Unmut, der junge Muslime möglicherweise dazu verleitet, sich von einer dschihadistischen Weltanschauung überzeugen zu lassen, ebenso bekämpfen, wie den Nährboden für Islamophobie und Diskriminierung, die unter der Mehrheitsbevölkerung zuzunehmen scheinen.'
‚Spezifische Prävention: Erkennen, dass bei jungen Muslimen die Gefahr besteht, dass sie mit dschihadistischer Ideologie in Kontakt kommen. Die Stadt bemüht sich, die Widerstandsfähigkeit muslimischer Gemeinschaften gegen radikale Anschauungen zu stärken.'

„Erkennen, dass sich Einzelpersonen bereits auf diesem Weg der Radikalisierung befinden und mit Basisprävention nicht mehr erreicht werden können, aber noch nicht gefährlich genug sind, um in den Zuständigkeitsbereich der Polizei zu fallen. Die Stadt versucht Personen, die in der Jugendarbeit tätig sind, dabei zu unterstützen, auf radikale Jugendliche durch Formen von Beratung, Training, Standardhilfe (allgemeine Hilfe) und ideologischer Herausforderungen einzuwirken. In einigen Fällen ist die Polizei informiert, schreitet aber nur ein, wenn es konkrete Hinweise auf vorbereitende Maßnahmen für Taten gibt.'" (Lüken-Klaßen / Heckmann 2011, S. 148).

Bemerkenswert am Amsterdamer Ansatz ist vor allem die angestrebte Wirkweite der Projektmaßnahmen, für die die Stadt im Jahr 2007 beachtliche 1,33 Millionen Euro bereitstellte. Die Bandbreite der Maßnahmen umfasst 16 Felder, die von der primären bis zur tertiären Prävention reichen. Neben der Verstärkung von interkulturellen Beziehungen, der Bekämpfung des Rechtsextremismus, der Schulung von Fachleuten, der Initiierung eines umfassenden Erfahrungsaustausches, der Immunisierung der Moscheegemeinden gegen islamistische Eindeutigkeitsangebote und gezielten Interventionen, geht es auch um die Bekämpfung von Diskriminierung und Intoleranz (vgl. Gemeente Amsterdam 2007, S. 7). Das Maßnahmenpaket richtet sich ausdrücklich nicht nur an potenziell oder bereits gefährdete Muslime, sondern auch an Mitglieder der nichtmuslimischen Mehrheitsgesellschaft, die zu islamfeindlichen Ansichten neigen. Folglich zählt zur allgemeinen Prävention auch die Einrichtung eines Antidiskriminierungsbüros, das der Benachteiligung und Diskriminierung von Muslimen entgegenwirken soll (vgl. Lüken-Klaßen / Heckmann 2011, S. 149).

Ein wichtiger Bestandteil des Amsterdamer Ansatzes sind die bereits erwähnten gezielten Deradikalisierungsmaßnahmen, die ähnlich auch im britischen „Channel-Programm" zum Einsatz kommen. Menschen, die der Überzeugung sind, dass sich Bekannte oder Familienangehörige im Prozess der Radikalisierung befinden, können diese bei einer Beratungsstelle melden. Die Meldestelle analysiert zunächst den Fall und zieht bei Bedarf ausgewählte Fachkräfte aus Jugendhilfe und Polizei hinzu. Sollte es sich tatsächlich um eine nachweisliche Radikalisierung handeln, werden im nächsten Schritt Akteure aus der Lebenswelt des Jugendlichen hinzugezogen, die schließlich mit Eltern und weiteren Angehörigen zu erkunden versuchen, welche Probleme der Radikalisierung zugrunde liegen und welche Lösungsmöglichkeiten ergriffen werden können. In den ersten Projektjahren gab es circa acht bis zehn Fälle derartiger Interventionen pro Jahr (vgl. ebd.).

Im Rahmenkonzept „Amsterdam tegen radicalisering" werden Muslime und muslimische Organisationen explizit nicht pauschal als potenzielle Problemträger dargestellt und damit negativ markiert. Vielmehr geht das Konzept davon aus, dass bestehende muslimische Vereine und Einzelpersonen wertvolle und kompetente Beiträge zur Ursachenbekämpfung der Radikalisierung leisten können. Moscheegemeinden können in ihrer Kinder- und Jugendarbeit die Resilienz von jungen Menschen gegenüber islamistischen Eindeutigkeitsangeboten fördern und so wichtige Aufgaben im Bereich der primären Prävention erfüllen. Ausgehend von diesen Prämissen wurde ein Netzwerk von kompetenten jungen Muslimen geschaffen, die sich aktiv an Gesprächen und Diskussionen in den muslimisch geprägten Wohnquartieren beteiligen und hierbei beispielsweise auf die Pluralität des Islams verweisen (vgl. ebd., S. 149).

Insgesamt betrachtet bietet das Amsterdamer Programm eine Vielzahl von bemerkenswerten Handlungsansätzen, die mit Sicherheit wertvolle Impulse für die Weiterentwicklung der Radikalisierungsprävention bereitstellen.

Kreative Ansätze und Engagement in Sachen Radikalisierungsprävention zeigten in den vergangenen zehn Jahren nicht nur staatliche oder kommunale Akteure. Auch in den heterogenen muslimischen Communities gab es beachtliche und innovative Handlungsansätze. Weit über die Niederlande bekannt wurde die Polder-Moschee, die 2008 im Amsterdamer Stadtteil Slootervart gegründet wurde. Das Konzept der Polder-Moschee, die mit ihrem Namen auf das traditionelle Polder-Modell verweist, beruht auf fünf Säulen.

- „Die Sprache bei Vorträgen und Predigten ist Niederländisch, nur kleinere Rituale bestehen aus arabischen Versen.
- Die Moschee ist eine interethische Institution, inklusive Imamen mit verschiedenen ethnischen Hintergründen, die auch verschiedenen Richtungen des Islam angehören.
- Die Zielgruppe des Programms der Moschee sind in erster Linie junge Menschen.
- Die Mosche ist Frauen gegenüber freundlich gesinnt; es gibt keine Kleiderordnung und Frauen können im selben Raum wie Männer (hinter diesen) beten.
- Die Moschee ist eine Brücke zwischen Muslimen und Nicht-Muslimen. Sie lädt alle Menschen aus ihrer Nachbarschaft ein, arbeitet mit den Stadtteilbehörden zusammen und organisiert Informationsveranstaltungen, Rundgänge und Diskussionen – selbst über Themen, die als Tabu gelten, wie Ehrenmorde, Homosexualität oder häusliche Gewalt" (Lüken-Klaßen / Heckmann 2011, S. 144).

Die Alleinstellungsmerkmale des Moscheeprojekts sind ohne jede Frage beachtlich. Eine Moscheegemeinde, in der Männer und Frauen in einem Raum beten können und deren Gesprächsangebote auch schwierige Themen – wie Homosexualität – nicht außen vor lassen, dürfte in Westeuropa ihresgleichen suchen. Leider konnte sich das innovative Projekt nicht auf Dauer halten. Das Gebäude mit einer Fläche von 3.500 Quadratmetern verschlang 16.000 Euro Miete monatlich. Da die Betreiber der Moschee auf ausländische Geldzahlungen und öffentliche Zuwendungen verzichten wollten, war der Betreiberverein ausschließlich auf Spenden angewiesen. Diese waren von Anbeginn nicht kostendeckend und die Moscheebetreiber mussten sich folglich verschulden. Da für die finanziellen Schwierigkeiten keine Lösung gefunden werden konnte, musste das Projekt am 16. November 2010 beendet werden (vgl. Dürr 2010).

b) Großbritannien: „*Prevent Strategy*" – trial and error

Großbritannien ist das Land in Europa, das in quantitativer und finanzieller Hinsicht seit 2001 die größten Anstrengungen in der Radikalisierungsprävention unternommen hat. Wie bereits kurz erwähnt, verkündete im Jahre 2003 der britische Premier Tony Blair die ganzheitliche Terrorabwehrstrategie CONTEST, die mit diversen, zum Teil erheblichen Modifikationen bis zum heutigen Tag fortgesetzt wird. Nach Bürkli war in der Anfangsphase die Strategie vollständig auf die Bedrohung durch dschihadistische Gefährder ausgerichtet. Fokussiert wurden insbesondere ausländische Täter und im Ausland begangene Straftaten mit terroristischen Hintergründen.

Eine erste erhebliche Umsteuerung des Programms wurde nach den verheerenden Busanschlägen am 7. Juli 2005 in London eingeleitet. Die Radikalisierungsprävention erhielt eine deutlich höherer Bedeutung und das Budget wurde zwischen 2006 und 2008 von 6 Millionen auf 140 Millionen £ erhöht (vgl. Bürkli 2011, S. 51). Das ist aus gesamteuropäischer Perspektive bislang ein unerreichter Spitzenwert. Das Gros der Finanzmittel war für Gemeinden und Sozialräume bestimmt, in denen ein großer muslimischer Bevölkerungsanteil vorzufinden war. Nach William Hammond verfolgt die „*Prevent Strategy*" der britischen Regierung vier Hauptziele:

> „Erstens, die Förderung gemeinsamer Werte und einer gemeinsamen britischen Identität [...]; zweitens, die Stärkung von Problemlösungen auf lokaler Ebene; drittens, die Unterstützung von zivilgesellschaftlichen Initiativen und Vorbildern; und viertens, die Stärkung religiöser Institutionen und geistlicher Autoritäten, die Gewalt als Mittel der Politik ablehnen" (Hammond 2011, S. 241).

Adressaten des Prevent-Programms waren in erster Linie lokale muslimische Gemeinschaften, die man als Bündnispartner gegen Radikalisierung zu gewinnen versuchte. Ferner sollten in belasteten Wohngebieten (soziale) Missstände gemildert oder beseitigt werden. Durch eine Stabilisierung der Lebenslagen sollte so die Attraktivität islamistischer Eindeutigkeitsangebote geschwächt werden. Das Prevent-Programm, das gezielt Gemeinden und Gemeinschaften vor Ort stärken sollte, wies jedoch, wie Hammond aufführt, eine Reihe von Unschärfen und Problemen auf:

- Maßnahmen wurden in bereits laufende Programme eingegliedert, die z.b. Unruhen zwischen verschiedenen ethnischen Gruppen in der Bevölkerung verhindern sollten (Kohäsionsprogramm).
- Mittel aus dem Sozialhaushalt wurden für Prevent-Maßnahmen umgewidmet.
- Alte soziale Hilfsprogramme der Kommunen wurden umformartiert und den Vergaberichtlinien der Prevent-Programme angepasst. Viele Maßnahmen, die eher sozialen Belangen galten, hatten faktisch keinen Bezug zur Terrorismusprävention.
- Gelder kamen teilweise Adressaten im kommunalen Raum zugute, die mit ihrer Arbeit nicht zur Terrorismusprävention beitrugen.
- Es gab Vorwürfe, dass extremistische Gruppen Gelder aus dem Prevent-Programm erhalten (vgl. Hammond 2011, S. 243f.).

Die Kritik an der Wirksamkeit und Zielgerichtetheit der Maßnahmen blieb nicht ungehört und die zuständigen Regierungsstellen beschlossen umfangreiche Modifikationen. Als hochproblematisch, wenn nicht gar kontraproduktiv, erwies sich hierbei die Übergabe der Programmleitung an das „Office for Security and Counter-Terrorism" (OSCT). Damit war das OSCT für die polizeiliche Verfolgung von terroristischen Straftätern und für die Zusammenarbeit mit den muslimischen Organisationen zuständig. Diese Regelung stieß – wie nicht anders zu erwarten – bei den muslimischen Organisationen auf massive Kritik und belastete vielerorts das über Jahre mühsam aufgebaute Vertrauensverhältnis. Darüber hinaus entstand in der nichtmuslimischen Mehrheitsgesellschaft der Eindruck, dass die Muslime insgesamt eine problematische Gruppe darstellen, die man nur mit Deradikalisierungsmaßnahmen von Delinquenz abhalten könne. Diese negative Markierung führte wiederum dazu, dass sich gerade junge Muslime nicht des Eindrucks erwehren konnten, dass ihnen erhebliche Teile der britischen Gesellschaft mit Ablehnung begegne(te)n (vgl. Hammond 2011, S. 44).

Die umfangreiche Kritik führte dazu, dass die „*Prevent Strategy*" im Jahr 2010/2011 erneut grundlegend überarbeitet wurde. Die im Juni 2011 vorgelegte Strategie benennt folgende Zielsetzungen:

"Within this overall framework the new Prevent strategy will have three objectives. It will:
- respond to the ideological challenge of terrorism and the threat we face from those who promote it;
- prevent people from being drawn into terrorism and ensure that they are given appropriate advice and support; and,
- work with a wide range of sectors and institutions (including education, faith, health and criminal justice) where there are risks of radicalisation which we need to address" (HM Government 2011, S. 40).

Nach Bürkli trennt das neue Prevent-Programm in formaler Hinsicht Fragen der Terrorabwehr von Integrationsfragen. Jedoch wurde die neue Prevent-Stategie von David Cameron unmissverständlich in der britischen Multikulturalismusdebatte verortet. Das Programm setze „britische Werte" normativ und betrachte ein hiervon abweichendes Verhalten grundsätzlich als problematisch. Damit würden im Programmkontext islamistische Gruppen nicht nur als ein mögliches Integrationshindernis angesehen, sondern „als eine Ursache von terroristischer Gewalt" (Bürkli 2011, S. 53). Eine derartige Sicht der Dinge hatte auch erhebliche Auswirkungen auf die Auswahl künftiger Kooperationspartner. Während die alte Prevent-Strategie teilweise dazu geführt hatte, dass sich islamistische Akteure als Repräsentanten der britischen Muslime etablieren konnten, schloss die neue Prevent-Strategie eine Zusammenarbeit mit extremistischen Gruppen kategorisch aus.

„Organisations commissioned to provide support to vulnerable people are in a position of great influence. They must be credible and able to reach and talk to people at risk. But we will not fund, or work with, extremist groups for this (or any other) purpose" (HM Government 2011, S. 8).

Für die bisherigen muslimischen Projektpartner bedeutete der rigide Kurs der modifizierten Prevent-Strategie, der erneut kontrovers verlaufende Diskussionen auslöste, zum Teil das Aus für finanzielle Förderungen. Betroffen hiervon war auch das erfolgreiche STREET-Programm („Strategy to Reach, Empower and Educate Teenagers"), das von Abdul Haqq Baker, dem ehemaligen Vorsitzenden der Moschee in Brixton, geleitet wurde. Baker galt vielen als problematischer Islamist. Unstrittig war indessen, dass er insbesondere bei jungen Muslimen ein hohes Maß an Glaubwürdigkeit genoss und er in religiösen Fragen einen nicht unerheblichen Einfluss geltend machen konnte (vgl. Bürkli 2012, S. 57).

4.4.2 Zwischenresümee – Radikalisierungsprävention in Europa

Die skizzierten Fallbeispiele zeigen, dass in Europa keineswegs einheitliche Vorstellungen zur Radikalisierungsprävention existieren. In den aufgeführten Ländern sind nachfolgende Fragen nicht gelöst und werden von verschiedenen zivilgesellschaftlichen Gruppen sehr kontrovers diskutiert.

a) Wie vollzieht sich Radikalisierung?

Trotz langjähriger Diskussionen gibt es unter Experten keinen Konsens in den Fragen, was unter Radikalisierung zu verstehen ist, worin ihre Ursachen liegen und in welchen gemeinschaftlichen Prozessen sie sich vollzieht. Fest steht lediglich, „dass es sich um einen komplexen und in hohem Maß individuell ausgeprägten Mechanismus handelt, in dem strukturelle und persönliche Faktoren in Wechselwirkung zueinander stehen" (Vidino 2013, S. 3). In der Konsequenz bedeutet dies, dass Prävention über keine klar abgegrenzten Handlungsfelder verfügt. Ferner ist zu konstatieren, dass es in Europa derzeit keine probaten Rezepte gegen Radikalisierung gibt, die auch andernorts Verwendung finden könnten unter Berücksichtigung der jeweils spezifischen Bedingungen. Angesichts der bestehenden Unklarheiten, muss z.b. die britische Prevent-Strategie in ihren zentralen Annahmen kritisch gesehen werden. Das britische Programm fokussiert in einem erheblichen Ausmaß muslimische Gemeinschaften und versucht diese in die Radikalisierungsprävention einzubinden. Unklar ist jedoch, ob Radikalisierung überhaupt mit dem Gemeindeleben in einem unmittelbaren Zusammenhang steht. Radikalisierungsverläufe aus Deutschland zeigen u.a., dass Radikalisierungsprozesse in den bislang bekannten Fällen zumeist abseits der Moscheen stattfinden.

b) Führt Prävention zur Stigmatisierung?

Bürkli erkennt insbesondere in der britischen Radikalisierungsprävention einige grundlegende Probleme. Seines Erachtens führe die operative Abstützung auf die islamischen Gemeinschaften und die Betonung der religiösen Identität radikalisierter Gewalttäter zu einer Reihe von negativen Effekten:

- Erstens hätte diese Praxis zu einer unbeabsichtigten Ermächtigung von sogenannten „Gatekeepern" geführt, die gegenüber Behörden als Vertreter muslimischer Glaubensgemeinschaften aufgetreten seien.
- Zweitens hätte die Durchführung des Programms zu einer „Stigmatisierung der muslimischen Bevölkerung geführt". Dieser Effekt sei u.a. durch die Verteilung der Prevent-Gelder auf Wohnbezirke mit überwiegend muslimischer Bevölkerung hervorgerufen worden.

- Drittens wurde von muslimischer Seite der Verdacht ausgesprochen, die britische Regierung würde unter dem Deckmantel von Präventionsmaßnahmen Muslime bespitzeln.
- Schließlich sei kritisch zu sehen, dass allgemeine Integrationsmaßnahmen im Kontext der Terrorabwehr betrieben würden. Diese Vorgehensweise würde eine „Versicherheitlichung" der Beziehungen zwischen Muslimen und Staat bewirken (Bürkli 2011, S. 59f.).

c) Prävention gegen was?

Unterschiedliche Vorgehensweisen sind auch bei der Beschreibung der Problemlage zu erkennen. Die modifizierte Prevent-Strategie in Großbritannien richtet sich seit dem Juni 2011 explizit auch gegen Ideologien, die den Terrorismus fördern könnten. Damit wird auch allgemein der nicht gewaltbefürwortende Islamismus als Teil des Problems angesehen. Auf der Grundlage dieser Sichtweise fördert die 2007 gegründete „Research, Information and Communications Unit" (RICU), die dem „Home Office" unterstellt ist, Maßnahmen, die „moderaten" Muslimen in muslimischen Communities mehr Gewicht verschaffen. Nach Bürkli sollen diese Maßnahmen verhindern, „dass die öffentliche Debatte von fundamentalistischen Organisationen dominiert wird" (Bürkli 2012, S. 54). Ob dieser gravierende Eingriff in die Belange von Religionsgemeinschaften die Terrorgefahr erheblich schmälert, kann allerdings bezweifelt werden.

Ähnliche Maßnahmen wie die RICU vertreten bekanntlich auch die deutschen Behörden auf der Bundesebene. Eine Zusammenarbeit in Präventionsprojekten mit Organisationen, die als islamistisch gelten und vom Verfassungsschutz beobachtet werden, ist systematisch ausgeschlossen. Als Beispiel sei hier erneut auf das Bundesprogramm „Initiative Demokratie Fördern" verwiesen, das die nichtstaatlichen Projektträger per Erklärung dazu verpflichtet, die Zusammenarbeit mit beobachteten Organisationen zu unterlassen. Zu den beobachteten Organisationen zählt u.a. die Islamische Gemeinschaft Milli Görüş (IGMG), die mit mehr als 300 Moscheegemeinden in Deutschland eine der größten muslimischen Organisationen darstellt. Die Beobachtung der IGMG wird seit einigen Jahren sehr kontrovers diskutiert.

Als Gegenbeispiele können die lokalen niederländischen Programme und die bislang nicht erwähnte norwegische Strategie („Aktionsplan zur Vorbeugung von Radikalisierung und gewaltbereitem Extremismus") angeführt werden. Diese richten sich ausschließlich gegen den gewaltbereiten Extremismus und schließen eine punktuelle Zusammenarbeit mit islamistischen Gruppen oder Einzelpersonen nicht kategorisch aus (vgl. Bürkli 2012, S. 66).

d) Zusammenarbeit mit Muslimen – eine asymmetrische Partnerschaft?

Die Gestaltung der Zusammenarbeit von Staat und muslimischen Gemeinschaften im Bereich der Radikalisierungsprävention gestaltet sich in den Staaten Westeuropas sehr heterogen. In der britischen Prevent-Strategie nehmen Muslime und ihre Organisationen eine sehr ambivalente Position ein. Je nach Betrachtungsweise sind sie Teil des Problems oder Teil der Lösung. Da der britische Staat sich das Recht vorbehält, die Bedingungen der Partnerschaft zu diktieren, kann von einer gleichberechtigten und vertrauensvollen Partnerschaft nicht die Rede sein. Dieser grundlegende Sachverhalt kann auch für die deutschen Anstrengungen im Bereich der Radikalisierungsprävention konstatiert werden. Insbesondere die „Initiative Sicherheitspartnerschaft" zeigt, dass das Bundesministerium des Innern, Bedenken muslimischer Partnerorganisationen nicht ausreichend berücksichtigt. Das unbeirrte Festhalten an der Plakataktion „Vermisst" mag zwar staatliche Entschlossenheit in der Präventionsarbeit signalisieren, führt in der Konsequenz jedoch dazu, dass viele Muslime den Behörden und der neu geschaffenen Beratungsstelle in Nürnberg ihr Vertrauen entziehen. Hinzu kommt, dass der Staat seine Partnerauswahl teilweise auf der Grundlage fragwürdiger Kriterien trifft.

In Kontrast zur britischen und deutschen Konzeption von Partnerschaft im Kontext der Radikalisierungsprävention stehen erneut die kommunal orientierten niederländischen Modelle. Das Rahmenkonzept „Amsterdam tegen radicalisering" betrachtet Muslime und ihre Organisationen grundsätzlich als wertvolle Partner in der Präventionsarbeit. Von kommunaler Seite aus gibt es gegenüber den Muslimen keine Logik des Verdachts, die Misstrauen, Verweigerung und fundamentale Ablehnung hervorrufen kann. Vielmehr betrachtet die Kommune Muslime als bürgerschaftliche Akteure, die wie alle anderen Bürger in gleichem Maße dem Gemeinwohl verpflichtet sind. Das Problem der Radikalisierung wird grundsätzlich als eine gemeinschaftliche Herausforderung angesehen, die von allen relevanten Organisationen und Personen der Wohnquartiere bewältigt werden muss.

4.5 Radikalisierungsprävention in der Praxis – ausgewählte Beispiele aus den Handlungsfeldern Gemeinde, Jugendhilfe, Politische Bildung und Schule

Nach der umfangreichen Darstellung der Präventionsproblematik und deren Handhabung in ausgewählten Nachbarstaaten werden in diesem Kapitel vielversprechende Modellprojekte in Deutschland, die als Wegbereiter einer künftigen überwiegend pädagogisch bestimmten Präventionsarbeit angesehen werden können, ausführlich vorgestellt. Die Auswahl, die keineswegs den Anspruch erhebt, einen repräsentativen Überblick zu bieten, beschränkt sich auf drei strategische Handlungsfelder.

Das erste bedeutsame Handlungsfeld bildet die Gemeindearbeit. In Deutschland existieren circa 2.500 Moscheegemeinden, die teilweise über relativ große Jugendabteilungen verfügen. Die dort von Imamen und ehrenamtlichen Gemeindemitgliedern geleistete Bildungs- und Jugendarbeit kann einen wertvollen Beitrag zur Radikalisierungsprävention leisten. Voraussetzung hierfür ist jedoch, dass die Gemeindeakteure von der Notwendigkeit einer Präventionsarbeit überzeugt sind.

Das zweite wichtige Handlungsfeld bildet die von kommunalen und freien Trägern verantwortete Jugendhilfe und Jugendarbeit. Vor allem in den urbanen Räumen gibt es eine Vielzahl von Trägern, die täglich mit ihren offenen Angeboten und Projekten eine hohe Anzahl von Jugendlichen erreichen. Im Rahmen dieser Arbeit gibt es zahlreiche Ansatzpunkte für eine Präventionsarbeit, die in erster Linie im Bereich der primären Prävention zu verorten ist.

Als drittes ist schließlich das Handlungsfeld Schule anzuführen. Die Schulen bilden, ohne jede Frage, das wichtigste Handlungsfeld im Kontext der Radikalisierungsprävention. Dieser Sachverhalt liegt insbesondere darin begründet, dass die Schule der einzige Lernort ist, der aufgrund der bestehenden Schulpflicht alle jungen Menschen erreichen kann. Die konkreten Handlungsansätze am Lernort Schule sind außerordentlich vielfältig. Neben den Fächern der Werteerziehung bildet insbesondere der noch junge islamische Religionsunterricht in den Jahrgangsstufen 5 bis 10 ideale Voraussetzungen für eine reflektierte Auseinandersetzung mit dem Islam und seinen Quellen, in der junge Muslime u.a. erkennen können, dass innerhalb des Islams ein hohes Maß an Pluralität gegeben ist.

4.5.1 Radikalisierungsprävention in muslimischen Gemeinden

Für viele Gemeinden und einen Teil der muslimischen Dachverbände stellt die Radikalisierungsprävention ein schwieriges und oftmals emotionsgeladenes Thema dar. Der erste Grund hierfür ist in der in Islamdebatte zu sehen, die in Deutschland seit mehr als einer Dekade mit einem großen emotionalen Engagement geführt wird. Für Verärgerung und mitunter auch Verbitterung in den muslimischen Gemeinden sorgten immer wieder mit Verve vorgetragene Bezichtigungskurse, die den Islam generell als eine gewaltaffine Religion darstellen, die zudem einen Hang zum Totalitarismus aufweise. Darüber hinaus wurde in den vergangenen Jahren wiederholt der Verdacht geäußert und genährt, dass Moscheen Orte der Radikalisierung sein könnten. Als Beleg für diese Vorhaltung sei hier erneut an die sogenannten „verdachtsunabhängigen Kontrollen" der Moscheegemeinden erinnert, die in Niedersachsen über einen langen Zeitraum hinweg durchgeführt wurden. Aufgrund der genannten Diskurse und der äußerst fragwürdigen staatlichen Kontrollaktivitäten, die sich allgemein gegen Moscheegemeinden richteten, entstand bei vielen Muslimen die Überzeugung, dass staatliche Stellen, aber auch ein Teil der deutschen Zivilgesellschaft, Muslime im Kontext der Radikalisierungsprävention eher als einen Teil des Problems wahrnehmen. Folglich betrachteten die Gemeinden und deren Spitzenverbände staatlich initiierte Präventionsaktivitäten, die auch Muslime zur Mitwirkung einluden, mit einer gewissen Skepsis.

Wie bereits im vorangegangenen Kapitel dargestellt, verlief die Zusammenarbeit von Staat und Muslimen in der Radikalisierungsprävention insbesondere auf der Bundesebene denkbar schlecht. Die bereits genannte „Initiative Sicherheitspartnerschaft" scheiterte an unüberbrückbaren Gegensätzen und offenbar gravierenden Kommunikationsproblemen bereits vor dem ersten großen Projekt. Eine ausschlaggebende Ursache hierfür ist mit Sicherheit in der fehlenden Sensibilität mancher staatlicher Akteure auf der Bundesebene zu sehen, die mit ihrem Sicherheitsdenken muslimische Gemeinden in einem fragwürdigen Kontext verorten. In diesem Zusammenhang sollte auch darauf hingewiesen werden, dass Moscheegemeinden in der Regel nicht mit Radikalisierungsprozessen in Verbindung gebracht werden können. Die bislang in Deutschland bekannt gewordenen Fälle gewaltbereiter neo-salafistischer Mobilisierung fanden in weitgehend abgeschotteten Milieus statt, zu denen Akteure aus den etablierten Moscheegemeinden faktisch keine Zugänge hatten. Schließlich sollte nicht unerwähnt bleiben, dass es für neo-salafistische Prediger in Moscheegemeinden, wie z.B. der IGMG, seit geraumer Zeit ein Auftrittsverbot gibt.

Trotz dieser ungünstigen Ausgangsbedingungen betrachten Gemeinden, aber auch unorganisierte Muslime, die zunehmend erfolgreicher agierende neo-salafistische Mobilisierung mit einiger Besorgnis. Auch den Moscheegemeinden ist nicht entgangen, dass radikale Prediger mit ihren einfachen Botschaften eine nicht unerhebliche Anziehungskraft auf junge Muslime ausüben können. Folglich sieht man die grundsätzliche Notwendigkeit einer umfassenden Präventionsarbeit. Diese Sicht der Dinge, die in vielen Gemeinden geteilt wird, blieb bislang jedoch weitgehend folgenlos.

4.5.1.1 Das Düsseldorfer Projekt „Aussteigerprogramm – Extremismusprävention"

Eigenständige Initiativen zur Radikalisierungsprävention seitens muslimischer Organisationen oder Gemeinden gibt es bislang in Deutschland lediglich in geringer Zahl. Vielversprechend und innovativ ist ein Projekt der Deutsch-Islamischen-Moscheestiftung (DIMS) mit dem Arbeitstitel „Aussteigerprogramm – Extremismusprävention", das im Jahr 2012 maßgeblich von dem Düsseldorfer Arzt Albert Al-Khatib initiiert wurde. Das Modellprojekt, das als Kooperationspartner den Verein marokkanischer Imame, Islamkundelehrer und die Düsseldorfer Polizei gewinnen konnte, will explizit aus einer muslimischen Perspektive einen gewichtigen Beitrag zur Radikalisierungsprävention und zur Deradikalisierung von jungen Menschen leisten. Die Projektträger beschreiben in ihrer Konzeptskizze unmissverständlich „die Gefahr des Abdriftens junger Menschen in terroristische Umfelder" und leiten hieraus „die Verpflichtung auch und gerade für gläubige Muslime" zu einer Präventionsarbeit ab (vgl. DIMS 2012). Die Notwendigkeit zum präventiven Handeln von Muslimen ergebe sich u.a. aus dem Sachverhalt, dass staatlich gelenkte Prävention in muslimischen Communities mit erheblichen Vorbehalten zu kämpfen habe:

> „Staatliche Aussteigerprogramme für extremistisch eingestellte Jugendliche und Heranwachsende böten kaum Anreize, sich an diese zu wenden, die Staatlichkeit wirkt eher abschreckend. Mehr Erfolg verspricht der Ansatz, Menschen, die in die Irre geleitet werden, religiöse Ansprechpartner zu vermitteln. Infrage kommen insbesondere Imame, die die religiöse und auch personale Autorität besitzen. Hier kann es dann zum ausführlichen Diskurs kommen. Einstellungen des Jugendlichen / jungen Heranwachsenden zu religiösen und auch damit verbundenen weltlichen Fragen können theologisch fundiert hinterfragt und auch verändert werden" (ebd.).

Zielgruppe der Düsseldorfer Initiative sind Jugendliche, die bereits Kontakte in neo-salafistische Milieus unterhalten und in ihrer Lebensumwelt durch Verhaltensänderungen aufgefallen sind. Das Projekt ist auf der Grundlage dieser Zielgruppenbestimmung im schwer handhabbaren Bereich der tertiären bzw. indizierten Prävention zu verorten.

Zentraler Bestandteil des Projekts ist ein zweiphasiger „Umorientierungsprozess für radikalisierte Jugendliche und junge Heranwachsende", der maßgeblich von ehrenamtlich arbeitenden Imamen in ihrem jeweiligen Gemeindekontext verantwortlich gestaltet werden soll. In „Phase 1" sollen zunächst „fehlorientierte Jugendliche", die auffällig geworden sind (bei Lehrkräften, Familie oder auch Nachbarschaft), an einen Pool von Imamen vermittelt werden. In einem zweiten Schritt soll mit der Fallbearbeitung ein kompetenter Imam beauftragt werden, der möglichst über unmittelbare Bezüge zum sozialen bzw. familiären Umfeld des Jugendlichen verfügt. Nach erfolgreichem Abschluss der Anbahnung beginnt die „Phase 2", die möglichst in einer Einstellungsveränderung der Jugendlichen münden soll. Der Imam soll in vertrauensvollen Gesprächen, die mit einer „wertschätzenden Zuwendung" einhergehen, gewaltbefürwortende neo-salafistische Narrative kritisch hinterfragen und theologisch fundierte Alternativen anbieten. Darüber hinaus soll der Imam mögliche soziale und psychische Problemlagen des Jugendlichen erkennen und gegebenenfalls adäquate Lösungsmöglichkeiten und Perspektiven aufzeigen. Nach Auffassung der Projektinitiatoren kommt dem Imam in diesem wichtigen Abschnitt eine „Lotsenfunktion" zu. Hilfestellungen, die der Imam oder die Gemeinde nicht aus eigenen Ressourcen generieren können, sollen z.B. durch externe staatliche und nichtstaatliche Professionelle der Jugendhilfe vermittelt werden. Eine Flankierung dieses Prozesses durch weitere staatliche und nichtstaatliche Stellen ist vonseiten der Projektleitung ausdrücklich erwünscht (vgl. DIMS 2012).

Der Düsseldorfer Projektansatz, der sich im Frühjahr 2013 noch in der Konzeptionsphase befand, steht für ein komplexes und anspruchsvolles Unterfangen, das von den mitwirkenden Imamen in fachlicher Hinsicht eine ganze Reihe von Qualifikationen verlangt, die bislang nicht in der klassischen Imam-Ausbildung vermittelt werden. Neben ausgezeichneten Deutschkenntnissen und guten seelsorgerischen Fähigkeiten, die als Grundvoraussetzung für eine Präventionsarbeit angesehen werden müssen, sollten die Imame über adäquate Gesprächstechniken, Kenntnisse über Radikalisierungsprozesse und ein ausgeprägtes Verständnis vom Sozial- und Bildungssystem verfügen. Darüber hinaus benötigen Imame und Gemeinden Zugang zu weitläufigen Netzwerken mit professionellen Akteuren des Sozialraums (Schule, Jugendhilfe, Polizei etc.), die zu einer engagierten und langfristigen Zusammenarbeit bereit sind.

Auf welchem Wege die genannten Qualifikationen vermittelt werden können und wie konkret die Deradikalisierungsarbeit gestaltet werden kann, ist derzeit im Detail noch nicht bekannt. Ungeachtet dieser noch zu klärenden Sachfragen konnten die Projektinitiatoren mit ihren Ideen innerhalb der muslimischen Communities und in der nichtmuslimischen Mehrheitsgesellschaft eine außerordentlich positive Resonanz erzielen. So konnte die DIMS mit ihrer Projektidee bei einem Wettbewerb des Bundesministeriums des Innern (BMI) im Jahr 2012 einen zweiten Platz belegen, der mit einer Förderzusage von 15.000 Euro verbunden war. Der Förderbetrag wird über drei Jahre gewährt. Viel Zuspruch fand das Projekt darüber hinaus bei zahlreichen muslimischen Gemeinden in Nordrhein-Westfalen. Bislang gab es zahlreiche kleinere Treffen und zwei große Veranstaltungen, in denen die Projektträger und Kooperationspartner die Imame und Vorstände der Gemeinden informierten. Mehr als 50 Imame, die mehrheitlich in marokkanischen Moscheegemeinden tätig sind, haben seither ihr Interesse bekundet. In den nächsten Monaten sollen u.a. in Kooperation mit der Landeszentrale für politische Bildung in Nordrhein-Westfalen weitere Veranstaltungen folgen, die die Imame auf ihre künftige Projekttätigkeit vorbereiten sollen. Geplant ist ferner der Aufbau einer umfangreichen Internetpräsenz. Auch wenn in der gegenwärtigen Phase keine Aussagen zur Umsetzbarkeit der gemeindebasierten Deradikalisierungsmaßnahmen gemacht werden können, stellen die Interessenbekundungen vieler Gemeinden bereits einen wichtigen Anfangserfolg dar.

4.5.2 Radikalisierungsprävention in der Jugendhilfe und politischen Bildung

In der Bundesrepublik Deutschland ist die Jugendhilfe und die hierin geleistete Kinder- und Jugendarbeit, die von freien und kommunalen Trägern verantwortet wird, ein fest etablierter zivilgesellschaftlicher Handlungsbereich, der seit Jahrzehnten hohe fachliche Standards vorweisen kann. Länder und Kommunen betreiben mit einem sehr hohen Finanzaufwand eine Vielzahl von Einrichtungen und Beratungsdiensten, die täglich eine hohe Zahl von Kindern, Jugendlichen und Eltern erreichen. Gute Ansätze bzw. Anknüpfungspunkte für eine Radikalisierungsprävention, die insbesondere im Bereich der primären Prävention zu verorten ist, lassen sich in der kommunalen Jugendarbeit finden. Die in den Wohnquartieren tätigen Organisationen verfügen in der Regel über ein gut qualifiziertes Personal und vielfältige Netzwerkbeziehungen, die weit in die Sozialräume hineinreichen. Für die professionellen Akteure der Jugendhilfe ist die Radikalisierungsprävention, die auf islamistische Eindeutigkeitsangebote zielt, ein relativ neuer Bereich, zu dem das Gros der Professionellen wenige Erfahrungen und Expertisen vorweisen kann. Einige Kommunen haben mittlerweile die Bedeutung der Radikalisierungsprävention erkannt und bieten für ihr pädagogisches Fachpersonal u.a. Fortbildungen an, die umfassend über die Problematik und mögliche Interventionsmöglichkeiten informieren. Darüber hinaus gibt es seit ca. fünf Jahren kommunale Träger, die mit ihrer Arbeit im Bereich der primären Prävention auf eine Stärkung der Ambiguitätstoleranz und der Dialogkompetenz zielen.

In den nachfolgenden Ausführungen werden zwei erfolgreich arbeitende Projekte der direkten Präventionsarbeit vorgestellt, die seit mehreren Jahren an der Schnittstelle von Jugendhilfe und Schule tätig sind. Das erste Projekt mit dem Namen „Ibrahim trifft Abraham" ist ein Dialoggruppenprojekt in Kombination mit einem jährlich stattfindenden Wettbewerb, das sich ausschließlich an Jungen richtet. Träger des Projekts ist die „Aktion Gemeinwesen und Beratung e.V.", die seit mehr als 20 Jahren Kinder- und Jugendarbeit in Düsseldorf leistet. Das zweite Projekt – „Dialog macht Schule" – ist gleichfalls ein Dialoggruppenprojekt mit einem Peer-to-peer-Ansatz, das in Stuttgart und Berlin von der Bundeszentrale für politische Bildung (bpb) und der Robert-Bosch-Stiftung durchgeführt wird.

4.5.2.1 „Ibrahim trifft Abraham" (ITA) in Düsseldorf

„Ibrahim trifft Abraham"[14] ist ein auf drei Jahre angelegtes Modellprojekt, das in Kooperation mit dem „Ministerium für Inneres und Kommunales des Landes Nordrhein-Westfalen" seit Oktober 2010 in Düsseldorf durchgeführt wird. Das Projekt verfügt über eine eigene Internetpräsenz (www.ibrahim-trifft-abraham. de), auf der der Projektträger über die Konzeption, Projektbeteiligte und Aktivitäten der Dialoggruppen informiert. Gefördert wird das Projekt im Rahmen des Bundesprogramms „Initiative Demokratie Stärken", das unter dem Dach des „Bundesministeriums für Familie, Senioren Frauen und Jugend" (BMFSFJ) angesiedelt ist. Im Rahmen des Programms werden bis Ende 2014 insgesamt 41 Modellprojekte mit einem jährlichen Finanzvolumen von 4,7 Millionen Euro gefördert. Ziel des vorrangig präventiv-pädagogischen Bundesprogramms ist es,

> „tolerante und demokratische Einstellungen und Handlungsweisen junger Menschen zu stärken, um auf diese Weise der Attraktivität linksextremistischer und islamistischer Ideologieangebote und Gruppenzugehörigkeiten entgegenzuwirken.
> Mit seiner speziellen Zielrichtung will das Bundesprogramm ‚Initiative Demokratie Stärken' insbesondere dazu beitragen, die gesellschaftliche Auseinandersetzung mit den Phänomenen des Linksextremismus und des islamistischen Extremismus anzuregen und geeignete Präventionskonzepte zu entwickeln" (demokratie-staerken.de 2013).

Das Programm, das wegen seiner Bandbreite (Linksextremismus und Islamismus) und der sogenannten Demokratieerklärung, die alle Projektträger unterzeichnen

---

14 Der Autor Michael Kiefer hat an der Konzeption und Durchführung des Projekts maßgeblich mitgewirkt.

müssen, mehrfach in der Kritik stand,[15] richtet sich an Jugendliche, Eltern und andere Erziehungsberechtigte, Fachpersonal aus Schule und Jugendhilfe und sozialräumliche Akteure. Die Förderschwerpunkte liegen in drei Bereichen. Im Themenbereich „Bildungsprojekte mit jungen Menschen" werden insbesondere Projekte gefördert, die dialogische Angebote durchführen. Der zweite Themenbereich „Sozialräumliche Ansätze" umfasst u.a. quartierbezogene, niedrigschwellige und aufsuchende Ansätze. Der dritte Themenbereich „Arbeit mit sozialisationsrelevanten Akteuren" dient der Fortbildung von pädagogischem Fachpersonal und der Arbeit mit Eltern und Erziehungsberechtigten. „Ibrahim trifft Abraham" ist im Themenbereich „Bildungsprojekte mit jungen Menschen" verortet.

a) Grundannahmen des Modellprojekts „Ibrahim trifft Abraham" (ITA)

Das Jungenprojekt geht von der grundlegenden Annahme aus, dass das Zusammenleben in einer werteplural orientierten Zuwanderungsgesellschaft, die durch eine hohe Diversität an Lebensentwürfen und damit verbundenen Wertesystemen gekennzeichnet ist, für alle Teile der Zivilgesellschaft eine komplexe Herausforderung darstellt. Gerade für jüngere Menschen stellt der Umgang mit verschiedenen Lebensentwürfen, Religionen und Weltanschauungen hohe Anforderungen an ihre Ambiguitäts- und Frustrationstoleranz. Dieser Sachverhalt gilt insbesondere für junge Menschen aus bildungsbenachteiligten Milieus, die diese Anforderungen nicht immer bewältigen, da u.a. ausgeprägte Schwierigkeiten in Schule, Beruf und Familie instabile Lebenslagen hervorbringen können. Dieser Sachverhalt gilt, so die Erfahrungen des Projektträgers, insbesondere für Jungen. Belastungen durch instabile Lebenslagen, Diskriminierungserfahrungen, Orientierungsprobleme in einer komplex verfassten Umwelt und weitere Faktoren können bei jungen Menschen dazu führen, dass Eindeutigkeitsangebote – z.B. des eingangs ausführlich dargestellten Neo-Salafismus – erheblich an Attraktivität gewinnen. Vor dem Hintergrund der skizzierten Ausgangslage ist ITA als ein Präventionsprojekt konzipiert, dass sich an der Schnittstelle von primärer und sekundärer Prävention verortet.

---

15 So wurde in der TAZ vom 27.02.2012 berichtet, dass nach Bekanntgabe des Evaluationsberichts des Deutschen Jugendinstituts (DJI) Politiker aller Parteien die Aufgabe des Linksextremismus-Programms forderten.

b) Ziele

ITA ist ein ressourcen- und ausdrücklich kein defizitorientiertes Projekt, das in einem ausgeprägten jungenspezifischen Setting insbesondere auf eine Stärkung der Ambiguitätstoleranz und der Dialogkompetenz zielt. Diese allgemeinen Zielsetzungen können für den Gruppenprozess – in Anlehnung an den Religionspädagogen Stephan Leimgruber – in die nachfolgend skizzierten Teilzielsetzungen ausdifferenziert werden (vgl. Leimgruber 2007, S. 95). In den Dialoggruppen sollen die Jungen zunächst eine „achtsame Wahrnehmung" differenter Elemente anderer Religionen und Weltanschauungen entwickeln. Hierzu zählt insbesondere ein möglichst konstruktiver Umgang mit Dissonanzen und Störungen, die in der alltäglichen Begegnung mit Menschen vorkommen können. Zum konstruktiven Umgang mit Dissonanzen zählen auch die „Fähigkeiten des Vergleichens und Auswertens". In diesen Prozessen können Differenzen und darauf basierende Konflikte sichtbar und begreifbar gemacht werden. Ferner soll den Teilnehmern durch Perspektivwechsel, die z.B. in Rollenspielen erreicht werden können, die Möglichkeit geboten werden, sich empathisch in die Rolle des anderen zu versetzen. Ein weiteres wichtiges Teilziel ist die „Anerkennung" und der „Respekt" für andere religiöse oder weltanschauliche Sichtweisen. In Verbindung mit dem letztgenannten Teilziel sollen die Jungen erkennen, dass unsere Sicht auf Menschen anderer Religionen und Weltanschauungen in einem erheblichen Maße geprägt ist durch die „eigene kulturelle Bedingtheit", die nicht selten ausgeprägte Bewertungsmuster bereithält, die der kritischen Reflexion bedürfen. Ein weiteres Teilziel ist darüber hinaus die Einsicht in die „Pluralität der Zuwanderungsgesellschaft". Moderne Zuwanderungsgesellschaften sind in einer globalisierten Welt einem stetigen und irreversiblen Wandlungsprozess unterworfen. Es gibt keine abgeschlossenen „reinen" Kulturen oder Religionsgemeinschaften. Die Normalfälle sind Transkulturalität und Transreligiosität. In diesem Kontext ist auch die Fähigkeit zur kritischen Auseinandersetzung mit neo-salafistischen Eindeutigkeitsangeboten als Ziel zu benennen. Die Teilnehmer sollen zur „Deutungskompetenz" befähigt werden, d.h., sie sollen befähigt werden, religiös verkleidete Ideologien der Ungleichheit zu identifizieren, zu hinterfragen und letztlich als problematische Phrasen zu entlarven (vgl. Leimgruber 2007, S. 89ff.).

c) Zielgruppe

Zahlreiche Berichte aus Wohnquartieren, Jugendhilfe und Schule zeigen, dass sich insbesondere Jungen aus bildungsbenachteiligten Milieus mit und ohne Zuwanderungshintergrund als anfällig für Eindeutigkeitsangebote extremistischer

Gruppen zeigen, die z.B. die komplexen Folgen einer globalisierten Welt in einen monokausalen Wirk- bzw. Schuldzusammenhang stellen. Deutlich zeigt sich dies beispielsweise in der Wahrnehmung des Palästinakonflikts, die zunehmend mit antisemitischen Deutungen und Zuschreibungen einhergeht. „Du Jude" ist so seit einigen Jahren bei vielen Jugendlichen aus einem islamischen Sozialisationskontext zu einem gängigen Schimpfwort geworden. Dass der Antisemitismus bei der genannten Gruppe in den vergangen Jahren eine zum Teil problematische Dimension erreicht hat, belegen u.a. die Übergriffe von sechs Jungen auf eine jüdische Tanzgruppe in Hannover im Juni 2010 und der Angriff auf einen Rabbiner in Berlin im August 2012, der vonseiten der Polizei ebenfalls männlichen Jugendlichen aus einem muslimischen Sozialisationskontext angelastet wird (vgl. Kiefer 2012).

Hinweise auf eine spezifische Männerproblematik enthalten ferner die Ergebnisse des Terrorismusforschers Edwin Bakker. Der niederländische Forscher untersuchte 2006 insgesamt 242 Biografien von in Europa verurteilten dschihadistischen Gewalttätern. Nahezu alle aufgeführten Straftäter sind Männer, die zu einem großen Teil erhebliche soziale Benachteiligungen aufweisen und sich in der Regel gemeinsam mit Teilen ihres Freundeskreises radikalisierten. Unter den Verurteilten befanden sich lediglich fünf Frauen (vgl. Bakker 2011).

Ausgehend von diesen Beobachtungen und Zahlen geht das Projekt ITA von der These aus, dass insbesondere bei Jungen mit Bildungsbenachteiligungen eine gewisse Affinität zu Eindeutigkeitsangeboten extremistischer Gruppen zu beobachten ist. ITA ist daher ausschließlich als Jungenprojekt konzipiert. Um eine negative Markierung bzw. Stigmatisierung der primären Zielgruppe (insbesondere Jungen mit islamischem Sozialisationskontext) zu vermeiden, richtet sich das Projekt explizit an Jungen aller Religionen und Herkünfte, die zwischen 14 und 18 Jahre alt sind.

d) Konzeption

ITA ist ein Projekt der direkten primären Prävention, das eine durchgehend partizipativ angelegte Dialoggruppenarbeit in einem jungenspezifischen Setting mit einem Jugendwettbewerb kombiniert. Die Wettbewerbskomponente und die ausgelobten hohen Sachpreise – 2011 und 2012 wurden insgesamt drei hochwertige Motorroller, I-Pods und Gutscheine für Ballonfahrten an die Gewinner übergeben – stellen ein starkes Attraktivitätsmoment dar, das die Zielgruppe zur Teilnahme an den freiwilligen Dialoggruppen bewegen soll. Die Dialoggruppen und die Wettbewerbsdurchläufe folgen im Projektzeitraum (2010-2013) einem festen Jahresrhythmus:

- Im Januar werden gemeinsam mit den schulischen und außerschulischen Partnern zunächst die Dialoggruppen zusammengestellt, die maximal acht Teilnehmer umfassen sollen.
- Von Februar bis Juli bzw. bis zum Start der Sommerferien bearbeiten die Teilnehmer in einer durchgehend moderierten Dialoggruppe das Impulsmotto „Ibrahim trifft Abraham". Am Ende der Arbeitsphase erstellen alle Gruppen einen möglichst detailliert ausgearbeiteten Aktionsvorschlag, der bei der Jury als Wettbewerbsbeitrag eingereicht wird.
- Anfang September (nach den Sommerferien) tritt die Jury zusammen und wählt die besten drei Aktionsvorschläge aus.
- Bis zum Dezember werden die ausgezeichneten Aktionsvorschläge mit den Teilnehmern je nach Aufwand und Möglichkeiten umgesetzt.
- Der Wettbewerb endet mit einer feierlichen Preisverleihung, auf der die Gewinner des Wettbewerbs mit hochwertigen Sachpreisen ausgezeichnet werden.

e) Dialoggruppen

Im Zentrum des Projekts stehen die Dialoggruppen, die jeweils von zwei erfahrenen Projektmitarbeitern moderiert werden. Die pädagogische Arbeit in den Dialoggruppen orientiert sich stark an partizipativen Grundsätzen. Eine thematische Festlegung bzw. Rahmung ist lediglich durch das Impulsmotto „Ibrahim trifft Abraham" gegeben. Dies bedeutet, dass in der Dialoggruppenarbeit gänzlich auf curriculare Vorgaben verzichtet wird. In der Dialoggruppenarbeit, die in der Regel 15 bis 20 Treffen umfasst, können drei Phasen unterschieden werden. In der ersten Phase erarbeiten die Teilnehmer auf zwei bis drei Treffen zunächst beliebig viele Themen- und Aktionsvorschläge, die durchaus auch Freizeitaktivitäten umfassen können, die keinen unmittelbaren Bezug zum Impulsmotto aufweisen. Diese werden dann in einem konsensorientierten Prozess gemeinsam diskutiert und zur Abstimmung gebracht. Die Vorschläge, zu denen ein Konsens erzielt werden konnte, werden in der zweiten Phase umgesetzt. Die Umsetzung der Themen- und Aktionsvorschläge, (darunter Exkursionen, Diskussionsrunden, Rollenspiele, Wissenswettbewerbe, Videoarbeiten und diverse Freizeitaktivitäten) erstrecken sich über circa sechs bis acht Treffen, die auch an Wochenenden stattfinden können. Die dritte Phase, mit zwei bis drei Treffen, dient schließlich der Ausarbeitung eines detailliert dargelegten Aktionsvorschlags, der einen unmittelbaren Bezug zum Impulsmotto „Ibrahim trifft Abraham" aufweisen soll.

Die Dialoggruppen, die zu erheblichen Teilen im Vormittagsbereich bei den schulischen Kooperationspartnern durchgeführt werden, sind im Hinblick auf die Religionszugehörigkeit heterogen zusammengesetzt. Neben Muslimen, die in einigen Gruppen die Mehrheit bildeten, nahmen bisher katholische, evangelische, orthodoxe, neuapostolische, yezidische und religionslose Jungen teil. Sieht man von den diversen Freizeitaktivitäten ab, hatten die von den Teilnehmern gewählten Themen auf der Grundlage des Impulsmottos einen unmittelbaren Bezug zu einer oder mehreren Religionen. Sehr beliebt waren vor allem ganztägige Exkursionen zu Synagogen, Moscheen und Kirchen, die von den Teilnehmern weitgehend eigenständig inhaltlich vor- und nachbereitet wurden. In der Begegnungsarbeit bzw. der intersubjektiven Begegnung, die als „Königsweg" des interreligiösen Lernens angesehen werden kann, ist die Arbeit der Moderatoren, die gleichfalls verschiedenen Religionsgemeinschaften angehören (muslimisch, christlich), von großer Bedeutung. In einem multireligiösen Setting müssen die Moderatoren mit viel Umsicht und Feingefühl agieren. Leitend sind hier der Grundgedanke der Gleichwertigkeit aller Religionen und der vollständige Verzicht auf jegliches Superioritätsdenken. In Anlehnung an John Hicks wird davon ausgegangen, dass Religionen und auch Weltanschauungen keinen Anspruch auf Absolutheit erheben können. Vielmehr wird von einer gleichwertigen Pluralität von Heilswegen ausgegangen (vgl. Leimgruber 2007, S. 52).

f) Praxiserfahrungen

In den Jahren 2011 und 2012 gab es zwei Wettbewerbsdurchläufe, an denen insgesamt elf Dialoggruppen teilgenommen haben. Die Bandbreite der Beteiligten reichte von „schulmüden" Jugendlichen, die in BuS-Gruppen[16] den Hautschulabschluss zu erlangen versuchen, bis hin zu Schülern aus Gesamtschulen, Realschulen und Berufskollegs (Berufsgrundschuljahr). Aufgrund der sehr guten Arbeitsbeziehungen des Projektträgers zu den Kooperationspartnern, die teilweise seit Jahren bestehen, gestaltete sich der Zugang zu den Jugendlichen in nahezu allen Fällen unproblematisch. Im ersten Wettbewerbsdurchlauf wurden die Veranstaltungen der Dialoggruppen ausschließlich in den Räumlichkeiten des Trägers durchgeführt. Der Mobilisierungsaufwand, der vor allem in der Startphase vonnöten war, erwies sich auch insgesamt als sehr hoch. Um eine kontinuierliche Teilnahme der Jungen an den Dialoggruppen sicherzustellen, waren zahlreiche aktivierende Telefongespräche notwendig, die fast jeder Gruppenaktion vorausgingen. Um den Mobilisierungsaufwand in einem vertretbaren Ausmaß zu halten,

---

16   BuS = Beruf und Schule.

wurde in der zweiten Wettbewerbsrunde umgesteuert, und der Großteil der Gruppen wurde als Go-in-Angebot direkt bei den schulischen Kooperationspartnern durchgeführt. Diese Umsteuerung hat sich in einem hohen Maße bewährt. Bereits im Verlauf der ersten Wettbewerbsphase konnten die Moderatoren die Erfahrung machen, dass sich sogenannte „bildungsbenachteiligte" Jugendliche bei der stofflichen Bearbeitung der teilweise sehr anspruchsvollen Themen erheblich leistungsstärker und kreativer zeigten als ursprünglich erwartet wurde. So bearbeiteten im ersten Wettbewerbsdurchlauf zwei BuS-Gruppen das Impulsmotto mit großem Engagement und einer überraschenden Vielfalt. Die Jungen, die den Hauptschulabschluss nicht auf dem Regelweg erlangen konnten, zeigten sich z.B. in Rollenspielen zu Moscheebaukonflikten in ihren Argumentationen sehr stark und differenziert. Nachfragen zeigten, dass das schulische Scheitern der Jungen, die größtenteils über einen Migrationshintergrund verfügten, nicht unzureichenden intellektuellen Fähigkeiten zuzuschreiben war, sondern auf hohe Abwesenheitszeiten in der Schule zurückzuführen sind.

Mitunter erwiesen sich die Themen Judentum, Israel und Nah-Ost-Konflikt als schwierig. Antijüdische Ressentiments und teilweise offener Antisemitismus wurden in einigen Gruppen sowohl von muslimischen als auch von christlichen Jugendlichen (mit polnischen und italienischen Hintergründen) mit Verve vertreten. Die negative Einstellung zum Judentum zeigte sich insbesondere in Rollenspielen. Bei einer simulierten Podiumsdiskussion, an der Repräsentanten aller in Deutschland beheimateten Religionsgemeinschaften teilnehmen sollten, wollte keiner der Jugendlichen die Rolle des jüdischen Podiumsteilnehmers übernehmen. Konflikträchtig erwiesen sich in einer Gruppe ferner die Vorbereitungen für einen Synagogenbesuch. Ein Junge mit polnischem Hintergrund verweigerte schlicht die Teilnahme am Synagogenbesuch mit dem vehement vorgetragenen Hinweis, dass man verflucht würde, sobald man eine Synagoge beträte. Einen erheblichen Beitrag zum Abbau bzw. zur Eindämmung antijüdischer Vorurteilsbekundungen leistete die Zusammenarbeit mit einer jüdischen Religionspädagogin, die in der Düsseldorfer Synagoge lebensweltnahe Einführungen in das Judentum durchführte und Alltag und Konflikte der Gemeinde detailliert darstellte.

Insgesamt betrachtet wird der bisherige Verlauf der Dialoggruppen und der damit verbundenen Wettbewerbe von allen Projektbeteiligten sehr positiv bewertet. Auch weitere heikle Themen, wie z.B. *Haram-Halal*-Diskurse über Musik, konnten in den Dialoggruppen konstruktiv diskutiert werden. Erfreulich war hier, dass sich auch Jugendliche, die bereits regelmäßig Veranstaltungen von neosalafistisch orientierten Moscheegemeinden besuchten, ernsthaft und respektvoll dem Diskussionsprozess stellten. Zum Abschluss der Dialoggruppenphase äußerten viele Jungen den Wunsch einer erneuten Teilnahme. Einige Jugendliche mit muslimischem Hintergrund erklärten sich sogar zur weiteren ehrenamtlichen Mitarbeit im Projekt bereit. In einem Fall entwickelte sich hieraus ein einjähriges Praktikum, das im Rahmen einer schulischen Ausbildung im Projekt absolviert wird. Deutlich hinter den Erwartungen zurück blieb die ausdrücklich erwünschte Kooperation mit den Düsseldorfer Moscheegemeinden. Zwei ausführliche Informationsveranstaltungen, zu denen der Projektträger alle Düsseldorfer Moscheegemeinden eingeladen hatte, und eine Reihe von Einzelgesprächen, die u.a. mit Gemeindevorständen durchgeführt wurden, erzielten nur eine sehr geringe Resonanz. Lediglich eine DITIB-Gemeinde entschloss sich zur Mitarbeit. Über persönliche Kontakte von Projektmitarbeitern konnten im zweiten Projektjahr Jugendliche aus dem Umfeld einer Düsseldorfer Roma-Gemeinde als Teilnehmer gewonnen werden. Hier zeichnet sich derzeit eine stabile Zusammenarbeit ab. Weshalb die Moscheegemeinden mehrheitlich kein Interesse an einer gemeinsam getragenen Dialogarbeit haben, kann aus den Gesprächsverläufen nicht erschlossen werden. Lediglich in einem Fall wurde grundsätzliche Vorbehalte gegen christliche Moderatoren vorgetragen, da diese angeblich Missionierungsabsichten hätten.

g) Offene Fragen

Wie bereits ausführlich dargelegt, stellt sich bei allen Präventionsprojekten zunächst die Frage nach der Wirksamkeit der durchgeführten Maßnahmen. Die Dialoggruppenprozesse in Kombination mit der Wettbewerbsphase dauern jeweils ein Jahr. Aufgrund dieser zeitlichen Befristung sind langfristige Zukunftsprognosen nicht möglich. Eine vollständige Zielerreichung – die beständige Verhinderung von Radikalisierungsprozessen – hat zur Voraussetzung, dass Prävention auf Dauer angelegt ist. Diesem Anspruch kann ITA ohne jede Frage nicht gerecht werden. Notwendig wären daher eine Entfristung des Projekts und eine vertiefte Kooperation mit allen relevanten Akteuren im Lebensumfeld der Teilnehmer, die deutlich über die Wettbewerbsphase hinausreicht. Ferner wäre zu fragen, auf welchem Weg die Moscheegemeinden in die Präventionsarbeit miteingebunden werden können. Die Projekterfahrungen mit den Moscheegemeinden waren bis auf Ausnahmen bisher wenig ermutigend. Welche Faktoren eine Zusammenarbeit behindern oder gar verhindern, ist nicht bekannt. Zur Klärung dieser nicht unbedeutenden Frage wären weitere explorative Gespräche erforderlich. Schließlich wäre danach zu fragen, welche Erfahrungen andere Modellprojekte im Kontext der primären Radikalisierungsprävention machen konnten. Wie bereits im vorangegangenen Kapitel festgestellt wurde, gibt es bislang auf Länder- und Bundesebene keinen systematischen Austausch. So gab es im Bundesprogramm „Initiative Demokratie Stärken" in zwei Jahren lediglich zwei bundesweites Treffen, auf denen die Projektträger ihre Erfahrungen austauschen konnten. Gerade dieser Sachverhalt ist als ein gravierendes Manko einzustufen. Die Entwicklung wirksamer Präventionsformate, die auch auf andere Sozialräume übertragen werden können, ist in einer partikularen Projektanordnung mit Sicherheit nicht möglich. Zukünftige Bundes- und Länderprogramme sollten daher einen regelmäßigen wissenschaftlich begleiteten Erfahrungsaustausch als Pflichtbereich ausweisen.

h)   Zwischenfazit zu „Ibrahim trifft Abraham" (ITA)

Eine umfassende Radikalisierungsprävention, die sich gegen Ideologien der Ungleichheit richtet, befindet sich in Deutschland nach wie vor in eher experimentellen Anordnungen. Folglich existieren derzeit auch keine erprobten Formate und Methoden, auf die Schulen, Jugendhilfeträger und Gemeinden zurückgreifen können. ITA bildet in diesem Kontext keine Ausnahme. Die im Projekt entwickelte Dialoggruppenmethode in Kombination mit einem attraktiven Jugendwettbewerb wurde weitgehend aus Erfahrungen der Jugend- und Jugendsozialarbeit des Trägers generiert. Nach dem zweiten Durchlauf kann aus der Sicht des Projektträgers, der Teilnehmer und Kooperationspartner eine erste positive Zwischenbilanz gezogen werden. Die auf Partizipation angelegte Dialoggruppenmethode wurde zwischen 2010 und 2012 bislang in elf Gruppen intensiv erprobt. Die intensive Mitarbeit und das Engagement der Teilnehmer sowie die Rückmeldungen der Moderatoren und beteiligten Schulen zeigen unisono, dass das Konzept erfolgreich angewandt werden kann. Aufgrund der begrenzten finanziellen Förderung, die im September 2013 endet, ist eine Fortsetzung des Projektes und damit eine kontinuierliche Fortentwicklung der Dialoggruppenmethode im Präventionskontext derzeit ausgeschlossen.

4.5.2.2   „Dialog macht Schule" – Politische Bildung in Kooperation mit Jugendhilfe und Schule

a)   Vorprojekte

„Dialog macht Schule" ist ebenfalls ein innovatives Dialoggruppenprojekt, das derzeit in Berlin und Stuttgart an der Schnittstelle zwischen Sozialraum und Schule durchgeführt wird. Projektträger und zugleich Geldgeber sind die Bundeszentrale für politische Bildung (bpb) und die Robert Bosch Stiftung (RBS). Obwohl das Projekt in formaler Hinsicht wesentliche Merkmale eines klassischen Jugendhilfeprojekts aufweist (Verortung in Sozialräumen, Kooperation mit kommunalen Partnern etc.), firmiert „Dialog macht Schule" unter dem Label „politische Bildung". Hintergrund ist hier die Entwicklung neuer Formate der politischen Bildung für junge Menschen aus bildungsbenachteiligten Milieus, die über lebensweltnahe und damit lokale Ansätze angesprochen werden sollen.

Die Vorarbeiten für „Dialog macht Schule" begannen bereits im Jahr 2006.[17] Als Initialzündung wirkten zwei Workshops im Juni und September 2006, an denen neben der bpb kommunale Akteure aus Essen und Berlin teilnahmen. Die Ergebnisse beider Treffen zeigten, dass insbesondere Fachkräfte aus Schule und Jugendhilfe Handlungsbedarf im Bereich der Radikalisierungsprävention sahen. Die bpb beschloss daraufhin in Kooperation mit der RAA Essen[18] und dem Bezirksamt Berlin-Neukölln die Entwicklung eines Modellprojekts, das zunächst den Arbeitstitel „Jugendkultur, Religion und Demokratie – Neue Formate der Islamismus- und Antisemitismusprävention in muslimisch geprägten Jugendmilieus mit Erprobungsphasen in Berlin-Neukölln und Essen" trug. Ziel des Projekts war in der ersten Phase die Entwicklung

- neuer Formate und Methoden der sozialraumnahen Bildung für Jugendliche mit überwiegend muslimischen Sozialisationskontexten,
- von Präventionsstrategien gegen islamistische Ideologien,
- einer Reihe von Produkten (Handreichungen, Leitfäden etc.), die in der schulischen und außerschulischen Bildung und Jugendarbeit eingesetzt werden können.

Die Umsetzung dieser Zielsetzungen erfolgte in den Modulen „Mobile Aktions- und Beratungsteams", „Monitoring Jugendkultur / Medien" und „Fortbildung", die in Berlin-Neukölln und Essen bei ausgewählten Projektträgern implementiert wurden. In eher experimentellen Anordnungen, die teilweise nicht die erhofften Ergebnisse erbrachten, konnten sich bis zum Jahr 2008 zwei Projektformate bewähren.

Im Produktbereich konnte insbesondere der Newsletter „Jugendkultur, Religion und Demokratie. Politische Bildung mit jungen Muslimen" einen hohen Bekanntheitsgrad erreichen. Der Newsletter, der von dem Berliner Verein Ufuq

---

17 Michael Kiefer hat 2006 und 2007 als wissenschaftlicher Berater an der Projektentwicklung teilgenommen.
18 Das Kürzel RAA steht für „Regionale Arbeitsstelle zur Förderung von Kindern und Jugendlichen aus Zuwandererfamilien".

e.V. erstellt wurde, berichtete auf hohem fachwissenschaftlichem Niveau über aktuelle Entwicklungen in muslimischen Jugendmilieus und fokussierte hierbei u.a. den Einfluss neo-salafistischer Jugendprediger auf Jugendliche. Darüber hinaus hatten junge Muslime die Möglichkeit, sich zu aktuellen Themen der Islamdebatte zu äußern. Der Newsletter, der sich an Lehr- und pädagogische Fachkräfte sowie an Multiplikatoren in der schulischen und außerschulischen Bildungs- und Jugendarbeit richtete, erschien von Oktober 2007 bis Februar 2011 mit insgesamt 19 Ausgaben (vgl. ufuq.de 2013). Trotz positiver Resonanz wurde der Newsletter durch die Online-Redaktion der bpb im Frühjahr 2011 eingestellt.

Sehr erfolgreich verliefen die Einführung und Entwicklung des Dialoggruppenformats für Jugendliche mit Zuwanderungsgeschichte und muslimischen Sozialisationskontexten. Pionier auf diesem Gebiet war die RAA Essen, die mit großem Engagement im August 2007 zunächst mit zwei Dialoggruppen begann. Die Zielsetzungen werden im Evaluationsbericht wie folgt beschrieben:

„Jugendliche aus bildungsbenachteiligten Milieus werden durch die Dialogmethode bzw. ihren Adaptierungen aktiviert und zur politischen Teilhabe in der Einwanderungsgesellschaft angeregt. [...] In diesem Rahmen wird durch das Projekt ein positives Lernklima gefördert. Gewalt und Beleidigungen in der Schule, Radikalisierungstendenzen und undifferenziertem Umgang mit Religion wird vorgebeugt [...]" (Adams / Schmitz 2010, S. 6).

Das Dialoggruppenangebot, das zwischenzeitlich von der Stadt Essen verstetigt wurde, richtet sich an Jugendliche im Alter von 14 bis 19 Jahren, die aus überwiegend bildungsbenachteiligten Schichten stammen. An den Dialoggruppen nehmen zwischen sieben und zehn Jugendliche teil. Geleitet werden die Gruppen von jungen Moderatoren, die selbst einen Zuwanderungshintergrund und zum Teil einen muslimischen Sozialisationskontext aufweisen. Die Dialoggruppenangebote, die zu erheblichen Teilen auch in Essener Schulen durchgeführt werden, dauern circa 90 bis 100 Minuten und folgen einem einheitlichen Rhythmus:

„Atmosphäre herstellen – Befindlichkeitsrunde mit gemeinsamem Imbiss – Newsrunde – Themenbesprechung – Übungen bzw. Spiele – Feedbackrunde zum Verlauf der Gruppe am Ende – Aufräumen" (ebd., S. 6).

In methodischer Hinsicht orientieren sich die Moderatoren an den Kernkompetenzen für den Dialog, wie sie von Martina und Johannes Hartkemeyer ausgearbeitet wurden (Hartkemeyer / Hartkemeyer 2005).

„Eine lernende Haltung einnehmen, Radikalen Respekt zeigen, Von Herzen sprechen, Generativ zuhören, Annahmen und Bewertungen suspendieren, Erkunden, Produktiv plädieren, Offenheit, Verlangsamung zulassen, Die Beobachterin beobachten" (zit. nach: Adams / Schmitz 2010, S. 6).

Die anfänglich eher explorative und experimentelle Dialoggruppenarbeit konnte inzwischen zu einem erprobten und methodenreichen Format ausgebaut werden, das über erhebliche Entwicklungspotenziale verfügt. Der Evaluationsbericht aus dem Jahr 2010 bescheinigt der RAA Essen eine hohe Zufriedenheit aller Projektbeteiligten und empfiehlt ausdrücklich die Fortführung des Projekts.

Das Essener Dialoggruppenprojekt schied Ende 2009 aus der Projektförderung der bpb aus und wird seit 2010 als kommunale Maßnahme durchgeführt. 2013 umfasste das Dialoggruppenprojekt, das künftig unter dem Titel „Interkultureller DIALOG – Jugendliche im Gespräch über Gott und die Welt, Heimat und Herkunft, Facebook und die Liebe" firmiert, elf Dialoggruppen, die u.a. in drei Moscheegemeinden durchgeführt werden.

b) Neuaufstellung des Projekts im Jahr 2009

Auf der Grundlage der in Essen gewonnenen Dialoggruppen- und der vielfältigen Projekterfahrungen, die in den Berliner Präventionsmaßnahmen gesammelt werden konnten, beschloss die bpb 2009 eine grundlegende Neuaufstellung des Projekts, für die die Robert Bosch Stiftung als wichtige Partnerin gewonnen werden konnte. Das Dialoggruppenprojekt, das nun den Titel „Jugend, Religion, Demokratie. Politische Bildung in der Einwanderungsgesellschaft" trug, startete im September 2009 in Berlin-Neukölln und Stuttgart mit 14 Dialoggruppen, an denen insgesamt zweihundert Schüler verschiedener Herkünfte teilnahmen. Als wichtige Kommunale Partner konnten in Berlin das „Bezirksamt Berlin-Neukölln" und in Stuttgart die „Abteilung Integration" unter der Leitung des Integrationsbeauftragten Gari Pavkovic gewonnen werden. Beide kommunale Institutionen fungierten als Türöffner in die schulischen Strukturen der Kommunen (vgl. Curvello / Müller-Hofstede 2011a, S. 6).

c) Ausgangsüberlegungen von „Dialog macht Schule"

Die Projektinitiatoren gehen davon aus, dass die Pluralisierung der deutschen Gesellschaft eine Fülle von Herausforderungen für die politische Bildung mit sich bringt. Handlungs- und Interventionsbedarf sei insbesondere gegeben durch die erheblichen Bildungsbenachteiligungen, die bei Kindern und Jugendlichen aus Familien mit Zuwanderungshintergrund zu konstatieren seien. Die politische Bildung habe zwischenzeitlich diese Herausforderung erkannt und suche „nach neuen Wegen und Formaten, um vor allem bildungsfernen Jugendlichen, die oft einen familiären Einwanderungshintergrund haben, zu einem Bewusstsein ihrer Potentiale und Chancen in einer demokratischen Gesellschaft zu verhelfen" (ebd., S. 7).

Die Aufgabenstellungen einer politischen Bildung, die auf die spezifischen Erfordernisse der skizzierten Zielgruppe angemessen reagiert, werden als sehr vielfältig angesehen. Die neuen Formate müssten die mitunter prekäre „psychosoziale Lage" ebenso berücksichtigen wie das komplexe „kulturelle Gepäck". Politische Bildung müsse daher veränderungsfähig sein und ihr Selbstverständnis erweitern. Dies bedeute die Erweiterung der Disziplin „als politische Bildung in der Einwanderungsgesellschaft" (ebd., S. 8).

Diese neuen Formate der politischen Bildung stehen in methodischer Hinsicht aber auch inhaltlich vor großen Herausforderungen, da das „kulturelle Gepäck" der Teilnehmenden ein ganzes Bündel sensibler Themen beinhaltet. So betrachten Teilnehmer der Dialoggruppen den Nah-Ost-Konflikt „eher aus einer Betroffenenperspektive". Diese könne durchaus zu Positionen führen, die im Widerspruch zu den gängigen Mediendiskursen stehen, die dem besonderen Verhältnis von Deutschland zu Israel Rechnung tragen. Ein weiteres sensibles Themenfeld betrifft „eine differenzierte Herangehensweise an Fragestellungen wie Sexualität vor der Ehe, aber auch durch die Familie vermittelte oder arrangierte Eheschließungen" (ebd., S. 8). Im schulischen Kontext könnten offensiv vertretene traditionelle Wertvorstellungen zu Konflikten mit Lehrkräften führen, die eher liberalere Ansichten vertreten. Schließlich gäbe es vor allem in Berlin-Neukölln ein besonderes Interesse für Fragen und Themen, die den Islam betreffen:

„Religion resp. der Islam wird als eine sinnstiftende Identitätsressource betrachtet, die angesichts wahrgenommener Diskriminierungen und islamkritischer Berichterstattung in den klassischen Medien offenbar Rückhalt verleiht. Nicht selten wird der Islam von den Betroffenen relativ rigide ausgelegt. Es kann sogar zu Mobbing oder einem Wettbewerb in der Ausdeutung und Einhaltung religiöser Regeln kommen. Dadurch wird nicht nur viel Energie der Jugendlichen gebunden, auch Konflikte mit der Schule und den Lehrern sind häufig vorprogrammiert" (Curvello / Müller-Hofstede 2011b, S. 10f.).

Insbesondere bei den letztgenannten Problemstellungen sehen die Projektinitiatoren die Notwendigkeit der Berücksichtigung besonderer Zugänge. Diese seien über offene Dialoggruppen zu erreichen, in denen Moderatoren und Teilnehmer kontroverse Positionen in einer von gegenseitigem Respekt geprägten Gesprächsatmosphäre erörtern könnten (vgl. ebd., S. 11).

d) Ziele

Ausgehend von den dargelegten Problemstellungen möchte das Projekt Teilnehmende ab der siebten Klasse dabei unterstützen, „ein Bewußtsein für Demokratie und gesellschaftliche Partizipation zu entwickeln sowie [sie] für einen differenzierten Umgang mit Fragen von Identität, Religion und Gesellschaft [...] gewinnen" (Curvello / Müller-Hofstede 2011a, S. 6). Die Dialoggruppen sollen bei den Jugendlichen vielfältiges Interesse für gesellschaftliche und politische Themen wecken. Ferner soll den Teilnehmenden die Möglichkeit geboten werden, sich mit den komplexen Wirkmechanismen einer demokratischen Kultur altersgerecht auseinanderzusetzen. Zielführend hierbei sei die Hinführung zur gesellschaftlichen Teilhabe, die zunächst lebensweltnah zu gestalten sei. Darüber hinaus sollen „soziale Kompetenzen", „Dialogfähigkeit", „Selbstvertrauen und Selbstwirksamkeit" sukzessive gefördert werden (vgl. ebd.).

e) Zielgruppen

Da das Projekt „Dialog macht Schule" einem noch zu erläuternden „Peer-Education"-Ansatz folgt, richtet es sich an zwei Zielgruppen. Hauptzielgruppe sind Schüler ab der siebten Klasse, die aus eher bildungsbenachteiligten Milieus kommen. Viele dieser Schüler verfügen über einen Zuwanderungshintergrund. Da „Dialog macht Schule" auch an Realschulen und Gymnasien durchgeführt wird, zählen zur Schülerzielgruppe auch Teilnehmende, die keine Bildungsbenachteiligungen aufweisen. Diese stellen an den beteiligten schulischen Standorten jedoch eine Minderheit dar. Die zweite Zielgruppe besteht aus Studenten und jungen Absolventen, die möglichst einen Dialoggruppenhintergrund aufweisen sollen. „Dialog macht Schule" bietet dieser Zielgruppe, der junge Erwachsene im Alter von 22 bis 30 Jahren angehören, die Möglichkeit, sich zum Dialoggruppenmoderator ausbilden zu lassen.

f) Konzeption

Wie der Projektname „Dialog macht Schule" unschwer erkennen lässt, steht im Zentrum der Konzeption eine „dialogische Herangehensweise", die politische Bildung als kommunikative Praxis begreift, die in einem erheblichen Maße durch Partizipationsmöglichkeiten gekennzeichnet ist. Hierbei geht es explizit nicht in erster Linie um die Vermittlung von gesellschaftlich konformen Inhalten und Normen; vielmehr sollen die Anliegen, Bedürfnisse und Erfahrungen der Jugendlichen im Mittelpunkt stehen. Die Teilnehmenden haben die Möglichkeit, Themen eigenständig zu bestimmen und ihre individuelle Perspektive einzubringen. Der durch die Dialoggruppenkonzeption gesetzte Rahmen bietet Raum für Experimente und Umwege. Die dialogische Herangehensweise zielt nicht auf die

Erreichung eines curricular determinierten Wissensstandes, sondern ist prozessorientiert. In der Konzeption des Projekts werden sechs Kernelemente beschrieben (Curvello / Müller-Hofstede 2011a, S. 8):

1. „Schnittstelle zwischen schulischer und außerschulischer Bildung"
   Das Dialoggruppenkonzept ist so angelegt, dass Dialoggruppenmoderatoren und Lehrkräfte an schulischen Standorten dauerhaft zusammenarbeiten.
2. „Ressourcen- und Kompetenzorientierung als grundlegende Bausteine"
   Die Dialogmoderatoren arbeiten auf zwei Ebenen. Auf der „psychosozialen Ebene" soll „Selbstvertrauen und Selbstwertgefühl" aufgebaut werden. Um diese Zielsetzung zu erreichen, hält das Konzept eine mindestens zwei Jahre andauernde Dialoggruppenphase für notwendig. Die zweite Ebene betrifft die „Kompetenzentwicklung". Das Konzept sieht im Gruppenprozess die Generierung der Kompetenzen „politische Urteilsfähigkeit", „politische Handlungsfähigkeit" und „methodische Fähigkeiten" vor.
3. „Weiterbildung und Supervision der Dialoggruppenmoderatoren"
   Den Dialoggruppenmoderatoren begegnen in der Schule große fachliche Herausforderungen. Um den pädagogischen und didaktischen Herausforderungen gerecht zu werden, bieten die Projektträger „Weiterbildungswochenenden" und regelmäßige „Auswertungs- und Evaluationssitzungen" an.
4. „Lernendes Projekt"
   Die Dialoggruppenmethode befindet sich nach wie vor in der Entwicklungsphase. Gefordert sind daher „Kreativität" und ein hohes Maß an gestalterischer Kompetenz und Flexibilität. Die Gruppenprozesse bedürfen der durchgehenden Reflexion seitens der Moderatoren und Projektverantwortlichen. Mögliche Fehlentwicklungen sollen möglichst frühzeitig erkannt werden.
5. „Dialogansatz als Grundlage für die Arbeit der Moderatoren"
   Wie auch im bereits skizzierten Essener Projekt, ist eine wichtige Grundlage der Dialogmoderatoren der Dialogansatz von Martin Buber und David Bohm, der in Deutschland u.a. von Martina und Johannes Harkemeyer weiterentwickelt wurde. Der dialogische Austausch von Erfahrungen soll die Herausbildung von Lernstrategien ermöglichen, mit denen Jugendliche an „politische Bildung herangeführt werden können". Der Projektträger sieht hier einen Bedarf „weiterer methodischer Kompetenzen der Moderatoren zur Leitung und Steuerung von Gruppenprozessen".
6. „Einwanderungsbiografie der Moderatoren"
   Die Dialoggruppenmoderatoren besitzen mehrheitlich eine Einwanderungsbiografie. Diese Tatsache soll nach Auffassung des Projektträgers „elementare Prozesse der Vertrauensbildung" erleichtern. Darüber hinaus können

die Moderatoren als Vorbilder fungieren, da sie selbst schwierige Lebenssituationen, die teilweise mit dem Zuwanderungshintergrund in Verbindung stehen, gemeistert haben. Der Zuwanderungshintergrund stellt jedoch auch eine „Herausforderung" dar, weil die Moderatoren „die schwierige Grenze zwischen Nähe und Distanz" zu den Jugendlichen erst ausloten müssen. Die regelmäßige Supervision soll sie hierbei unterstützen (Curvello / Müller-Hofstede 2011a, S. 8f.).

g) Dialoggruppen und Praxiserfahrungen

Derzeit werden die Dialoggruppen in Berlin-Neukölln und Stuttgart in zwei Modellvarianten mit in der Regel zwei Altersgruppen angeboten. Bei der ersten Modellvariante handelt es sich um freiwillige Dialoggruppen, die teilweise als Wahl-Arbeitsgemeinschaften (AG) organisiert sind. Angeboten wird diese Gruppenform u.a. in einer Stuttgarter Realschule und einem Gymnasium ab der 9. Jahrgangsstufe. Nach der Anmeldung ist die Teilnahme Pflicht. Die zweite Modellvariante – die Dialoggruppe im Unterricht – ist als Teil des Regelunterrichts fest im Stundenplan verankert. In Stuttgart sind an einer Hauptschule Dialoggruppen ab der siebten Klasse Teil des Gemeinschaftskundeunterrichts, der in Baden-Württemberg unter der Bezeichnung „Welt – Zeit – Gesellschaft" (WZG) geführt wird. Die Dialoggruppen umfassen zwei von vier wöchentlichen Unterrichtsstunden und müssen teilweise die gültigen Bildungsstandards und Vorgaben des Faches berücksichtigen (vgl. Pavkovic 2011, S. 44). Aufgrund der fachlichen Bindungen sind die Moderatoren dieser Gruppe und die Teilnehmer in ihren Themenwahlmöglichkeiten eingeschränkt. Hinzu kommt, dass die erworbenen Kenntnisse in den Dialoggruppen von den eigentlichen Lehrkräften zeugnisrelevant überprüft werden müssen. Neben den bereits aufgeführten Gruppen, die in der 7. und 9. Klasse angeboten werden, gibt es an zwei Berliner Schulen Dialoggruppenangebote ab der 11. Klasse, die als freiwillige AG durchgeführt werden.

Ein herausragendes Qualitätsmerkmal des Projekts sind die langen Laufzeiten der Gruppen. Anders als „Ibrahim trifft Abraham" unterliegt „Dialog macht Schule" nicht den üblichen Förderzeiträumen, die in der Regel maximal drei Jahre betragen. Unter Berücksichtigung der Vorphase kann das Projekt im Jahr 2013 bereits auf sechs Jahre Dialoggruppenpraxis und auf reichhaltige Erfahrungen, die in unterschiedlichen Settings gewonnen werden konnten, zurückblicken. Die langen Projektzeiträume erlauben – verglichen mit anderen Interventionsprojekten – eine Arbeit an Schulen, die kontinuierlich eine auf Dauer angelegte vertrauensvolle Zusammenarbeit mit allen Beteiligten ermöglicht. Von besonderer

Bedeutung ist hier die Beziehungsarbeit der Dialoggruppenmoderatoren zu den Teilnehmenden. In Gruppen mit zwei- bis dreijährigen Laufzeiten können stabile Bindungen aufgebaut werden, die eine ideale Voraussetzung für nachhaltige politische Bildungsprozesse darstellen (vgl. Curvello / Müller-Hofstede 2011b, S. 12).

Eine weitere wichtige Gelingensbedingung in der Dialoggruppenarbeit stellt der Austausch mit allen projektrelevanten Akteuren dar. An den Schulen sollen die Moderatoren einmal im Monat ein kurzes Gespräch mit den Fachlehrern führen um Informationen über den Gruppenprozess auszutauschen und die weitere inhaltliche Vorgehensweise zu besprechen. Um die methodische Weiterentwicklung der Dialoggruppen zu gewährleisten, werden regelmäßig Ausbildungs- und Auswertungsseminare durchgeführt. Darüber hinaus gibt es eine wissenschaftliche Begleitung, die durch den Lehrstuhl für Didaktik in der politischen Bildung an der Universität Dresden durchgeführt wird. Die Universität Dresden soll auch künftig an der Fortbildung der Dialoggruppenmoderatoren mitwirken (vgl. Müller-Hofstede / Schuster 2011, S. 49).

Die Rückmeldungen, die es bisher von Teilnehmenden und schulischen Akteuren zum Verlauf der Dialoggruppen gegeben hat, sind unisono positiv. So berichtet ein ehemaliger Oberstufenschüler einer Berliner Schule, der an einer freiwilligen AG teilgenommen hat, von anregenden und spannenden Diskussionen, die oftmals zu islamischen Themen geführt wurden. Die Dialoggruppe mit einer Laufzeit von zwei Jahren habe darüber hinaus dazu beigetragen, dass sich seine schriftliche Ausdrucksweise deutlich verbessert habe. Ferner habe er gelernt, „zu differenzieren, zu analysieren, zu strukturieren" (Heimbach 2011a, S. 34).

Von positiven Ergebnissen berichtet ebenfalls eine Lehrerin aus Stuttgart, die an einer Hauptschule unterrichtet. Die Arbeit der Moderatoren habe dazu beigetragen, dass sich das Diskussionsverhalten der Teilnehmenden deutlich gebessert habe. Als mitunter schwierig habe sich Umsetzung der inhaltlichen Pflichtthemen des WZG-Unterrichts in den Dialoggruppen erwiesen. Die verbindliche Vermittlung von Unterrichtsinhalten setze bei den Dialoggruppenmoderatoren ein hohes Maß an Fachlichkeit voraus. Hinzu komme ein hoher Kommunikationsbedarf zwischen Fachlehrkraft und Moderator. Im Durchschnitt seien zwei Treffen pro Monat erforderlich, um notwendige Absprachen zu treffen (vgl. Heimbach 2001b, S. 39).

Die Kooperation mit dem Fachunterricht bereitete auch den Dialoggruppenmoderatoren zunächst Schwierigkeiten. Die Überleitung von einem offenen Dialog zu einem durch den Bildungsplan gesetzten Thema erwies sich als nicht einfach:

"Das war manchmal schon ein Spagat. Für mich als Moderatorin war das nicht so einfach, denn es ist eine ganz andere Art von Arbeit. Es schien zunächst auch gar nicht zu unserem Dialogkonzept zu passen, so wie wir es gelernt hatten. Ein gesetztes Thema dialogisch frei zu gestalten, da hatte ich am Anfang schon ein wenig Schwierigkeiten" (Heimbach 2011c, S. 41).

Trotz dieser methodischen Probleme beurteilen die Moderatoren die Dialoggruppenarbeit als positiv. Die Schüler hätten gelernt, konfliktreiche Themen auszudiskutieren. Auch sei das Verhältnis untereinander respektvoller geworden (vgl. ebd., S. 43).

h) Offene Fragen

Anders als das Düsseldorfer Dialogprojekt „Ibrahim trifft Abraham" beschränkt sich „Dialog macht Schule" nicht auf die Fokussierung spezifisch religiöser Themenfelder. Vielmehr versteht sich das Projekt als eine Form der niedrigschwelligen politischen Bildung mit Anteilen primärer Prävention für bildungsbenachteiligte Jugendliche, die eine Vielzahl von Zielsetzungen verfolgt. Die Teilnehmenden sollen einen differenzierten Umgang mit Identität, Religion und Gesellschaft entwickeln. Darüber hinaus soll das Projekt Teilnehmende dabei unterstützen, ein Bewusstsein für demokratische Prozesse und die vorhandenen Partizipationsmöglichkeiten zu entwickeln. Angesichts dieser erheblichen Bandbreite von Zielsetzungen stellt sich zunächst die Frage, ob eine vollständige Zielerreichung überhaupt realistisch sein kann.

Weitere Fragen betreffen die Durchführung der Dialoggruppen im Pflichtunterricht. Dialoggruppen, die über zwei Schuljahre im Kontext eines Pflichtunterrichts stattfinden, stellen kein niedrigschwelliges Dialogangebot dar, da niedrigschwellige Angebote das Prinzip der Freiwilligkeit zur Voraussetzung haben. Auch hier besteht ein signifikanter Unterschied zum Projekt „Ibrahim trifft Abraham". Die Dialoggruppen des Düsseldorfer Projekts laufen nur teilweise parallel zum Pflichtunterricht. Das Projekt beruht in allen Phasen auf Freiwilligkeit. Folglich nehmen Projektmitarbeiter auch keine Leistungsbeurteilungen vor, die Fachnoten beeinflussen können. Ferner können die teilnehmenden Jugendlichen die Dialoggruppen jederzeit verlassen. Diese Möglichkeit besteht für Teilnehmende der Dialoggruppen im Fachunterricht nicht. Die Kombination von Pflichtunterricht und Dialoggruppe birgt darüber hinaus weitere Probleme. So kann gefragt werden, ob ein Dialog im Pflichtunterricht, der teilweise inhaltlichen Vorgaben der Bildungspläne folgen muss, dem Dialogansatz von Martin Buber gerecht werden kann, auf den sich der Projektträger bezieht. Bubers dialogische Begegnung, wie sie in *Ich und Du* dargelegt wurde, ist unmittelbar, kennt keine Zwecke und keine Vorwegnahmen (Buber 1994). Mit präfigurierten

Lernzielen erhält der Dialog jedoch eine instrumentelle Dimension. Der Dialog droht hierdurch asymmetrisch zu werden und kann folglich zu Machtkonstellationen führen (wenn der Lehrer über den Schüler bestimmt). Sofern Letzteres der Fall sein sollte, ist auch der konzeptionelle Ansatz der Peer-Education infrage gestellt. Peer-Beziehungen werden gemeinhin als freiwillige und jederzeit kündbare Beziehungen beschrieben. Der Kontakt findet in der Peer-Education auf gleicher Augenhöhe statt. Im Rahmen eines Pflichtunterrichts, in dem Leistungen benotet werden, können diese Grundbedingungen nur mit erheblichen Einschränkungen realisiert werden.

i) Zwischenfazit zu „Dialog macht Schule"

Im Bereich der primären Prävention und politischen Bildung mit bildungsbenachteiligten Jugendlichen kann das Modellprojekt auf eine Reihe von Alleinstellungsmerkmalen verweisen. Herausragend ist insbesondere die lange Projektzeit, die durchschnittliche Dauer der Dialoggruppen (zwei Schuljahre) und der Versuch der Projektträger, das Dialoggruppenkonzept langfristig an den beteiligten Schulen zu verankern. Derzeit gibt es in Deutschland kein Projekt, welches die dargelegten Kriterien der Nachhaltigkeit und Wirksamkeit in einem höheren Maße erfüllt. Wegweisend sind ferner der systematische Austausch und die Weiterbildung der Dialoggruppenmoderatoren. Anders als bei „Ibrahim trifft Abraham", in dessen Rahmen der Projektförderung durch die „Initiative Demokratie Stärken" lediglich im Jahreszyklus einen Erfahrungsaustausch mit anderen beteiligten Projekten durchgeführt werden kann, gewährleisten die Projektträger von „Dialog macht Schule" einen regelmäßigen und wissenschaftlich begleiteten Erfahrungsaustausch, an dem alle Moderatoren aus Berlin und Stuttgart teilnehmen können. Ein weiteres wichtiges Merkmal ist die Ausbaufähigkeit des Projekts. Nach erfolgreichen Implementierungsphasen in Berlin und Stuttgart soll das Dialoggruppenkonzept ab dem Schuljahr 2013/2014 an ausgewählten schulischen und außerschulischen Standorten in Nordrhein-Westfalen eingeführt werden. Schließlich sollte auch darauf hingewiesen werden, dass innerhalb der Dialoggruppen in den zurückliegenden Jahren wertvolle Erfahrungen gewonnen werden konnten. In der Entwicklung der Dialoggruppenmethode für bildungsbenachteiligte Jugendliche und in der Ausbildung von Dialogmoderatoren konnten bislang nicht vorhandene fachliche Standards gesetzt werden, die künftige Projekte im Bereich der primären Prävention, die mit bildungsbenachteiligten Jugendlichen arbeiten, berücksichtigen müssen.

4.5.3 Radikalisierungsprävention in der Schule

Die vorgestellten Dialoggruppenprojekte, die von außerschulischen Maßnahmeträgern verantwortet werden, zeigen bereits, dass die Schule ein wichtiger Ort für die Radikalisierungsprävention darstellt. Die herausragende Bedeutung der Schule für die Extremismusprävention ist zunächst darin zu sehen, dass sie aufgrund der bestehenden Schulpflicht alle Jugendlichen ungeachtet ihrer Religion, Herkünfte und Bildungshintergründe erreichen kann. Darüber hinaus ist zu konstatieren, dass die schulischen Bildungslandschaften in den vergangenen zwei Dekaden einem tiefgreifenden Transformationsprozess unterworfen waren, der zu einem neuen Verständnis von Bildung und ganzheitlichem Lernen geführt hat. Die moderne Schule leistet heute weitaus mehr als bloße Wissensvermittlung. Sie ist ein wichtiger sozialer Lernort, der in interaktiven Prozessen die Persönlichkeitsentwicklung junger Menschen aktiv mitgestaltet. Neue Erfahrungsräume bietet auch das mit außerschulischen Partnern gestaltete Ganztagskonzept, das neben individuellen Förderungen weitere wertvolle Bildungsangebote bereithält, die u.a. von Theaterpädagogen und Künstlern durchgeführt werden. Folglich vermittelt die Schule heute weitaus mehr als den klassischen Bildungskanon. Ein wichtiges Lernziel, das in den vergangenen Jahren sukzessive an Bedeutung gewonnen hat, ist in der Vermittlung zivilgesellschaftlicher Kompetenzen zu sehen. So heißt es z.b. im Schulgesetz des Landes Nordrhein-Westfalen:

> „Die Schülerinnen und Schüler sollen insbesondere lernen
> 1. selbstständig und eigenverantwortlich zu handeln,
> [...]
> 3. die eigene Meinung zu vertreten und die Meinung anderer zu achten,
> 4. in religiösen und weltanschaulichen Fragen persönliche Entscheidungen zu treffen und Verständnis und Toleranz gegenüber den Entscheidungen anderer zu entwickeln,
> 5. Menschen unterschiedlicher Herkunft vorurteilsfrei zu begegnen, die Werte der unterschiedlichen Kulturen kennenzulernen und zu reflektieren sowie für ein friedliches und diskriminierungsfreies Zusammenleben einzustehen" (Schulgesetz NRW 2005, § 2).

Die Erreichung dieser Ziele wird als eine Querschnittsaufgabe angesehen, die sich auf das gesamte Schulleben erstreckt und von allen Akteuren wahrgenommen werden muss. Die Radikalisierungsprävention wird auf der Grundlage der vorgestellten gesetzlichen Regelungen als eine Aufgabe definiert, die Schülerinnen und Schüler zu mündigen und reflektierten Demokraten erziehen soll. Neben der Auseinandersetzung mit antidemokratischen und menschenverachtenden Positionen, die auch Teil religiös begründeter Ideologien sein können, „bedarf es dazu auch der Vermittlung grundlegender demokratischer Kompetenzen wie Toleranz, Diskursfähigkeit, Empathie und Konfliktfähigkeit" (Ministerium für Inneres und

Kommunales NRW 2012, S. 12). Alle genannten Teilziele können im Bereich der primären bzw. universellen Radikalisierungsprävention verortet werden.

4.5.3.1 Fächer der Werteerziehung und schulische Projekte

Die aktive Auseinandersetzung mit islamistischen Eindeutigkeitsangeboten und weiteren Formen des Extremismus sind Schwerpunktthemen, die in den Fächern der politischen Bildung verortet sind. So machen z.b. in Nordrhein-Westfalen die neuen kompetenzorientierten Lehrpläne für diese Fächer die Auseinandersetzung mit den Spielarten des Extremismus zum „obligatorischen Inhalt" des Fachunterrichts (vgl. ebd., S. 12). Das Land Nordrhein-Westfalen hat für den Politikunterricht im Jahr 2010 die Handreichung „Demokratie – Islam – Islamismus" herausgegeben, mit deren Hilfe Fachkehrkräfte islamischen Extremismus in den Jahrgangsstufen 7 bis 9 bearbeiten können. Die Handreichung ermöglicht

- „die Aneignung von Kenntnissen über islamistischen Extremismus im Hinblick auf
- die Unterscheidung von Islam und islamistischem Extremismus / Islamismus
- die Elemente seines Feindbildes ,Westen', die Merkmale des angestrebten islamistischen Staates, die Rechtfertigung von Gewalt, den Antisemitismus
- seine Verfassungsfeindlichkeit
- die Rollenzuweisungen von Frauen / Mädchen und Männern / Jungen
- weiterhin den Erwerb von Kenntnissen über die Demokratie in Deutschland, zum Beispiel über
  - die Bedeutung des Grundgesetzes und der Menschenrechte
  - die weltanschaulich religiöse Neutralität des Staates
  - die Vielfalt der Werteorientierungen und Lebensweisen von Menschen
  - die Gewaltenteilung und den Pluralismus einschließlich der religiösen Vielfalt" (Ministerium für Schule und Weiterbildung in Nordrhein-Westfalen 2010, S. 3).

Darüber hinaus soll die Handreichung Lehrkräfte dabei unterstützen, einen Unterricht zu konzipieren, der den Schülerinnen und Schülern in Bezug auf die Islamismusproblematik

- Methodenkompetenz („Arbeitstechniken zur Textanalyse", „Internetrecherchen zu Aktivitäten zu Islamisten" etc.)
- Urteilskompetenz (Diskussion über antidemokratische und extremistische Denkmuster „sowie über die Möglichkeiten, solche Denkmuster […] zu verhindern und dagegen anzugehen")
- und Handlungskompetenz (z.B. Rollenspiele, Pro-Contra-Debatte etc.) vermittelt (vgl. ebd., S. 3f.).

Neben dem Fachunterricht gibt es mittlerweile eine Vielzahl von Schulprojekten, die der Radikalisierungsprävention mehr oder weniger dienen können. Von herausragender Bedeutung sind hier die Projekte des moderierten Netzwerks „Schule ohne Rassismus – Schule mit Courage", dem mittlerweile mehr als 1.000 Schulen in ganz Deutschland angehören und das seit Jahren in dichter Folge Projekte gegen Diskriminierung, Mobbing und Gewalt an Schulen durchführt. Darunter waren auch einige Projekte, die sich explizit gegen einen gewaltbereiten Islamismus richteten. Erwähnt sei hier nur das Projekt „Islam und Ich – Jung sein im Land der Vielfalt", das seit September 2010 durchgeführt wird. Im Kontext des Projekts ist u.a. das Themenheft „Jugendkulturen zwischen Islam und Islamismus" entstanden, das bei Lehrerfortbildungen und Workshops an Schulen eingesetzt wird (vgl. Schule ohne Rassismus – Schule mit Courage 2011). Nicht unerwähnt bleiben sollte, dass die erfolgreiche Arbeit des größten antirassistischen Schülernetzwerks in Europa seit ein paar Jahren auch von einigen Landesregierungen unterstützt wird. So ist die Landeskoordination von „Schule ohne Rassismus – Schule mit Courage" in NRW bei der Hauptstelle der RAA Essen angesiedelt und wird vom Ministerium für Schule und Weiterbildung mit 1,5 Stellen dauerhaft unterstützt.

4.5.3.2 Islamischer Religionsunterricht

Im Hinblick auf die notwendige kritische Auseinandersetzung mit neo-salafistischen Ideologien wird in Zukunft der islamische Religionsunterricht der wichtigste schulische Lernort sein. Im Schuljahr 2013/2014 wurde islamischer Religionsunterricht in einigen Bundesländern zumeist als Schulversuch erteilt. Lediglich Nordrhein-Westfalen und ab dem Schuljahr 2013/2014 auch Niedersachsen und Hessen streben aktuell den sukzessiven Ausbau eines regulären islamischen Religionsunterrichts an, der den Anforderungen des Grundgesetzes (Art. 7 Abs. 3) voll entspricht. Die Gründe für die schleppende Implementierung des islamischen Religionsunterrichts, dessen Einführung bereits seit Mitte der siebziger Jahre des 20. Jahrhunderts diskutiert werden, liegen in dem voraussetzungsreichen verfassungsrechtlichen Begriff der Religionsgemeinschaft, dem die in Deutschland tätigen muslimischen Organisationen – nach Auffassung der Landesregierungen – bislang nicht gerecht geworden sind. Was genau in Deutschland unter einer Religionsgemeinschaft zu verstehen ist, mit der der Staat in schulischen Angelegenheiten kooperieren kann, blieb in der zurückliegenden juristischen Debatte für eine lange Zeit unklar und konnte auch im Rahmen gerichtlicher Auseinandersetzungen nicht abschließend geklärt werden. Ansätze zu einer Klärung brachten erst die Beratungsergebnisse der Deutschen Islam Konferenz (DIK), die im Zwischenresümee des Jahres 2008 festgehalten wurden. Die Frage des Ansprechpartners oder der Ansprechpartner auf der Länderebene ist jedoch auch heute nicht abschließend geklärt. Doch gab es in den letzten zwei Jahren durchaus positive Entwicklungen. An erster Stelle zu nennen ist hier Niedersachsen. Die Schura Niedersachsen, ein Zusammenschluss von niedersächsischen Moscheegemeinden, und der islamische Spitzenverband DITIB (Türkisch-Islamische Union der Anstalt für Religion e.V.) haben sich im Jahr 2011 auf einen gemeinsamen Beirat geeinigt, der als Ansprechpartner für einen islamischen Religionsunterricht fungiert. Es wurde eine sogenannte *Idschaza*-Ordnung (Lehrbefugnisordnung) erarbeitet und der Religionsunterricht wird im Schuljahr 2013/2014 beginnen. Ein ähnliches Modell realisiert derzeit NRW. Durch die Änderung des Schulgesetzes im Jahr 2011 hat die Landesregierung gemeinsam mit den muslimischen Dachorganisationen einen Beirat als Ansprechpartner für einen islamischen Religionsunterricht geschaffen, der bereits im Schuljahr 2012/2013 an bislang 42 Grundschulen erteilt wurde. An der Schwelle zu einem regulären islamischen Religionsunterricht steht auch Hessen. Mehrere von der Landesregierung in Auftrag gegebene Gutachten bescheinigten der DITIB und der Ahmadiyya-Gemeinde im Jahr 2012, dass sie Religionsgemeinschaften im Sinne des Religionsverfassungsrechts seien. Die hessische Landesregierung plant nun die Einführung eines islamischen Religionsunterrichts für das Schuljahr 2013/2014 an zunächst 25 Schulen. Nicht unerwähnt bleiben sollte, dass Bayern, Baden-Württemberg, Nordrhein-Westfalen, Rheinland-Pfalz, Niedersachsen und Schleswig-Holstein mit kleinen bis mittelgroßen Schulversuchen erhebliche Vorerfahrungen mit einem in der Schule verankerten Islamunterricht sammeln konnten. Herausragend ist sicherlich Nordrhein-Westfalen, das seit dem Schuljahr 1999/2000 an mehr als 150 Schulen in den Jahrgangsstufen 1 bis 10 das Fach Islamkunde anbietet (vgl. Kiefer 2011/2012). Derzeit erreicht das Fach, das seinem Selbstverständnis nach Platzhalter für den künftigen islamischen Religionsunterricht ist, circa 12.000 Schülerinnen und Schüler.[19]

Um Missverständnissen vorzubeugen, sei an dieser Stelle darauf hingewiesen, dass die Auseinandersetzung mit neo-salafistischen Eindeutigkeitsangeboten und anderen Formen des religiös begründeten Extremismus nicht die primäre oder gar Hauptaufgabe eines bekenntnisorientierten islamischen Religionsunterrichts darstellt. Der Religionsunterricht in Deutschland, der von Staat und Religionsgemeinschaft gemeinsam verantwortet wird, ist Teil einer religiösen Bildung, die

---

19 In NRW werden derzeit die Islamkunde und der islamische Religionsunterricht parallel angeboten. Die Islamkunde soll in den nächsten Jahren sukzessive durch den islamischen Religionsunterricht ersetzt werden. Die Schülerzahlen für die Islamkunde beruhen auf einer Schätzung.

traditionell auf drei Säulen beruht, auf deren Grundlage unterschiedliche Inhalte und Kompetenzen vermittelt werden. Die erste Säule betrifft die religiöse Erziehung in der Familie. Die Eltern führen das Kind idealerweise mit emotionaler Wärme, Achtung und Respekt an den Glauben heran und vermitteln erste Kenntnisse und Rituale. Die zweite Säule umfasst die Erziehung in der Gemeinde. Hier wird vor allem Gemeinschaft erfahren. Bereits vorhandene Grundkenntnisse werden vertieft, Glaubenspraxis wird eingeübt und die Rezitation der heiligen Schriften wird erlernt. Die dritte Säule der religiösen Erziehung stellt der schulische Religionsunterricht dar. Dieser führt nicht zum Glauben hin, sondern geht von diesem aus. Zieldimension ist hier vor allem die Mündigkeit. Die Schüler lernen u.a. das eigene religiöse Selbst- und Weltverständnis wahrzunehmen und kritisch zu reflektieren. Darüber hinaus sollen sie u.a. die Kompetenz erlangen, kriterienbewusst lebensförderliche von lebensfeindlichen Formen von Religionen zu unterscheiden. Ferner vermittelt ein moderner kompetenzorientierte Religionsunterricht die Fähigkeit, sich mit anderen religiösen und weltanschaulichen Überzeugungen begründet auseinanderzusetzen und mit Angehörigen anderer Konfessionen, Religionen und Weltanschauungsgemeinschaften respektvoll zu kommunizieren und zu kooperieren. Insbesondere bei den letztgenannten Kompetenzen ergeben sich eine Vielzahl von Ansatzpunkten für einen Unterricht, der einer primären oder universellen Radikalisierungsprävention in einem hohen Maße dienlich sein kann. So heißt es im niedersächsischen Kerncurriculum für einen islamischen Religionsunterricht:

„Im Rahmen des islamischen Religionsunterrichts sind folgende Zielsetzungen ausschlaggebend:
- Erwerb von Grundkenntnissen über die eigene Religion und Entwicklung einer persönlichen religiösen Sprache
- Förderung der Kritikfähigkeit, sodass die Schülerinnen und Schüler Religionsmündigkeit erlangen
- Förderung der Akzeptanz und Toleranz in der Begegnung mit Menschen anderer Religionen, Kulturen, Auffassungen oder Lebensweisen
- Vermittlung ethischer Handlungsmaßstäbe anhand von Koran und den Überlieferungen (Hadīten) [...]" (Niedersächsisches Kultusministerium 2010, S. 8).

Die konkrete Umsetzung dieser Zielsetzungen, die auch ähnlich lautend in anderen Kerncurricula für einen islamischen Religionsunterricht zu finden sind,[20] erfolgt in der Regel in festgelegten Themenbereichen. Hierzu zählen in allen derzeit vorliegenden Lehr- und Bildungsplänen die Kernbereiche „Gott", „Glaubenslehre", „Mohammed", „Koran", „Propheten" und „andere Religionen". Im Kontext

---

20 Im neuen Hessischen Lehrplan für den islamischen Religionsunterricht, der in Hessen im Schuljahr 2013/2014 beginnen soll, wurden die Zielsetzungen des niedersächsischen Lehrplans wortgleich übernommen.

einer Radikalisierungsprävention kommt den Kernbereichen Koran, Mohammed und andere Religionen eine besondere Bedeutung zu. Unter allen Muslimen ist unstrittig, dass der Koran die wichtigste Quelle für die islamische Religion darstellt. Er bildet die Basis für den Glauben und die religiöse Praxis der Muslime. Darüber hinaus ist er Hauptquelle aller islamischen Wissenschaften. Ziel des islamischen Religionsunterrichts ist in der Primarstufe zunächst das Kennenlernen des Korans. In der Sekundarstufe I wird der Koran zunehmend auch Gegenstand einer intensiven Textarbeit. Hierbei ist wichtig, dass Koranverse stets in ihrem Kontext gelesen und bearbeitet werden sollten:

> „Als wesentliches hermeneutisches Prinzip gilt auch für den Islamunterricht, was für die islamische Theologie gilt: Aussagen des Korans müssen, bei aller möglichen korrelativen Aktualisierung, zuerst in ihrem *historischen* Bezug gesehen werden. Das *wortwörtliche* Schriftverständnis tritt in der heutigen Koranhermeneutik als theologischer Disziplin gegenüber dem *Sinn erschließenden* und dem an der *Situation und dem Werteverständnis* orientierten Schriftverständnis in den Hintergrund" (Bayerisches Staatsministerium für Unterricht und Kultus 2006, S. 2; Hervorhebungen im Original).

Eine moderne Koranhermeneutik unterstützt die Schüler dabei, Aussagen des Korans im Rahmen der damaligen Lebensverhältnisse zu verstehen „und die Tragweite von Aussagen des Korans für die gegenwärtige Situation abzuwägen" (ebd., S. 42). Damit wendet sich der islamische Religionsunterricht explizit gegen eine dekontextualisierte und literalistische Lesart des Korans, wie sie von vielen Anhängern der neo-salafistischen Ideologie betrieben wird.

Die zweite wichtige Quelle, die das Leben der Muslime in einem erheblichen Ausmaß prägt, sind die Hadithe. Muslime nahezu aller theologischen Richtungen und Rechtsschulen sind sich darüber einig, dass der Prophet Muhammad mit seinem Leben und Wirken ein großes Vorbild darstellt. Nach Auffassung der Muslime umfasste seine Aufgabe nicht nur die Verkündung des Korans, sondern auch das Unterweisen, Zeigen und Handeln. Bereits zu Lebzeiten des Propheten begannen Zeitgenossen, seine Aussprüche und Handlungen zu erfassen und zu sammeln. Die systematische Niederschrift der Hadithe begann jedoch erst im zweiten Jahrhundert nach der *Hidschra*. Bereits im dritten muslimischen Jahrhundert entwickelte sich die Hadithwissenschaft, die die Überlieferungen auf ihre Authentizität hin überprüfte, systematisierte und kategorisierte. Seit dem dritten Jahrhundert ist der „Hadith unmittelbare Quelle des islamischen Rechts, der islamischen Theologie und der islamischen Wissenschaften" (Sarikaya 2011, S. 12). Darüber hinaus sind auch die islamische Bildung und Erziehung in einem hohen Maße durch den Hadith geprägt. Dieser Sachverhalt trifft durchaus auch für die Gegenwart zu. Durch die Reislamisierungstendenzen, die in einigen islamisch geprägten Gesellschaften seit geraumer Zeit zu beobachten sind, ist die

Bedeutung des Hadith und folglich der Hadithwissenschaften wieder im Wachsen begriffen. Der

> „Hadith spielt [...] auch heute im muslimischen Denken und Leben eine große Rolle. Eine Predigt wird beispielsweise auch heute noch nur mit Hadithen bereichert und anregend gemacht. Eine Unklarheit oder ein Streit um das rechte Handeln wird auch in unserer Zeit mithilfe des Hadith beigelegt. Korankommentatoren führen weiterhin Hadithe an, um eine bestimmte Stelle meisterhaft interpretieren zu können. Religionsgelehrte und Theologen greifen auf diese Sammlungen zurück. Kaum ein Thema religiösen Inhalts wird behandelt und keine religiöse Diskussion durchgeführt ohne einen Hadith zu zitieren" (ebd., S. 14)

Leider haben in den vergangenen zehn Jahren auch neo-salafistische bzw. islamistische Jugendprediger den Hadith für ihre Zwecke entdeckt. Im Gegensatz zur klassischen Hadithwissenschaft, die um Differenzierung bemüht ist und um die Mehrdeutigkeit vieler Texte weiß, pflegen neo-salafistische Prediger ein instrumentelles Verhältnis zum Hadith. So entnehmen neo-salafistische Akteure aus den sehr umfangreichen Hadithen nur diejenigen Stellen, die als Beleg für ihre bipolare Weltsicht fungieren können. Hadithe werden funktionalisiert und mitunter missbraucht für krude *Haram-Halal*-Diskurse, die die Menschen letztlich in Gläubige und Ungläubige unterteilen. Nicht unerwähnt bleiben sollte ferner, dass Hadithe vor allem in zahlreichen Internetforen zur Begründung von dschihadistischen Zielen herangezogen werden. Da ein scheinbar großes Wissen über Hadithe bei Jugendlichen offenbar einen nachhaltigen Eindruck hinterlassen kann, ist unter präventiven Gesichtspunkten eine differenzierte und reflektierte Auseinandersetzung mit Hadithen im Rahmen eines modernen islamischen Religionsunterrichts eine wichtige Aufgabe.

Eine Voraussetzung für diese Art der Auseinandersetzung bildet das Wissen darüber, dass die Hadithsammlungen Tausende von Überlieferungen enthalten, die in ihrer Fülle und Unüberschaubarkeit selbst gut ausgebildete Gelehrte vor Herausforderungen stellen. Die erste Frage an die Hadithwissenschaft lautet immer: Spiegelt der vorliegende Text die authentischen Worte des Propheten? Um diese Frage beantworten zu können, hat sich eine eigene Wissenschaft gebildet, in deren Zentrum der *Isnad* (Kette der Überlieferer) steht. Die Schüler sollten in der Sekundarstufe I zumindest mit den Grundzügen der Systematik dieser sehr wichtigen islamischen Wissenschaft vertraut gemacht werden. Von außerordentlich großer Bedeutung sind ferner die Auswahlkriterien. Angesichts der bereits erwähnten Vielzahl von Überlieferungen stellt sich stets die Frage nach pädagogisch sinnvollen und nachvollziehbaren Auswahlkriterien. Hinsichtlich eines schulischen Unterrichts, der in den vergangenen zehn Jahren in eher experimentellen und semiprofessionellen Anordnungen betrieben wurde, herrschte in diesem Punkt in den letzten Jahren eine gewisse Willkür. So war z.B. weitgehend unklar, auf welcher Grundlage für Lehrwerke und Bildungspläne Auswahlentscheidungen für Hadithe getroffen wurden. Erste systematische Überlegungen für die Verwendung des Hadith im Religionsunterricht hat der in Gießen lehrende islamische Religionspädagoge Yaşar Sarikaya im Jahr 2011 vorgestellt. Er nennt vier Prinzipien, die für die Textauswahl grundsätzlich gelten sollten:

a) „Die Übereinstimmung mit dem Koran":
   Der im Unterricht verwendete Textausschnitt sollte grundsätzlich nicht dem Koran oder „den allgemeinen Prinzipien des Korans" widersprechen.
b) „Die Übereinstimmung mit der Sunna":
   Der Textausschnitt sollte der „bekannten Gewohnheit oder der eindeutigen Praxis des Propheten nicht widersprechen".
c) „Die Übereinstimmung mit den Erkenntnissen der Vernunft bzw. der Wissenschaft"
d) „Die Übereinstimmung mit dem Prinzip der Einheit in Vielheit":
   Die Auswahlentscheidung sollte der Diversität des Islams gerecht werden und auf gegenseitigem Respekt und Toleranz basieren (vgl. ebd., S. 19).

Grundsätzlich wäre es zu begrüßen, wenn diese Prinzipien bei der Entwicklung von Lehrplänen, Unterrichtswerken und anderen Lehrwerken Berücksichtigung finden könnten.

Als weitere wichtige Lernbereiche sind in den bislang vorliegenden Lehr- und Bildungsplänen die Themenfelder „religiöse Pluralität" und „andere Religionen" aufgenommen worden. Auch innerhalb dieser Themenfelder kann ein islamischer Religionsunterricht einen wichtigen Beitrag zur Radikalisierungsprävention leisten. Die Lehr- und Bildungspläne fordern, einen konstruktiven und toleranten Umgang mit anderen religiösen Sichtweisen zu finden. So heißt es im Lehrplan für die Islamkunde, die Schüler sollen die Bereitschaft entwickeln:

- „die religiösen Überzeugungen anderer Menschen zu respektieren;
- Ein positives Selbstbild aufzubauen und sich selbst kritisch aus der Sicht der Anderen zu sehen;
- Widersprüche und Unvereinbarkeiten im Dialog mit Andersgläubigen auszuhalten" (Ministerium für Schule und Weiterbildung NRW 2009, S. 11).

Ähnliche Formulierungen enthält auch das Kerncurriculum für den islamischen Religionsunterricht in Niedersachsen:

„Sie [die Schülerinnen und Schüler] nehmen wahr, dass der Glaube an einen Gott in den Religionen unterschiedlichen Ausdruck findet. Sie entdecken Gemeinsamkeiten und nehmen in Ansätzen wahr, dass der Islam, das Christentum und das Judentum einen gemeinsamen Ursprung haben. Sie erfahren Verschiedenheit und lernen, Menschen anderer Religionen mit Achtung und Aufgeschlossenheit zu begegnen" (Niedersächsisches Kultusministerium 2010, S. 25).

Diese aufgeführten Zielsetzungen gelten gleichermaßen für die innerislamische Pluralität wie auch für die Pluralität der Religionsgemeinschaften, die außerhalb des Islams zu verorten sind. Eine differenzierte und vertiefte Auseinandersetzung mit anderen Bekenntnissen bzw. deren Schriften, Dogmen und Glaubenspraxis dekonstruiert neo-salafistische Narrative, die Menschen mit abweichenden Auffassungen – innerhalb und außerhalb des Islams – als *Kuffar* (Ungläubige) denunzieren. Die Potenziale des in Schulen erteilten Islamunterrichts liegen hierbei nicht nur in der inhaltlichen Auseinandersetzung mit den aufgeführten Themen. Ein moderner Islamunterricht beschränkt sich nicht nur auf den im Klassenraum erteilten Fachunterricht, sondern sucht den systematischen und ganzheitlichen Austausch mit allen Akteuren, die der Lebenswelt der Schüler angehören. Neben den angrenzenden Religionsunterrichten und Fächern der Werteerziehung sind hier auch die Familien, das Wohnumfeld, die Peergroups und verschiedenen Gemeinden im unmittelbaren und gegebenenfalls mittelbaren Schulumfeld von besonderer Bedeutung. Ziel ist eine intra- und interreligiöse Begegnungsarbeit, die über schulische Grenzen und konfessionelle Verortungen hinausreicht. Der Dialog soll sich möglichst lebensweltnah und authentisch entfalten.

Das Beispiel des dialogischen und lebensweltnahen Lernens zeigt, dass ein zeitgemäßer Religionsunterricht weit über den Klassenraum hinausreicht. Aus einer religionsdidaktischen Perspektive, die auch präventive Zielsetzungen verfolgt, müssen weitere Räume ins Blickfeld geraten. Im Kontext eines islamischen Religionsunterrichtes besitzen neben den bereits erwähnten Gemeinden insbesondere die neuen virtuellen Räume eine herausragende Bedeutung. Der islamische Religionsunterricht steht hier vor großen Herausforderungen, deren Ausmaß in der didaktischen Diskussion noch nicht ausreichend erkannt wurde. Zahlreiche Beispiele aus der in Nordrhein-Westfalen erteilten Islamkunde, die nun sukzessive durch den islamischen Religionsunterricht ersetzt wird, zeigen z.B., dass die nicht immer objektive Berichterstattung einiger arabisch- und türkischsprachiger SAT-Sender zum Palästinakonflikt antisemitische Ressentiments verstärken kann. Als Beleg für diese Entwicklung können hier die Anschläge auf die Düsseldorfer und Essener Synagoge angeführt werden, die beide im Oktober 2000 stattfanden. Die unmittelbar nach der Tat gefassten Täter, die jeweils über einen muslimischen Sozialisationskontext verfügten, gaben in den Vernehmungen an, dass sie die TV-Berichterstattung über die Zweite Intifada zu ihren Straftaten veranlasst hätte. Ferner kann festgestellt werden, dass es in den vergangenen zehn Jahren mehrere antisemitische Film- und Fernsehproduktionen gab, die in der

Hauptsendezeit von arabisch- und türkischsprachigen SAT-Sendern ausgestrahlt wurden. Ein herausragendes Beispiel ist in diesem Zusammenhang die iranische Fernsehproduktion „Zahras blaue Augen", die im heutigen Palästina spielt. Die Juden werden in dieser mit Antisemitismen aufgeladenen Serie als verschwörerische und organraubende Verbrecher dargestellt. Dieses primitive antisemitische Narrativ, das interessanterweise die christlich-antisemitische Ritualmordlegende in einem muslimischen Kontext aktualisiert, wurde gleichfalls im türkischen Kinofilm „Tal der Wölfe", der auch mit großem Erfolg in deutschen Kinos lief, verwendet (vgl. Kiefer 2012).

Ein weiteres Problemfeld ergibt sich durch die kaum zu überblickenden Internetaktivitäten neo-salafistischer Akteure. Einfache Rechercheversuche zu islamischen Begriffen im Internet enden nicht selten auf professionell gestalteten Internetseiten, die der Verbreitung neo-salafistischer Inhalte dienen. Diese wenig erfreuliche Sachlage veranlasste bereits im Februar 2012 Asiem El Difraoui von der Stiftung Wissenschaft und Politik (SWP) zu der Aussage, dass Islamisten und Dschihadisten im Bereich Islam im Internet längst die „Deutungshoheit" errungen hätten (El Difraoui 2012, S. 6). Da Verbote von Internetinhalten wenig Erfolg versprechen und es daher faktisch nicht möglich ist, junge Menschen vor fragwürdigen Inhalten zu schützen, muss schulische Präventionsarbeit an der Ausbildung von Medienkompetenz mitwirken, die junge Menschen u.a. befähigt, Netzinhalte kritisch zu hinterfragen.

4.5.4 Zwischenfazit

Die dargestellten Modellprojekte aus den Präventionsbereichen Gemeinde, Jugendhilfe, politische Bildung und Schule zeigen, dass in diesen Bereichen eine funktionierende und teilweise nachhaltige Radikalisierungsprävention möglich ist. In den dargestellten Projekten konnten zahlreiche wertvolle Erfahrungen gesammelt werden, die als Grundlage für eine zukünftige, effektive Präventionsarbeit dienen können. Dieser durchaus positive Befund kann jedoch nicht darüber hinwegtäuschen, dass sich die gegenwärtigen Anstrengungen im Bereich der Radikalisierungsprävention in Deutschland nach wie vor experimenteller Natur sind. Von einer systematischen oder gar flächendeckenden Radikalisierungsprävention kann selbst bei wohlwollender Betrachtung in Bund, Ländern und Kommunen nicht die Rede sein.

5 Handlungsempfehlungen

5.1 Forschungsdesiderate

5.1.1 Prävention gegen was?

In den bisherigen Ausführungen wurde mehrfach darauf hingewiesen, dass Radikalisierungsprävention nur dann erfolgreich aufgebaut werden kann, wenn umfassende und gesicherte wissenschaftliche Erkenntnisse zum jeweiligen Präventionsfeld zur Verfügung stehen. Die erste Frage, die jedes Projekt bzw. jede Maßnahme im Vorfeld beantworten muss, betrifft die unmittelbare Zielsetzung. Die Frage lautet: Gegen welches Phänomen bzw. welche Phänomene richtet sich die Präventionsmaßnahme? Die außerordentlich kontrovers verlaufenden Diskussionen zu den Themenfeldern Islamismus, Neo-Salafismus und Dschihadismus zeigen, dass die Begriffe und die damit assoziierten Phänomene erhebliche Unschärfen aufweisen. Besonders deutlich ist dieser Sachverhalt in der gegenwärtigen Neo-Salafismusdebatte zu erkennen. Folgt man der Sichtweise der Sicherheitsbehörden und ihrer Dienstherren, so kann man sich des Eindrucks nicht erwehren, dass jedwede Form von neo-salafistischer Mobilisierung als Sicherheitsproblem angesehen wird. Einige Vertreter der muslimischen Organisationen, aber auch Islamwissenschaftler widersprechen dieser Position bekanntlich. Das zentrale Problem in dieser Debatte ist die unzureichende Datengrundlage. Empirische Untersuchungen, die die Gesamtheit der neo-salafistischen Strömungen in Deutschland zum Gegenstand haben, liegen derzeit nicht vor. Die Politik ist hier aufgefordert, repräsentative Untersuchungen in Auftrag zu geben, die belastbare Aussagen zu vorhandenen oder fehlenden Gewaltorientierungen von neo-salafistischen Akteuren zulassen.

5.1.2 Was ist Radikalisierung?

Radikalisierung in neo-salafistischen Milieus wird von den Sicherheitsbehörden als ein mehrphasiger Prozess („1. Pre-Radicalization, 2. Self-Identification, 3. Indoctrination, 4. Jihadization") aufgefasst, in dem sich bislang unauffällige Menschen in einem kürzeren oder längeren Zeitraum, in Gruppenprozessen oder alleine radikale Positionen zu eigen machen, die mit oder ohne Gewaltbefürwortung auf eine Beseitigung der hiesigen freiheitlich-demokratischen Werteordnung zielen (Silber / Bhatt 2007, S. 6). Als End- oder Höhepunkt einer Radikalisierung wird eine wie auch immer religiös begründete gewaltbefürwortende Haltung angesehen, die jederzeit in ein delinquentes Verhalten münden kann. Ab wann eine Person als radikalisiert gilt, ist außerordentlich schwierig zu bestimmen. Festlegungen von Behörden und Akteuren des Sozialraums (Lehrkräfte, Sozialpädagogen etc.) basieren oft auf Teilbeobachtungen und daraus resultierenden Mutmaßungen. Es fehlen bislang wissenschaftlich begründete Kriterien, die eine seriöse Urteilsbildung unterstützen können.

5.1.2.1 Faktoren der Radikalisierung

In der bislang vorliegenden Forschungsliteratur wird allgemein davon ausgegangen, dass Radikalisierung als ein komplexer Prozess angesehen werden muss, auf den eine Vielzahl von Faktoren Einfluss nehmen. Hierzu zählen u.a. gesellschaftliche Konfliktsituationen, die religiös konnotiert sind, die Präsenz von Eindeutigkeitsangeboten mit Lösungsversprechungen, die Familiensituation, die Orientierung der Peergroup, soziale Benachteiligungen, eigene und stellvertretende Viktimisierungserfahrungen und persönliche Krisensituationen, die mit schwierigen Selbstfindungsprozessen einhergehen können. Wie im Detail und in welchem Ausmaß diese und andere Faktoren tatsächlich Radikalisierungsprozesse beeinflussen, ist nicht geklärt. Bislang fehlen empirische Untersuchungen, die über eine ausreichende Datengrundlage verfügen. Auch hier besteht erheblicher Forschungsbedarf.

5.1.2.2 Verläufe von Radikalisierung

Im Zusammenhang mit den Radikalisierungsfaktoren müssen die verschiedenen Verläufe einer präzisen wissenschaftlichen Betrachtung und Analyse unterzogen werden. Die mehrfach angeführten Studien von Edwin Bakker zeigen, dass sich Radikalisierungsprozesse überwiegend in Peergroups vollziehen, deren Mitglieder sich oftmals seit geraumer Zeit kennen. Radikalisierung vollzieht sich in engen sozialen Bindungen, die sich zunehmend gegen äußere Einflüsse abschotten. Félix Guattari bezeichnet solche Gruppen – die keineswegs ein neues Phänomen darstellen – als „Subjektgruppen", die zu einer paranoischen Verklammerung neigen (Guattari 1976, S. 14). Subjektgruppen arbeiten mit „Abtrennung, Herauslösung und residualer Selektion" (ebd., S. 15). Im Kontext neo-salafistischer Subjektgruppen bedeutet „Abtrennung" die Bildung einer dschihadistischen Avantgarde. „Herauslösung" bezeichnet die Bildung einer wohldisziplinierten, organisierten und hierarchisierten Vernetzung von Gruppen. „Residuale Selektion" bezeichnet den Ausschluss von „ungläubigen" Muslimen.

Neben diesen klassischen Merkmalen der Radikalisierung, die seit Jahrzehnten auch in anderen ideologischen Spektren zu beobachten waren, behaupten Sicherheitsbehörden seit dem Jahr 2004 die Existenz von gruppenungebundenen Einzeltätern im dschihadistischen Spektrum, die sich selbst radikalisiert haben. Der Prozess der sogenannten „Selbstradikalisierung" („self-radicalization") wird in der Fachwissenschaft sehr kontrovers diskutiert. Der Begriff suggeriert, dass im Radikalisierungsprozess keine Interaktion mit anderen Akteuren stattfindet. Wesentlicher Faktor der Radikalisierung sei die individuelle Auseinandersetzung mit dschihadistischen Propagandaprodukten, die im Internet vorzufinden seien. Kritiker dieses Konzepts haben darauf hingewiesen, dass die Auseinandersetzung mit dschihadistischen Inhalten zumeist auch mit diskursiven Aktivitäten im Internet einhergeht. Insofern sei eine mehr oder weniger nachweisbare soziale Interaktion gegeben und der Begriff der Selbstradikalisierung irreführend.

5.1.2.3 Deradikalisierung

Deradikalisierung wird als ein Prozess definiert, „bei dem eine radikalisierte Person ihr Bekenntnis und Engagement für extremistische Denk- und Handlungsweisen, insbesondere die Befürwortung von Gewalt zur Durchsetzung ihrer Ziele, aufgibt" (Niedersächsisches Ministerium für Inneres und Sport 2012, S. 16). Deradikalisierungsmaßnahmen fallen in den Bereich der tertiären oder indizierten Prävention. Die Sicherheitsbörden – so der niedersächsische Verfassungsschutz – fassen Deradikalisierung als einen mehrstufigen Prozess auf:

„Stufe 1: eigener Gewaltverzicht;
Stufe 2: eigener Gewaltverzicht sowie Unterlassen von Unterstützungshandlungen für extremistische Bestrebungen;
Stufe 3: eigener Gewaltverzicht, Unterlassen von Unterstützungshandlungen sowie Akzeptanz der herrschenden Rechtsnormen" (ebd., S. 16).

Deradikalisierung wird hier als ein schematisches Geschehen aufgefasst, das die sozialen Dimensionen völlig außer Acht lässt. Die Herauslösung von jungen Menschen aus dschihadistischen Milieus kann ein langwieriges und komplexes Unterfangen darstellen. Zur umfassenden Neuorientierung zählen u.a. der Aufbau neuer Beziehungen, die neue berufliche Orientierung, eine Berufsausbildung und vieles mehr. In einem solchen eventuell mehrjährigen Prozess der Umorientierung ist das koordinierte Zusammenspiel verschiedener Behörden, Organisationen und Experten erforderlich. Neben psychologischer Beratung, der Wohnungsbeschaffung und der Einkommenssicherung (die zunächst im Rahmen des SGB II zu gewährleisten wäre) bedarf der gesamte Prozess der intensiven sozialpädagogischen und gegebenenfalls seelsorgerischen Flankierung. In diesem komplizierten Setting kann Deradikalisierung nur dann gelingen, wenn im Hintergrund ein durchdachtes Konzept steht. Darüber hinaus ist ein belastbares Netzwerk von Partnern erforderlich, die das Konzept mittragen. Zu den Gelingensbedingungen und den Methoden der Deradikalisierungsarbeit in Deutschland liegen derzeit gleichfalls keine profunden Untersuchungen vor.

5.1.3 Prävention

Abschließend wären hier noch die Bereiche der primären und sekundären Prävention anzuführen. In den vorausgegangenen Kapiteln wurde ausführlich dargelegt, welche Grundprobleme in der Präventionsarbeit bewältigt werden müssen. Die Stichwörter lauten hier: Präventionsgegenstände, Stigmatisierung, unerwünschte Effekte, Akteursproblematik, Wirksamkeit, Nachhaltigkeit und Risikoparadox. Im Kontext der Radikalisierungsprävention liegen zu allen genannten Punkten keine ausreichenden wissenschaftlichen Expertisen vor.

5.1.4 Resümee

Die zahlreichen aufgeführten Forschungsfragen, die zur wissenschaftlichen Bearbeitung in mehreren Disziplinen ausstehen, zeigen sehr deutlich, dass in Deutschland zu den Handlungsbereichen Deradikalisierung und Prävention nur wenige belastbare Fakten vorliegen, auf deren Basis hochwertige und erfolgversprechende Handlungskonzepte erarbeitet werden können. Angesichts des dargestellten Forschungsbedarfs erscheinen Einzelvorhaben wenig sinnvoll. Praxisrelevante Ergebnisse sind nur dann zu erwarten, wenn die Fragen interdisziplinär in Forschungsverbünden bearbeitet werden. Die Bewältigung dieser Aufgabe hat zur Voraussetzung, dass wissenschaftliche Expertise aus verschiedenen Fachbereichen an einem oder mehreren Hochschulorten konzentriert wird. Wegweisend sind hier die Anstrengungen unserer Nachbarländer, die mit erheblichem Finanzaufwand eigenständige Forschungseinrichtungen geschaffen haben. So haben die Niederlande im Jahr 2007 das „Centrum voor Terrorisme en Contraterrorisme" (CTC) gegründet, das von dem renommierten Terrorismusexperten Edwin Bakker geleitet wird. Das CTC ist an der Universität Leiden angesiedelt (Campus Den Haag) und verfolgt einen interdisziplinären Forschungsansatz, der politikwissenschaftliche, kriminologische und historische Forschungsansätze bündelt. Hauptaufgaben des CTC sind Forschung, Bildung, Politikberatung und die Erstellung von umfangreichen Datenbeständen, die öffentlich zugänglich sind (vgl. campusdenhaag.nl 2013). Im Feld der Radikalisierungs- und Terrorismusforschung ist das von Peter Neumann geleitete „International Centre for the Study of Radicalisation" (ICSR), das an das renommierte King's College in London angebunden ist, von herausragender Bedeutung. Das ICSR wurde im Jahr 2008 gegründet und basiert auf einer Partnerschaft von fünf großen akademischen Institutionen. Hierzu zählen die University of Pennsylvania, das Interdisciplinary Center Herzliya (Israel), das Jordan Institute of Diplomacy und die Georgetown University. Das ICSR ist wie das CTC unabhängig und überparteilich. Ziel ist u.a. die Erforschung von Radikalisierung und politischer Gewalt. Laufende Projekte befassen sich mit Online-Radikalisierung und Fragen der Deradikalisierung. Untersucht werden ferner die Unterschiede zwischen Radikalisierung in Europa und Nordamerika (vgl. icsr.info 2013). Die bisherigen Forschungsanstrengungen des ICSR und des CTC zeigen überzeugend, dass bestehende Forschungslücken in den Bereichen Radikalisierung, Deradikalisierung und Prävention sukzessiv geschlossen werden können. Darüber hinaus verfügen beide Institutionen über fachliche Expertise für den Aufbau einer wirksamen Präventions- und Deradikalisierungsarbeit. In Deutschland fehlt eine derartige Institution bislang. Bund und Länder sollten daher erwägen, ein unabhängiges Forschungszentrum zu gründen, das mit interdisziplinärer Expertise und darauf aufbauenden Unterstützungsleistungen (Beratung, Evaluierung etc.) den Aufbau einer systematischen Deradikalisierungs- und Präventionsarbeit ermöglicht.

5.2 Staat und Prävention

5.2.1 *Die Bedeutung der Präventionsarbeit*

Die umfangreichen Aktivitäten neo-salafistischer Akteure – insbesondere die geplanten Anschläge in Bonn und Essen – haben in den zurückliegenden drei Jahren ein sehr hohe mediale Aufmerksamkeit erfahren. Zugleich war zu beobachten, dass Innenpolitiker nahezu aller Parteien wiederholt Maßnahmen forderten, die die Handlungsspielräume gewaltbereiter oder gewaltbefürwortender Aktivisten einschränken sollen. Überdies gab es Forderungen nach „Aussteigerprogrammen" und wirksamer Prävention. Die innenpolitische Debatte in Deutschland wurde in den vergangenen Jahren mit einem verengten Fokus auf unmittelbare Sicherheitsinteressen geführt. Folglich wurden personelle und finanzielle Ressourcen in erster Linie für die Polizei und Verfassungsschutzbehörden bereitgestellt. Überaus deutlich ist dieser Sachverhalt an den Betätigungsfeldern von staatlicherseits eingestellten Islamwissenschaftlern ablesbar. Nahezu alle Landeskriminalämter, Landesämter für den Verfassungsschutz und eine Reihe von Bundesbehörden, darunter das Bundeskriminalamt und das Bundesamt für Verfassungsschutz, haben in den vergangenen Jahren eine große Anzahl von Islamwissenschaftlern eingestellt. Auch wenn präzise Zahlen nicht vorliegen, kann davon ausgegangen werden, dass die Zahl der beschäftigten Islamexperten längst im dreistelligen Bereich angesiedelt ist. Diese Zahl steht in einem krassen Missverhältnis zu den Beschäftigungszahlen von islamwissenschaftlich ausgebildeten Fachkräften, die in zivilgesellschaftlichen Organisationen tätig sind. Im Bundesmaßstab betrachtet, handelt es sich hier um eine Zahl, die kaum den einstelligen Bereich überschreiten dürfte. Insgesamt betrachtet ist die Faktenlage eindeutig. Zivilgesellschaftliche Präventionsmaßnahmen sind zwar erwünscht, ihnen kommt allerdings nicht der präferierte hohe sicherheitspolitische Stellenwert zugute. Folglich werden sie als eher randständig oder gar als unwichtig betrachtet. Die Prioritätensetzung der Innenpolitik auf unmittelbare polizeiliche Abwehrmaßnahmen verkennt die Potenziale von Maßnahmen der primären und sekundären Prävention. Die angeführten Projektbeispiele aus den Niederlanden und die Berichte zu hiesigen Modellprojekten in Gemeinden, Jugendhilfe, politischer Bildung und Schulen zeigen, dass Prävention im Vorfeld von Militanz durchaus wirksam gestaltet werden kann. Eine wirksame und nachhaltige Radikalisierungsprävention kann nicht mit temporär begrenzten Modellprojekten erreicht werden. Prävention ist eine Daueraufgabe und braucht daher eine langfristige Finanzierung, die Bund, Länder und Kommunen in den Handlungsbereichen Gemeinde, Jugendhilfe, politische Bildung und Schule sicherstellen sollten.

5.2.2 Die Rolle staatlicher Akteure

Die dargestellten Erfahrungen aus der „Sicherheitspartnerschaft" aber auch unserer europäischen Nachbarn zeigen, dass die „Versicherheitlichung" der Präventionsarbeit eine Vielzahl von unerwünschten Effekten mit sich bringt, die den Zugang zu den Zielgruppen erheblich erschweren oder gar verhindern. Eine Präventionsarbeit, die stets von einer zu verhindernden politisch-religiös motivierten Straftat aus konzipiert und entwickelt wird, läuft grundsätzlich Gefahr, die Zielgruppe negativ zu markieren. Die Erfahrungen in Großbritannien, den Niederlanden und in Norwegen zeigen überaus deutlich, dass zwischen Terrorabwehr und primärer Prävention eine klare Grenze gezogen werden muss. Nur so lässt sich eine „Logik des Verdachts" verhindern, die die Zielgruppe und Partner aus dem Zielgruppenumfeld als potenzielle Problemträger identifiziert. In der Konsequenz bedeutet dies, dass in den Handlungsbereichen klare Zuständigkeiten festgehalten werden müssen. Die Arbeit mit Jugendlichen in Gemeinde, Sozialraum und Schule sollte ausschließlich von zivilgesellschaftlichen Akteuren konzipiert und durchgeführt werden. Sicherheitsbehörden – insbesondere der Verfassungsschutz – sind hier fehl am Platz. Terrorismusbekämpfung und Jugendarbeit sind zwei grundverschiedene Arbeitsbereiche.

5.2.3 Die Zusammenarbeit von Staat und zivilgesellschaftlichen Akteuren

Das Zusammenspiel von Staat und zivilgesellschaftlichen Akteuren in der Radikalisierungsprävention ging in den vergangenen Jahren mit zahlreichen Irritationen einher. Insbesondere muslimische Organisationen zeigten sich mehrfach brüskiert über die Vorgehensweise staatlicher Stellen – vor allem der Sicherheitsbehörden. Ungeachtet der offenkundig bestehenden Kommunikationsdefizite ist das Hauptproblem hier eine asymmetrisch angelegte Partnerschaft, die z.B. muslimischen Organisationen nur geringe Mitspracherechte in der Konzeption und Durchführung von Präventionsmaßnahmen einräumt. Die Steuerungshoheit liegt in der Regel ausschließlich bei staatlichen Stellen. Bund und Länder sollten an diesem Punkt ihre bisherige Vorgehensweise grundlegend überdenken. Eine funktionierende Partnerschaft im Präventionsbereich hat die Gleichberechtigung der Kooperationspartner zur Voraussetzung. Konkret bedeutet dies, dass staatliche Stellen muslimische Partner bereits in der Konzeptionsphase ausreichend konsultieren müssen. Zu einer vertrauensvollen Zusammenarbeit gehört ferner, dass Bedenken und Wünsche der Partner selbstverständlich Berücksichtigung finden sollten.

5.3 Handlungsfelder

5.3.1 Gemeinden

Die überwiegende Zahl der Moscheegemeinden in Deutschland hat der Radikalisierungsprävention bislang nur eine geringe oder gar keine Aufmerksamkeit geschenkt. Maßnahmen, die von Moscheegemeinden verantwortet werden und die direkt auf Prävention abzielen, sind selten. Ferner ist zu konstatieren, dass die Bereitschaft zur Mitwirkung an Präventionsprojekten, die von anderen zivilgesellschaftlichen Trägern im kommunalen Raum durchgeführt werden, eher gering ausgeprägt ist. Wenngleich die Vorbehalte gegen staatlich gelenkte Prävention durchaus nachvollziehbar sind, sollten die Gemeinden dennoch ihre Grundhaltung zur Prävention überdenken. Radikalisierungsprävention im kommunalen Raum kann nur dann erfolgreich gestaltet werden, wenn alle relevanten Akteure des Sozialraums (Gemeinde, Schule, Jugendhilfe etc.) zu einer partnerschaftlichen Zusammenarbeit bereit sind. Die muslimischen Gemeinden sind in diesem Kontext von großer Bedeutung. Sie können im Gemeindeumfeld für Vertrauen werben, Zusammenarbeit anbahnen und Maßnahmen oder Projekte selbst gestalten oder flankieren.

5.3.2 Kinder- und Jugendhilfe

Die bislang initiierten Modellprojekte zeigen, dass die Kinder- und Jugendhilfe im Bereich der primären und sekundären Radikalisierungsprävention wichtige Beiträge leisten kann. Im Bereich der Jugendhilfe können derzeit drei Handlungsfelder beschrieben werden. Von herausragender Bedeutung sind erstens ressourcenorientierte Projekte, die insbesondere auf eine Stärkung der Ambiguitätstoleranz und Dialogkompetenz zielen. Von wachsender Bedeutung ist zweitens eine intervenierende Präventionsarbeit, die unter Einbeziehung des Lebensumfelds – insbesondere der Familie und weiterer Akteure des Sozialraums – in laufende Radikalisierungsprozesse eingreifen kann und drittens eine umfassende Beratungsarbeit, die sich u.a. an Angehörige und Fachkräfte (Schule, Jugendhilfe etc.) des Sozialraums richtet. Bislang wird Präventionsarbeit in allen genannten Bereichen überwiegend in experimentellen Anordnungen durchgeführt. Es fehlt an finanziellen Ressourcen, definierten fachlichen Standards und ausgewiesenen Methoden. Die Generierung und Etablierung funktionierender Präventionsformate in der Jugendarbeit lässt sich nur durch ein systematisches Zusammenwirken von Maßnahmeträgern und Begleitforschung erreichen. Handlungsbedarf ist ferner im Fortbildungsbereich geboten. Viele pädagogische Fachkräfte, die in Jugendhilfeeinrichtungen oder in der mobilen Jugendarbeit tätig sind, verfügen oftmals in Fragen des religiös begründeten Extremismus, der Radikalisierung und der Präventionsarbeit lediglich über marginale Kenntnisse.

5.3.3 Politische Bildung

Die politische Bildung in Bund und Ländern leistet seit Bestehen der Bundesrepublik Deutschland mit ihren umfangreichen Angeboten wichtige Beiträge zur Förderung der demokratischen Kultur. Einen thematischen Schwerpunkt bildet seit vielen Jahren die Extremismusprävention. Insbesondere auf dem Gebiet der Rechtsextremismusprävention und der Deradikalisierung wurde in den vergangenen Jahrzehnten von den Landeszentralen und der Bundeszentrale für politische Bildung eine Vielzahl von hochwertigen Maßnahmen durchgeführt. Im Kontext der etablierten Präventionsarbeit spielen religiös begründete Eindeutigkeitsangebote, die innerhalb militanter Milieus anschlussfähig sind, bislang eine eher randständige Rolle. Bund und Länder sollten an diesem Punkt auf eine Diversifizierung und Ausweitung ihrer Angebote hinwirken. In dieser Hinsicht ist das von der Bundeszentrale für politische Bildung durchgeführte Projekt „Dialog macht Schule" wegweisend, das politische Bildung und Peer-Education innovativ miteinander verbindet.

5.3.4 Schule

Im Kontext der Radikalisierungsprävention ist die Schule mit Abstand der wichtigste Handlungsbereich. Die Schule ist die einzige gesellschaftliche Institution, die über einen längeren Zeitraum die Entwicklung von allen jungen Menschen nachhaltig beeinflussen kann. Neben dem Erwerb der klassischen Bildung vermittelt Schule wichtige zivilgesellschaftliche Kompetenzen. Junge Menschen sollen in der Schule lernen, sich einander vorurteilsfrei zu begegnen. Sie sollen die Werte und (religiösen) Auffassungen unterschiedlicher Kulturen und Glaubensgemeinschaften kennenlernen und reflektieren. Schließlich sollen sie für ein friedliches und vorurteilsfreies Zusammenleben einstehen. Diese Zielsetzungen, die alle im Bereich einer primären oder universellen Prävention verortet werden können, stellen Querschnittsaufgaben dar, die alle schulischen Akteure wahrnehmen. Darüber hinaus bietet Schule vielfältige Möglichkeiten zu einer vertieften Auseinandersetzung mit problematischen Eindeutigkeitsangeboten, die das friedliche Zusammenleben verschiedener Religions- und Weltanschauungsgemeinschaften verneinen. Zuständig hierfür sind der Politikunterricht, die Fächer der

Werteerziehung und letztlich der Religionsunterricht. Die schulische Bearbeitung von Phänomenen, die dem Neo-Salafismus zuzurechnen sind, hat erst vor wenigen Jahren eingesetzt und befindet sich in quantitativer und qualitativer Hinsicht in einem Anfangsstadium. Bildungspolitik und Schulentwicklung können einen wichtigen Beitrag zur Radikalisierungsprävention leisten, wenn sie die Behandlung von religiös begründeten Eindeutigkeitsangeboten und den damit verbundenen Phänomenen in den curricularen Grundlagen des Politikunterrichts, der Werteerziehung und des Religionsunterrichts festschreiben. Wünschenswert wären ferner Fortbildungsmaßnahmen, die Lehrkräfte aller relevanten Fächer unter fachwissenschaftlichen und didaktischen Gesichtspunkten für die schulische Bearbeitung der genannten Themen qualifizieren. Einen erheblichen Fortbildungsbedarf gibt es vor allem im Medienbereich. Die inflationäre Zunahme von neo-salafistischen Internetangeboten findet im alltäglichen Unterricht der genannten Fächer faktisch keine Berücksichtigung. Ein Grund hierfür ist sicherlich darin zu sehen, dass viele Lehrkräfte bezüglich der Internetpräsenzen neo-salafistischer Akteure und deren Inhalte über keine oder nur geringe Informationen verfügen. Folglich gibt es auch keine angemessenen pädagogischen Interventionen. Vor allem in diesem Bereich sind Fortbildungsmaßnahmen und jeweils aktuelle Schulungsmaterialien, die im Internet zur Verfügung gestellt werden können, unverzichtbar. Schließlich sollte nicht unerwähnt bleiben, dass bislang insbesondere für die höheren Jahrgangsstufen bisher nur wenige zugelassene Unterrichtsmaterialien zur Verfügung stehen.

5.3.5 *Universität*

Abschließend sollte auch das Handlungsfeld Universität Erwähnung finden. Neben zu den erbringenden Forschungsleistungen, die bereits in den Handlungsempfehlungen unter dem Gliederungspunkt Forschungsdesiderate aufgeführt wurden, können die Fachhochschulen und Hochschulen der Länder insbesondere in den verschiedenen Ausbildungsgängen der erziehungswissenschaftlichen und sozialpädagogischen Berufsfelder einen wichtigen Beitrag zu einer pädagogisch bestimmten Präventionsarbeit leisten. Die erfolgreiche Bearbeitung von Eindeutigkeitsangeboten, die u.a. mit der Abwertung anderer gesellschaftlicher Gruppen einhergehen kann, ist nur möglich, wenn sich die jeweiligen Fachlehrkräfte in der Ausbildung mit dem Problemfeld auseinandergesetzt und in methodischer Hinsicht ein angemessenes und altersgerechtes Instrumentarium vermittelt bekommen haben. Im Hinblick auf den Neo-Salafismus sind insbesondere die neu gegründeten Zentren für Islamische Theologie in Erlangen, Frankfurt, Gießen, Münster und Osnabrück gefordert. In den Ausbildungsgängen für Theologen, die später u.a. im Gemeindeumfeld tätig sein werden, und für Lehrkräfte, die an öffentlichen Schulen zukünftig islamischen Religionsunterricht erteilen sollen, muss die Auseinandersetzung mit den diversen Ausdrucksformen des Neo-Salafismus ein fester Bestandteil in Lehre und Forschung sein.

Literatur

Abd al-Wahhab, Muhammad Ibn. 1998. Book of Tawheed. Raleigh, North Carolina: International Islamic Publishing House.

Adams, Dirk / Schmitz, Andreas. 2010. Evaluation des Projekts „Interkultureller Dialog zur Aktivierung und Partizipation von Jugendlichen in der Einwanderungsgesellschaft". Essen: Context-Bildung.

Amayreh, Ismael. 2004. Hundert Überlieferungen des Propheten Muhammad – ausgewählt, auf ihre Authentizität überprüft und aus dem Arabischen übertragen. Amman: o.V.

Armstrong, Karen. 1993. Muhammad. Religionsstifter und Staatsmann. München: Eugen Diederichs.

Dies. 2007. Im Kampf für Gott. Fundamentalismus in Christentum, Judentum und Islam. München: Goldmann.

Aronson, Elliot / Wilson, Timothy D. / Akert, Robin M. 2008. Sozialpsychologie. München: Pearson Studium.

Asad, Muhammad. 2009. Die Botschaft des Koran. Düsseldorf: Patmos.

Ders. 2011. Die Prinzipien von Staat und Regierung im Islam. Mössingen: Edition Bukhara.

Aslan, Reza. 2006. Kein Gott außer Gott. Der Glaube der Muslime von Muhammad bis zur Gegenwart. München: C.H. Beck.

As-Salaf.com. 2011. Die Verpflichtung den frommen Salaf zu folgen. URL: http://www.as-salaf.com/article.php?aid=112&lang=en (letzter Abruf: 05.12.2012).

Atabaki, Touraj / Zürcher, Erik J. 2004. Men of Order. Authoritarian Modernization under Atatürk and Reza Shah. New York: I.B. Tauris.

Ateş, Ali Osman. 1996. İslam'a göre Cahiliye ve Ehli Kitap Örf ve Adetleri. Istanbul: Beyan.

Ausländerbeauftragte des Senats von Berlin. 1997. Türkische Jugendliche in Berlin – Pressemitteilung. Berlin.

Bahners, Patrick. 2011. Die Panikmacher. Die deutsche Angst vor dem Islam. Eine Streitschrift. München: C.H. Beck.

Baudler, Georg. 2005. Gewalt in den Weltreligionen. Darmstadt: Wissenschaftliche Buchgesellschaft.

Bakker, Edwin. 2011. "Characteristics of Jihadi terrorists in Europe (2001-2009)." In: Coolsaet, R. (ed.). Jihadi Terrorism and the Radicalisation Challenge: European and American Experiences. 2nd edition. Surrey: Ashgate Publishing Limited (boekdeel – hoofdstuk).

Bayerisches Staatsministerium für Unterricht und Kultus. 2006. Fachlehrplan für den SCHULVERSUCH ISLAMUNTERRICHT an der bayerischen Hauptschule, genehmigt mit KMS vom 7. November 2006 Nr. III.6 – 5 O 4344 – 6. 89 430.

Belok, Manfred / Brokač, Ulrich (Hg.). 2005. Volk Gottes im Aufbruch. 40 Jahre II. Vatikanisches Konzil. Zürich: Theologischer Verlag.

Ben-Chorin, Schalom. 1985. Narrative Theologie des Judentums anhand des Pessach-Haggada: Jerusalemer Vorlesungen. Tübingen: Mohr Siebeck.

Benz, Wolfgang. 2012. Die Feinde aus dem Morgenland. Wie die Angst vor den Muslimen unsere Demokratie gefährdet. München: C.H. Beck.

Berger, Lutz. 2010. Islamische Theologie. Wien: Facultas Verlags- und Buchhandels AG.

Bertelsmann-Stiftung (Hg.). 2008. Religionsmonitor 2008: Muslimische Religiosität. Überblick zu religiösen Einstellungen und Praktiken. Gütersloh: Bertelsmann.

Bey, Seyyid. 1923. Hilafet ve Hakimiyet-i Milliyye, Ankara: Türkiye Büyük Millet Meclisi Matbaasi.

Bey, Essad. 1991. Mohammed: Biographie. 2. Auflage. Leipzig/Weimar: Gustav Kiepenheuer.

Bielefeldt, Heiner. 1999. „Muslime im säkularen Rechtsstaat. Vom Recht der Muslime zur Mitgestaltung der Gesellschaft." In: Der Interkulturelle Dialog. Schriftenreihe der Ausländerbeauftragten des Landes Bremen. Heft 2.

Biesinger, Albert u.a. 2005. „Forschungsprojekt ‚Religiosität und Familie'. Wirkungen religiöser Erziehungen in der Familie aus religionspädagogischer, kinder- und jugendpsychiatrischer und kriminologischer Sicht. Ergebnisse im Überblick." In: ders. u.a. Brauchen Kinder Religion? Neue Erkenntnisse, Praktische Perspektiven. Weinheim/Basel: Beltz.

Bırışık, Abdülhamit. 2007. Mevdudi: Hayatı, Görüşleri ve Eserleri. Istanbul: Insan yayinlari.

Bossong, Georg. 2008. Die Sepharden: Geschichte und Kultur der spanischen Juden. München: C.H. Beck.

Bröckling, Ulrich. 2008. „Vorbeugen ist besser… Zur Soziologie der Prävention." In: Behemoth. A Journal on Civilisation 2008/1.

Buber, Martin. 1994. Ich und Du. Stuttgart: Reclam.

Bucaille, Maurice. 1994. Bibel, Koran und Wissenschaft. Die Heiligen Schriften im Licht moderner Erkenntnisse. München: Bavaria-Verlag & Handels GmbH.

Bukow, Wolf-Dietrich / Ottersbach, Markus (Hg.). 1999. Der Fundamentalismusverdacht. Plädoyer für eine Neuorientierung der Forschung im Umgang mit allochthonen Jugendlichen. Opladen: Leske + Budrich.

Bundesamt für Verfassungsschutz und Landesbehörden für Verfassungsschutz. 2012. Neo-salafistische Bestrebungen in Deutschland. Köln.

Bundesrat. 2001. Lagebild zur Verfassungsfeindlichkeit salafistischer Bestrebungen, 192. Sitzung der Innenministerkonferenz, Frankfurt a. M.

Bürkli, Danny. 2011. „Antworten auf jihadistische Radikalisierung in Europa." In: Center for Security Studies (CSS) (Hg.). Bulletin 2011 zur Schweizerischen Sicherheitspolitik. Zürich.

campusdenhaag.nl. 2013. Over ons. URL: http://www.campusdenhaag.nl/ctc/over/hetctc. html#activiteiten (letzter Abruf: 01.05.2013)

Casanova, José. 2009. Europas Angst vor der Religion. Berlin: Berlin University Press.

Ceylan, Rauf. 2008. Islamische Religionspädagogik in Moscheen und Schulen. Ein sozialwissenschaftlicher Vergleich der Ausgangslage, Lehre und Ziele unter besonderer Berücksichtigung der Auswirkungen auf den Integrationsprozess der muslimischen Kinder und Jugendlichen in Deutschland. Hamburg: Kovač.

Ders. 2010. Prediger des Islam. Freiburg: Herder.

Crone, Patricia. 2004. Meccan Trade and the Rise of Islam. New Jersey: Gorgias Press.

Curvello, Lima / Müller-Hofstede, Christoph. 2011a. „Konzeption und methodische Ansätze des Modellprojekts." In: Bundeszentrale für politische Bildung / Robert Bosch Stiftung (Hg.). Jugend, Demokratie, Religion. Politische Bildung mit Jugendlichen in der Einwanderungsgesellschaft, Bonn.

Curvello, Lima / Müller-Hofstede, Christoph. 2011b. „Erkenntnisse und Empfehlungen." In: Bundeszentrale für politische Bildung / Robert Bosch Stiftung (Hg.). Jugend, Demokratie, Religion. Politische Bildung mit Jugendlichen in der Einwanderungsgesellschaft, Bonn.

Czermak, Gerhard. 2008. Religions- und Weltanschauungsrecht. Eine Einführung. Berlin/Heidelberg: Springer.

Daiber, Karl-Fritz. 2010. Konfuzianische Transformationen. Eine religiöse Tradition in der Moderne Indonesiens, der Philippinen, Vietnams und Südkoreas. Münster: Lit.

Demokratie-staerken.de. 2013. URL: http://www.demokratie-staerken.de/ids_zahlen_und_fakten. html (letzter Abruf: 07.03.2013).

Deppermann, Klaus. 1993. „Der englische Puritanismus." In: Brecht, Martin (Hg.). Geschichte des Pietismus. Der Pietismus vom siebzehnten bis zum frühen achtzehnten Jahrhundert. Bd. 1. Göttingen: Vandenhoeck & Ruprecht.

diepresse.com 2011. Interview mit Edwin Bakker. URL: http://diepresse.com/home/politik/aussenpolitik/706227/Experte_Den-typischen-Terroristen-gibt-es-nicht (letzter Abruf: 15.02.2013).

Diehl, Jörg / Schmid, Fidelius. 2013. Zahl der Salafisten steigt weiter an. URL: http://www.spiegel.de/politik/deutschland/nordrhein-westfalen-zahl-der-salafisten-steigt-weiter-an-a-876867-druck. html (letzter Abruf: 13.01.2013).

DIMS 2012. Konzeptskizze der Deutsch-Islamischen-Moschee-Stiftung (unveröffentlicht), Düsseldorf 2012.

Doehring, Karl. 2004. Völkerrecht: Ein Lehrbuch. Heidelberg: C.F. Müller.

Duden. „Purismus, der." URL: http://www.duden.de/rechtschreibung/Purismus (letzter Abruf: 19.10.2012).

Dürr, Benjamin. 2010. „Mitten in den Niederlanden." URL: http://www.zenithonline.de/deutsch/gesellschaft//artikel/mitten-in-den-niederlanden-00123l/ (letzter Abruf: 20.02.2013).

El Difraoui, Asiem. 2012. Jihad.de – Jihadistische Online-Propaganda: Empfehlungen für Gegenmaßnahmen in Deutschland, SWP-Studie, Stiftung Wissenschaft und Politik, Deutsches Institut für Internationale Politik und Sicherheit. URL: http://www.swp-berlin.org/fileadmin/contents/products/studien/2012_S05_dfr.pdf (letzter Abruf: 21.04.2013).

Eijk, van Esther. 2010. "Sharia and national law in Saudi Arabia." In: Jan Michiel Otto (ed.). Sharia Incorporated. A Comparative Overview of the Legal Systems of Twelve Muslim Countries in Past and Present. Leiden: Leiden University Press.

Eisenstadt, Shmuel N. 1986. Introduction: "The Axial Age Breakthroughs – Their Characteristics and Origins." In: Eisenstadt, S. N. (ed.). The Origins and Diversity of Axial Age Civilizations. New York: State University of New York Press.

exit-deutschland.de 2013. URL: http://www.exit-deutschland.de/Startseite/Islamismus-/-Ultranationalismus/HAYAT/Beratungsstelle-HAYAT-K381.htm (letzter Abruf: 09.02.2013).

Fromm, Erich. 1990. Ethik und Politik. München: Verlag Weinheim und Beltz.

Gemeente Amsterdam. 2007. Amsterdam tegen radicalisering. URL: http://www.amsterdam.nl/wonen-leefomgeving/veiligheid/bibliotheek/downloads/r/radicalisering/ (letzter Abruf: 18.02.2013).

Glaser, Michaela / Greul, Frank / Johannson, Susanne / Münch, Anna Verena. 2011. „Etablierte Praxis, neue Herausforderungen." In: DJI Impulse. Das Bulletin des Deutschen Jugendinstituts. 2/2011.

Glassé, Cyril / Smith, Huston. 2003. The Concise Encyclopaedia of Islam. London: Stacey International.

Guattari, Félix. 1976. Psychotherapie, Politik und die Aufgaben der institutionellen Analyse. Frankfurt am Main: Suhrkamp.

Halm, Heinz. 2005. Die Schiiten. München: C.H. Beck.

Ders. 2011. Der Islam. Geschichte und Gegenwart. München: C.H. Beck.

Hammond, William. 2011. „Das Prevent-Programm zur Verhinderung gewaltsamer Radikalisierung in Großbritannien." In: Landeszentrale für politische Bildung Baden-Württemberg. Der Bürger im Staat. 61. Jahrgang. Heft 4-2011.

Hartkemeyer, Johannes / Hartkemeyer, Martina. 2005. Die Kunst des Dialogs – Kreative Kommunikation entdecken. Erfahrungen, Anregungen, Übungen. Stuttgart: Klett-Cotta.

Hartmann, Martin / Offe, Claus (Hg.). 2011. Politische Theorie und politische Philosophie. Ein Handbuch. München: C.H. Beck.

Haug, Sonja / Müssig, Stephanie / Stichs, Anja. 2009. Muslimisches Leben in Deutschland. Nürnberg: Bundesamt für Migration und Flüchtlinge.

Heimbach, Marfa. 2011a. „‚Lernt eure Potenziale kennen' – Interview mit Cemal Aydin." In: Bundeszentrale für politische Bildung / Robert Bosch Stiftung (Hg.). Jugend, Demokratie, Religion. Politische Bildung mit Jugendlichen in der Einwanderungsgesellschaft. Bonn.

Dies. 2001b. „‚Die Dialogmoderatoren haben das Selbstbewusstsein gefördert' – Interview mit Ulrike Klein-Debiasi." In: Bundeszentrale für politische Bildung / Robert Bosch Stiftung (Hg.). Jugend, Demokratie, Religion. Politische Bildung mit Jugendlichen in der Einwanderungsgesellschaft. Bonn.

Dies. 2011c. „‚Die Schüler haben sich positiv verändert' – Interview mit Esra Bozkurt, Florina Dema und Konstantinos Kosmidis." In: Bundeszentrale für politische Bildung / Robert Bosch Stiftung (Hg.). Jugend, Demokratie, Religion. Politische Bildung mit Jugendlichen in der Einwanderungsgesellschaft. Bonn.

Hegghammer, Thomas. 2006. „Einführung: Abdullah Azzam, der Imam des Dschihads." In: Kepel, Gilles / Jean-Pierre Milelli (Hg.). Al-Qaida: Texte des Terrors. München: Piper.

Heine, Peter. 2009. Einführung in die Islamwissenschaft. Berlin: Akademie Verlag GmbH.

Heitmeyer, Wilhelm / Müller, Joachim / Schröder, Helmut. 1997. Verlockender Fundamentalismus. Türkische Jugendliche in Deutschland. Frankfurt a. M: Suhrkamp.

Hilmi, Filibeli Ahmed. 2005. Islam Tarihi. Istanbul: Anka Yayinlari.

Hippenberg, Hans G. 2010. „Religiöse Gewaltsprachen – religiöse Gewalthandlungen: Versuch einer Klärung ihres Verhältnisses." In: Gabriel, Karl / Spieß, Christian / Winkler, Katja (Hg.). Religion – Gewalt – Terrorismus. Religionssoziologische und ethische Analysen. München: Ferdinand Schöningh GmbH & Co.

Hock, Klaus. 2008. Einführung in die Religionswissenschaft. Darmstadt: Wissenschaftliche Buchgesellschaft.

Hodgson, Marshall G. S. 1977. The Venture of Islam. Volume 1: The Classical Age of Islam. Chicago: The University of Chicago Press.

Hofmann, Murad W. 1999. Der Islam als Alternative. Kreuzlingen-München: Hugendubel.

Ders. 2001. Der Islam im 3. Jahrtausend. Eine Religion im Aufbruch. Kreuzlingen-München: Hugendubel.

Ders. 2002. Der Koran. Kreuzlingen-München: Hugendubel.

Holthausen, Bernd / Hoops, Sabrina / Lüders, Christian / Ziegleder, Diana. 2011. „Über die Notwendigkeit einer fachgerechten und reflektierten Prävention. Kritische Anmerkungen zum Diskurs." In: DJI Impulse. Das Bulletin des Deutschen Jugendinstituts. 2/2011.

Hoover, Jon. 2007. Ibn Taymiyya's Theodicy of Perpetual Optimism. Boston/Leiden: Brill.

Horn, Christoph. 1997. „Einleitung." In: ders. (Hg.). De civitate dei. Berlin: Akademie Verlag GmbH.

Hödl, Hans Gerald. 2003. „Ritual (Kult, Opfer, Ritus, Zeremonie)." In: Figl, Johann. Handbuch Religionswissenschaft. Innsbruck: Vandenhoeck & Ruprecht.

ifak-bochum.de. 2013. URL: http://www.ifak-bochum.de/fachbereiche-einrichtungen/migration/beratungsnetzwerk-fuer-toleranz-und-miteinander/ (letzter Abruf: 09.02.2013).

icsr.info. 2013. URL: http://icsr.info/about-us-2/ (letzter Abruf: 01.05.2013).

Jafar, Iftitah. 1998. Modern Qur'anic Exegesis: A Comparative Study of the Methods of Muhammad 'Abduh and Muhammad Rashid Rida. Montreal: McGill University Montreal.

Jaspers, Karl. 1949. Vom Ursprung und Ziel der Geschichte. München: Piper.

Johannson, Susanne. 2012. Rechtsextremismus und Demokratieförderung in den Feldern der Pädagogik, der Beratung und Vernetzung: eine kurze Begriffseinordnung und -abgrenzung. URL: http://www.biknetz.de/fileadmin/Dokumente/Oeffentlichkeit_herstellen/Themen/Aufsaetze/ Aufsatz_S._Johannson_REpr%C3%A4vention_final.pdf (letzter Abruf: 09.02.2013).

Jung, Martin H. 2004. Einführung in die Theologie. Darmstadt: Wissenschaftliche Buchgesellschaft.

Kant, Immanuel. 1999. Was ist Aufklärung? Ausgewählte kleine Schriften. Hamburg: Felix Meiner.

Kaupp, Peter. 1966. „Das Judentum in der universalhistorischen Lehre Arnold J. Toynbees." In: Saeculum 17. Jahrbuch der Universalgeschichte. Freiburg i. Br.: Verlag Karl Alber.

Kermani, Navid. 2000. Gott ist schön. Das ästhetische Erleben des Koran. München: C.H. Beck.

Khoury, Adel Theodor. 2008. Der Hadith. Urkunde der islamischen Tradition. München: Gütersloher Verlagshaus.

Kiefer, Michael. 2012. Antisemitismus unter muslimischen Jugendlichen – Randphänomen oder Problem? URL: http://www.bpb.de/politik/extremismus/antisemitismus/145728/antisemitismus-unter-muslimischen-jugendlichen-randphaenomen-oder-problem?rl=0.29873065394349396#r ate5 (letzter Abruf: 07.03.2013).

Ders. 2011. „Islamischer Religionsunterricht. Aktuelle Entwicklungen in den Ländern: Art und Umfang der bestehenden Angebote, Unterschiede und Perspektiven." In: Deutsche Islam Konferenz (Hg.). Islamischer Religionsunterricht in Deutschland. Perspektiven und Herausforderungen. Dokumentation Tagung der Deutschen Islam Konferenz 13. bis 14. Februar 2011, Nürnberg.

Knauer, Reingard. 2006. „Prävention braucht Partizipation." In: KiTa spezial. 3/2006.

Knoblauch, Hubert. 1999. Religionssoziologie. Berlin: De Gruyter.

Kohl, von Christine. 2003. Albanien. München: C.H. Beck.

Küng, Hans. 2008. Das Christentum. Wesen und Geschichte. München: Piper.

Ders. 2010. Der Islam. Wesen und Geschichte. München: Piper.

Krawulski, Dorothea. 2006. Eine Einführung in die Koranwissenschaften: Ulum al-Quran. Hamburg: Peter Lang.

Kunkel, Wolfgang / Schermaier, Martin. 2005. Römische Rechtsgeschichte. 15. Aufl. Köln: Böhlau.

Kunstmann, Joachim. 2004. *Religionspädagogik. Eine Einführung*. Tübingen und Basel: A. Francke Verlag

Le Gai Eaton, Charles. 2000. Der Islam und die Bestimmung des Menschen. 3. Aufl. München: Eugen Diederichs.

Leimgruber, Stephan. 2007. Interreligiöses Lernen. 2. Aufl. München: Kösel.

Lia, Brynjar. 2008. Architect of Global Jihad. The Life of Al-Qaeda Strategist Abu Mus'ab Al-Suri. New York: Columbia University Press.

Lindner, Werner / Freund Thomas. 2001. „Der Prävention vorbeugen? Zur Reflexion und kritischen Bewertung von Päventionsaktivitäten in der Sozialpädagogik." In: Lindner, Werner / Freund, Thomas (Hg.). Prävention. Zur kritischen Bewertung von Präventionsansätzen in der Jugendarbeit. Opladen: Leske + Budrich.

Lings, Martin. 2006. Muhammad: His Life Based on the Earliest Sources. Rochester: Inner Traditions.

Lohlker, Rüdiger. 2008. Islam – eine Ideengeschichte. Wien: Facultas Verlags- und Buchhandels AG.

Ders. 2009. Dschihadismus. Wien: Facultas Verlags- und Buchhandels AG.

Lohmann, Heiner. 2009. Strukturen mythischen Denkens im Grünen Buch Mu'ammar al-Qaddafis. Eine kommunikationstheoretische Untersuchung zur Rationalität eines soziozentrischen Weltbildes im Islam mit einer Neuübersetzung des Grünen Buches im Anhang. Münster: Lit.

Lüken-Klaßen, Doris / Schindler, Martina. 2011. Interkulturelle Politik in europäischen Städten. Intergruppenbeziehungen und die Rolle von Migrantenorganisationen in der Integrationsarbeit. CLIP-Cities for Local Integration Policies. Stadt Frankfurt am Main, Amt für multikulturelle Angelegenheiten.

Maier, Andreas. 1995. Politische Strömungen im modernen Islam. Quellen und Kommentare. Wuppertal: Hammer.

Maududi, Sayyed Abul A'la. Weltanschauung und Leben im Islam. URL: http://www.masjid-omar.de/.../Weltanschauung_und_Leben_im_Islam.pdf (letzter Abruf: 06.12.2012).

Ders. 1995. Kur'an'nin dört temel terimi. Ilah-Rab-Din-Ibadet. Istanbul: Özgün Kitabevi.

Ders. 2003. Hilafet ve Saltanat. Istanbul: Hilal Yayinlari.

Ders. 2012. Tefhimu'l Kur'an. Bd. 7. Istanbul: Insan Yayinlari.

Meyer, Thomas (Hg.). 1989. Fundamentalismus in der modernen Welt. Die Internationale der Unvernunft. Frankfurt a. M.: Suhrkamp.

Ders. 2005. Die Ironie Gottes. Religiotainment, Resakralisierung und die liberale Demokratie. Wiesbaden: VS.

Ders. 2010. Was ist Politik? Wiesbaden: VS.

Ders. 2011. Was ist Fundamentalismus? Eine Einführung. Wiesbaden: VS.

Ministerium für Inneres und Kommunales NRW. 2012. Bericht der Landesregierung über Maßnahmen zur Extremismusprävention in Nordrhein-Westfalen. Landtag Nordrheinwestfalen. 16. Wahlperiode. Vorlage 16/241.

Ministerium für Schule und Weiterbildung in Nordrhein-Westfalen. 2009. Lehrplan für die Sekundarstufe I in Nordrhein-Westfalen. Islamkunde in deutscher Sprache. Düsseldorf.

Dass. 2010. Demokratie – Islam – Islamismus. Andi2: Handreichung für den Politikunterricht. Düsseldorf.

Mokrosch, Reinhold. 2011. „Das Risiko der Gewaltfreiheit. Was können die Weltreligionen für den Frieden tun?" In: Der Oberbürgermeister der Stadt Osnabrück / Der Präsident der Universität Osnabrück (Hg). Osnabrücker Jahrbuch Frieden und Wissenschaft. Bd. 18/2011: Veränderte Sicht auf Risiken? Göttingen: V&R Unipress.

Müller-Hofstede, Christoph / Schuster, Melanie. 2011. „Ausblicke und Perspektiven." In: Bundeszentrale für politische Bildung / Robert Bosch Stiftung (Hg.). Jugend, Demokratie, Religion. Politische Bildung mit Jugendlichen in der Einwanderungsgesellschaft, Bonn.

Naumann, Thomas. 2010. „Feindbild Islam – Historische und theologische Gründe einer europäischen Angst." In: Schneiders, Thorsten Gerald (Hg.). Islamfeindlichkeit. Wenn die Grenzen der Kritik verschwimmen. Wiesbaden: VS.

Nebelin, Marian. 2008. „Versuche, ,die Geschichte gegen den Strich zu bürsten.' Walter Benjamin und die Geschichte der Besiegten." In: Nebelin, Marian / Graul, Sabine (Hg.). Verlierer der Geschichte. Münster: Lit.

Niedersächsisches Kultusministerium. 2010. Islamischer Religionsunterricht. Kerncurriculum für den Schulversuch in der Grundschule. Schuljahrgänge 1-4. Hannover.

Niedersächsisches Ministerium für Inneres und Sport – Verfassungsschutz. 2012. Radikalisierungsprozesse im Bereich des islamistischen Extremismus und Terrorismus. Hannover.

Njozi, Hamza Mustafa. 2005. Ursprung des Korans. Eine kritische Untersuchung der Urheberschaftstheorien. Karlsruhe: Andalusia Verlag

Oberdorfer, Bernd / Waldmann, Peter (Hg.). 2008. Die Ambivalenz des Religiösen. Religionen als Friedensstifter und Gewalterzeuger. Freiburg i. Br./Berlin/Wien: Rombach.

Paret, Rudi. 2008. Mohammed und der Koran. 10. Aufl. Stuttgart: Kohlhammer.

Pavkovic, Gari. 2011. „Dialog macht Schule. Kommunale Erfahrungen mit dem Modellprojekt und Empfehlungen für die Kooperation mit Schulen." In: Bundeszentrale für politische Bildung / Robert Bosch Stiftung (Hg.). Jugend, Demokratie, Religion. Politische Bildung mit Jugendlichen in der Einwanderungsgesellschaft. Bonn.

Peters, Francis E. 1994. Mecca: a Literary History of the Muslim Holy Land. New Jersey: Princeton University Press.

Pinn, Irmgard. 1999. Verlockende Moderne? Türkische Jugendliche im Blick der Wissenschaft. Duisburg: DISS-Verlag.

Piroth, Nicole. 2004. Gemeindepädagogische Gestaltungsräume biografischen Lernens. Eine empirische Studie zur Rolle der Gemeindepädagogik im Lebenslauf. Münster: Lit.

Qutb, Sayyid. 2000. Social Justice in Islam. North Haledon, New Jersey: Islamic Publications International.

Ders. 2005. Milestones. CreateSpace Independent Publishing Platform.

Ramadan, Hisham (ed.). 2006. Understanding Islamic Law: from Classical to Contemporary. Lanham/Maryland: Altamira Press.

Ramadan, Tariq. 2009. Radikale Reform. Die Botschaft des Islam für die moderne Gesellschaft. München: Eugen Diederichs.

Rieker, Peter. 2012. „Religiös legitimierte Gewalt unter jugendlichen Muslimen? Eine kritische Sichtung von Forschungsergebnissen zu einem populären Thema." In: Ceylan, Rauf (Hg.). Islam und Diaspora. Analysen zum muslimischen Leben in Deutschland aus historischer, rechtlicher sowie migrations- und religionssoziologischer Perspektive. Frankfurt a. M.: Peter Lang.

Robinson, Neil. 2003. Discovering the Quran. A Contemporary Approach to a Veiled Text. Washington, D.C.: Georgetown University Press.

Roetz, Heiner. 1992. Die chinesische Ethik in der Achsenzeit. Frankfurt a. M: Suhrkamp.

Rohe, Mathias. 2009. Das islamische Recht. Geschichte und Gegenwart. München: C.H. Beck

Roy, Olivier. 2006. Der islamische Weg nach Westen. Globalisierung, Entwurzelung und Radikalisierung. Bonn: Bundeszentrale für politische Bildung.

Ders. 2010. Heilige Einfalt. Über die politischen Gefahren entwurzelter Religionen. München: Siedler.

Ders. 2010. Der falsche Krieg. Islamisten, Terroristen und die Irrtümer des Westens. München: Pantheon.

Rumi, Jalal al-Din (Maulana). 2004. The Masnavi. Book One. Oxford: Oxford University Press.

Sardar, Ziauddin. 1979. The Future of Muslim Civilization. Bristol: Leaper & Gard Limited.

Sarikaya, Yaşar. 2011. „Am Gesandten Gottes habt ihr ein schönes Beispiel ..." 401 Hadithe für den Islamunterricht. Hückelhoven: Anadolu Schulbuchverlag.

Şeriati, Ali. 1980. İslâm Sosyolojisi Üzerine. Istanbul: Düşünce Yayınları.

Silber, D. Mitchel / Bhatt, Arvin / The New York City Police Department. 2007. Radicalization in the West: The Homegrown Threat. New York. URL: http://brennan.3cdn.net/7be97e316dd5626c6c_ exm6vufeb.pdf (letzter Abruf: 25.04.2013).

Schiffauer, Werner. 2000. Die Gottesmänner. Türkische Islamisten in Deutschland. Frankfurt a. M: Suhrkamp.

Ders. 2004. „Vom Exil- zum Diaspora-Islam. Muslimische Identitäten in Europa." In: Soziale Welt. Zeitschrift für sozialwissenschaftliche Forschung und Praxis. Jg. 55, 2004, Heft 4.

Schmale, Wolfgang. 2010. „Europa und das Paradigma der Einheit." In: Wienand, Johannes / Wienand, Christiane. Die kulturelle Integration Europas. Wiesbaden: VS.

Schmidt, Wilhelm. 1926. Der Ursprung der Gottesidee: eine historisch-kritische und positive Studie. Bd. 1. 2. Aufl. Münster: Aschendorffsche Verlagsbuchhandlung.

Schuon, Frithjof. 1991. Den Islam verstehen. Eine Einführung in die innere Lehre und die mystische Erfahrung einer Weltreligion. Bern/München/Wien: Otto Wilhelm Barth Verlag

Schule ohne Rassismus – Schule mit Courage (Hg.). 2011. Jugendkulturen zwischen Islam und Islamismus. Lifestyle, Medien und Musik. Berlin.

Schulgesetz NRW. 2005. Schulgesetz für das Land Nordrhein-Westfalen (Schulgesetz NRW-SchulG). Vom 15. Februar 2005, zuletzt geändert durch Gesetz vom 13. November 2012 (GV. NRW. S. 514).

Schwarzenau, Paul. 1990. Korankunde für Christen. Ein Zugang zum heiligen Buch der Moslems, 2. Auflage. Hamburg: E.B.-Verlag Rissen

Sloterdijk, Peter. 2007. Gottes Eifer. Vom Kampf der Monotheismen. Frankfurt a. M./Leipzig: Verlag der Weltreligionen.

Stobbe, Heinz-Günther. 2010. Religion, Gewalt und Krieg. Eine Einführung. Stuttgart: Kohlhammer.

Tiefensee, Eberhard / Kraft, Claudia (Hg.). 2011. Religion und Migration: Frömmigkeitsformen und kulturelle Deutungssysteme auf Wanderschaft. Münster: Aschendorff.

Ucar, Bülent. 2006. Materialien und Fortbildungsmodule für die Qualifizierungsmaßnahme der Islamkunde-Lehrkräfte in Nordrhein Westfalen: Islamische Religionspädagogik. Soest.

ufuq.de. 2013. URL: http://ufuq.de/newsletter (letzter Abruf: 11.03.2013).

uni-muenster 2013. XVII. Aktionsplan Polarisierung und Radikalisierung. URL: http://www.uni-muenster.de/NiederlandeNet/nl-wissen/politik/vertiefung/terrorismus/aktionsplan.html (letzter Abruf: 18.02.2013).

Vidino, Lorenzo. 2013. „Strategien gegen jihadistische Radikalisierung in Europa". In: CSS Analysen zur Sicherheitspolitik. Nr. 128, Februar 2013. ETH Zürich.

verfassungsschutz.de. 2013. URL: http://www.verfassungsschutz.de/de/arbeitsfelder/af_islamismus/ hatif_de.html (letzter Abruf: 10.02.2013).

Watt, W. Montgomery. 1974. Muhammad: Prophet and Statesman. Oxford: Oxford University Press.

Weber, Max. 2006. Religion und Gesellschaft. Gesammelte Aufsätze zur Religionssoziologie. Frankfurt a. M: Zweitausendeins.

Ders. 2008. Wirtschaft und Gesellschaft. Grundriss der verstehenden Soziologie. Frankfurt a. M: Zweitausendeins.

Wiktorowicz, Quintan. 2006. Anatomy of the Salafi Movement. In: Studies in Conflict and Terrorism 29, Issue 3.